Das große Buch der

LERN-TECHNIKEN

Compact Verlag

Text: Bettina Geuenich, Iris Hammelmann, Harald Havas,
Belen-Mercedes Mündemann, Kaja Novak, Andrea Solms
Chefredaktion: Dr. Angela Sendlinger
Redaktion: Astrid Kaufmann
Produktion: Wolfram Friedrich
Abbildungen: Bernd Wiedemann
Umschlaggestaltung: Inga Koch

ISBN-13: 978-3-8174-7308-3
ISBN-10: 3-8174-7308-7
7373083

Besuchen Sie uns im Internet: www.compactverlag.de

Inhalt

Vorwort

Sowohl Schule und Studium als auch Ausbildung und Beruf stellen an uns immer vielfältigere Anforderungen aus dem Bereich des Lernens. Wir müssen Zeit unseres Lebens immer neues Wissen aus ganz unterschiedlichen Gebieten aufnehmen. Das fällt nicht immer leicht, besonders dann, wenn es sich um Themen handelt, die außerhalb unserer Interessenbereiche liegen.

„Das große Buch der Lerntechniken" macht Sie daher mit bewährten Lern- und Arbeitsstrategien vertraut, über die Sie sich auch komplizierte Sachverhalte schnell und dauerhaft einprägen können.

Ganz egal, ob Sie sich für den nächsten Vortrag ein umfangreiches Thema erschließen möchten oder sich für Ihre Abschlussprüfung einen Berg von Fakten aneignen müssen, wenn Sie eine dieser professionellen Lernstrategien anwenden, können Sie mit Ihrer Vorbereitung beruhigt beginnen.

Neben vielen konkreten Anleitungen zum effektiven Lernen, die Sie anhand zahlreicher Übungen sofort trainieren können, erhalten Sie in diesem Ratgeber interessante Informationen zur Arbeitsweise des Gedächtnisses. Sie erfahren auch, wie Sie gezielt Konzentrationshindernisse abbauen können und durch welche Methoden Sie eine merkliche Steigerung Ihrer Aufmerksamkeit erreichen. Schließlich erhalten Sie hilfreiche Tipps zum geschickten Zeitmanagement in Prüfungsphasen und lernen, wie Sie Ihre Nervosität abbauen bzw. in Leistungsbereitschaft umwandeln können.

1. Konzentration

1.1 Unterschiedliche Facetten von Konzentration

Wenn Sie Auto fahren, einen Fahrplan studieren, jemandem zuhören, eine Prüfungsaufgabe bearbeiten oder einfach nur einen Freund in einer größeren Menschenmenge entdecken wollen, dann brauchen Sie für diese Aufgaben eine zielgerichtete Aufmerksamkeit. Wenden Sie diese nicht auf, dann fahren Sie unter Umständen die falsche Route, suchen länger als nötig nach der richtigen Zeile im Busfahrplan, wissen nicht mehr, was Ihnen der andere erzählt hat, finden den Freund nicht usw. In all diesen Fällen haben Sie es nicht geschafft, sich auf Ihr Vorhaben und Ihr Ziel zu konzentrieren, wodurch Ihnen wertvolle Zeit verloren ging.

Auf der anderen Seite ist es gar nicht so einfach, sich immer auf das zu konzentrieren, was gerade am wichtigsten ist – sind wir doch in unserem Alltag einer Flut verschiedener Informationen ausgesetzt. Wen wundert es da, dass es für viele Menschen immer schwieriger wird, sich einzelnen Themen gezielt zu widmen. Wenn Routinetätigkeiten erledigt werden müssen, glauben manche, sie bräuchten dafür nur wenig Aufmerksamkeit. Ihr Gehirn fängt dann aber im Hintergrund an, eigene Denkwege zu gehen, und schon sind sie bei der Liste der Erledigungen für den nächsten Tag – also nicht mehr konzentriert bei der Sache und dadurch natürlich äußerst anfällig für Flüchtigkeitsfehler.

Tipp

Konzentration bedeutet, die Gedanken zu bündeln, damit sie wirklich nur auf eine Sache gerichtet sind. Sie sollten es vermeiden, Ihre Aufmerksamkeit auf zwei Dinge gleichzeitig zu lenken.

Manche Menschen glauben, ihre Fähigkeit, sich zu konzentrieren, sei nur schwach ausgeprägt. Gleichzeitig blühen sie bei ihren Hobbys geradezu auf und vertiefen sich geistig mit ihrer ganzen Energie in die selbst gestellte Aufgabe. Das ist ein Beweis dafür, dass Konzentration grundsätzlich für jeden möglich ist und dass sie etwas mit Motivation und Interesse zu tun hat (vgl. Kap. 1.3).

Konzentration und Persönlichkeit

Konzentration wird außerdem durch die Persönlichkeit gesteuert. So lassen sich drei verschiedene Typen unterscheiden:

Der Kontakt-Typ
Er blüht auf, wenn er sich austauschen, also mit anderen zusammen etwas bereden oder planen kann. Diesem Typ fällt es leicht, im Gespräch Zwischentöne herauszuhören. Er kann auch Gesprächsverläufe oder Beziehungsprozesse gut verfolgen. In diesen Bereichen ist er immer ganz bei der Sache.

Der Macher-Typ
Er ist v. a. daran interessiert, dass sich etwas tut und bewegt. Es fällt ihm auf, wenn sich Veränderungen anbahnen, die der Weiterentwicklung seiner Absichten im Wege stehen, und sorgt dann dafür, dass wieder Wind in die Sache kommt.

Der Denker-/Tüftler-Typ
Ihm reicht es, wenn er die Dinge durchdenken kann und kaum störenden Kontakt dabei hat. Überhaupt gelingen ihm Dinge, die erledigt werden sollen, besser, wenn möglichst wenig Störungen vorhanden sind.

Auch die Informationsaufnahme kann individuell verschieden sein. Jede Information will konzentriert aufgenommen sein, damit anschließend weniger Kraft aufgewendet werden muss, um in gewünschter Weise damit umzugehen. Informationen werden mit den Sinnesorganen, d. h. mit den Augen, den Ohren, der Nase, dem Mund und der Haut aufgenommen. Wir erfahren darüber visuelle (sichtbare), auditive (hörbare), olfaktorische (geruchsbezogene), gustatorische (geschmackliche) und kinästhetische (auf Fühlen, Spüren und Bewegung bezogene) Reize, die wir deuten und verarbeiten. Dabei hat jeder Mensch individuelle Vorlieben, die lebenshistorisch entstanden sind. Das bedeutet, dass Informationen bevorzugt über die Lieblingskanäle aufgenommen werden, während die Informationsaufnahme auf anderen Kanälen besonderen Aufwand benötigt. So kann es sein, dass jemand ungern liest, weil es ihm schwer fällt, sich visuell zu konzentrieren. Andererseits kann er vielleicht sehr gut zuhören. Logischerweise fällt ihm dann konzentriertes Zuhören leichter als konzentriertes Lesen. Es ist aber lernbar, die eigene Wahrnehmungsfähigkeit zu erweitern.

Tipp

Es ist nützlich, wenn Sie auch Ihre weniger stark ausgeprägten Fähigkeiten trainieren: Denn je mehr verschiedene Wahrnehmungskanäle an der Informationsverarbeitung beteiligt sind, desto fester ist die Verankerung der betreffenden Inhalte im Gedächtnis.

Konzentration und Lernerfolg

Natürlich ist auch wirklich effektives Lernen nur in konzentriertem Zustand möglich. Ohne Konzentration gibt es kein bewusstes Lernen und damit auch keinen Lernerfolg. Viele Menschen leiden heute unter Konzentrationsproblemen. Meist handelt es sich dabei jedoch nicht um eine schwer wiegende Konzentrationsstörung, sondern um leichtere Schwierigkeiten, die meist durch ein entsprechendes Training gut zu beheben sind. Die folgende Übung soll Ihnen als kleiner Einstieg dienen.

Übung 1:
Betrachten Sie bewusst einen Gegenstand, etwa Ihren Kugelschreiber oder Füllfederhalter. Welche Farbe und Form hat er? Aus welchem Material ist er gefertigt? Gibt es Besonderheiten, die Ihnen auffallen? Versuchen Sie nun, mit geschlossenen Augen in Gedanken den Gegenstand nachzuzeichnen. Anschließend vergleichen Sie Ihr gedankliches Bild mit dem tatsächlichen Kugelschreiber oder Füller, den Sie betrachtet haben.
Wenn Sie diese Übung (mit welchem Gegenstand auch immer) von Zeit zu Zeit durchführen, werden Sie sicher bald feststellen, dass Ihre Konzentration beim bewussten Betrachten bestimmter Gegenstände zugenommen hat. Das werden Sie in Zukunft auch dann merken, wenn Sie sich etwa in der Physik bestimmte Schaltkreise oder in der Geografie den Verlauf von Flüssen in einem Land einprägen sollen.

1.2 Konzentrationshindernisse erkennen und beseitigen

Bevor Sie gleich lernen werden, Ihre Konzentrationsfähigkeit durch spezielle Übungen und Methoden gezielt zu steigern, gilt es zunächst, einige ablenkende und störende Einflüsse zu erkennen und zu beseitigen.

Äußere Konzentrationshindernisse

Störende Geräusche
Viele Menschen hören während des Lernens gerne Musik und lenken ihre Aufmerksamkeit damit unbewusst auf zwei verschiedene Dinge gleichzeitig. In den meisten Fällen schadet dies jedoch der Konzentration auf den Lernstoff, da die Aufmerksamkeit nicht gebündelt wird, sondern zwischen der Musik und den Lerninhalten hin und her wechselt. Lediglich bei Routinearbeiten kann sich beruhigende Musik unter Umständen positiv auswirken. Außerdem kann sie die Arbeit dann

sinnvoll unterstützen, wenn sie andere störende Geräusche übertönt. Im Allgemeinen ist es aber so, dass Musik die Konzentration eher beeinträchtigt als unterstützt und sich daher negativ auf die gesamte Lernleistung auswirkt.

Tipp

Um störende Geräusche, wie z. B. Bau- und Verkehrslärm oder die laute Musik aus der Nachbarschaft, auszublenden, sollten Sie beim Lernen immer ein Paar Ohrstöpsel parat haben.

Ebenfalls sehr schlecht kann man in einem Raum arbeiten oder sich konzentrieren, in dem immer wieder das Telefon klingelt oder sich andere Leute nebenbei unterhalten. Auf ähnliche Art beeinflussen optische Ablenkungen, wie z. B. der freie Blick auf ein Straßencafé oder ein im Hintergrund laufender Fernseher, die Konzentration.

Tipp

Wenn Sie durch andere (z. B. Geschwister, Partner, Mitbewohner) beim Lernen gestört werden, weil diese öfter in Ihr Arbeitszimmer kommen oder sich während ihrer Lernphasen laut verhalten, sollten Sie dieses Thema unbedingt mit ihnen besprechen. Sie sollten versuchen mit diesen Personen ein Zeitabkommen zu treffen, d. h. bestimmte Zeitspannen festzulegen, in denen Sie ungestört Ihren Lernverpflichtungen nachgehen können.

Bevor Sie die nächste Übung zur Konzentrationsfähigkeit in Angriff nehmen, achten Sie darauf, welche Geräusche oder optische Störungen Sie in Ihrer Konzentration beeinträchtigen könnten. Versuchen Sie, diese soweit wie möglich auszuschalten und widmen Sie sich dann erst der folgenden Aufgabe.

Übung 2:
Vor sich sehen Sie viele Dreiecke. Ihre Aufgabe ist es nun, herauszufinden, um wie viele Dreiecke es sich genau handelt.

Unordnung am Arbeitsplatz
Nicht nur akustische und optische Störungen können Sie daran hindern, Ihre ganze Aufmerksamkeit dem Lernstoff zuzuwenden. Auch ein unordentlicher oder schlecht ausgestatteter Arbeitsplatz kann den Lernerfolg entscheidend beeinträchtigen und unangenehme Folgen haben.
Wenn Sie sich vor dem Lernen immer erst durch Unterlagen, Bücher, alte Zeitschriften und andere Dinge, die mit ihren Prüfungen nichts zu tun haben, hindurchkämpfen müssen, sind das ungünstige Bedingungen, um konzentriert und erfolgreich zu arbeiten. Unordnung am Schreibtisch sollte daher so weit wie möglich vermieden werden, denn dem Arbeitsplatz kommt beim Lernen eine besondere Bedeutung zu.

Ständig wechselnde Arbeitsplätze

Auf jeden Fall brauchen Sie einen festen Platz, an dem Sie für die Schule, das Studium oder den Beruf lernen können. Am besten wäre sicherlich ein eigenes Arbeitszimmer, aber ein fester Arbeitsplatz, an dem Sie tagtäglich ungestört Ihre Aufgaben und Vorbereitungen erledigen können, reicht natürlich auch schon aus.

Tipp

Wenn Sie zu Hause nicht über einen eigenen Arbeitsplatz verfügen, nutzen Sie die Bibliothek Ihrer Schule, Universität oder Ihres Stadtteils um dort ungestört arbeiten zu können.

Ein eigener Arbeitsplatz ist wichtig, weil sich unser Verhalten stark an Gewohnheiten orientiert. Ein bestimmter Geruch kann uns an eine Situation erinnern, die wir erlebt haben (und bei der wir den gleichen Geruch wahrgenommen haben). So ähnlich ist es auch mit dem festen Arbeitsplatz, der den Lernenden an das Arbeiten „erinnert“. In einer vertrauten Arbeitsumgebung stellt sich der Körper automatisch auf Arbeiten ein.

Mangelhafte technische Ausrüstung

Der Arbeitsplatz sollte zunächst einmal ausreichend groß sein (Schreibtischplatte mindestens 120 x 80 cm). Genauso wichtig ist selbstverständlich der Sitzplatz, der eine körpergerechte Sitzhaltung ermöglichen muss. Raum und Arbeitsplatz sollten gut beleuchtet sein. Idealerweise steht der Schreibtisch in der Nähe des Fensters. Sind Sie auf elektrisches Licht angewiesen, achten Sie darauf, dass Ihre Schreibtischlampe stark genug und auch verstellbar ist. Wegen des Schattenwurfs der Schreibhand sollte das Licht bei Rechtshändern von links kommen, bei Linkshändern von rechts. Da Sie bei geistiger Arbeit etwa 15 Prozent mehr Sauerstoff benötigen als sonst, denken

Sie bitte auch daran, den Raum ausreichend zu belüften. Die Raumtemperatur sollte idealerweise bei etwa 20 °C liegen.

Unvollständige Arbeitsmaterialien
Ihr Arbeitsplatz sollte so ausgerüstet sein, dass alle Materialien, die Sie zum Arbeiten brauchen, vorhanden sind: Papier, Stifte, Lineal, Schmierpapier, Bleistift, Spitzer, Radiergummi, Büroklammern usw. Es ist sehr hinderlich, wenn man mit dem Lernen anfangen will und dabei feststellt, dass die benötigten Gegenstände entweder gar nicht vorhanden oder nicht mehr in Ordnung sind. Außer den Schreibmaterialien benötigen Sie einen Papierkorb in der Nähe Ihres Arbeitsplatzes. Konzeptpapier, das Sie nicht mehr brauchen, sollte direkt im Papierkorb landen und nicht auf dem Schreibtisch liegen bleiben.

Weitere wichtige Utensilien wie Fremdwörterbuch, Taschenrechner oder Formelsammlung sollten sich ebenfalls stets griffbereit in der Nähe des Schreibtisches befinden. Nachschlagewerke, die nicht permanent zur Verfügung stehen müssen, können einem dagegen ruhig zu etwas Bewegung verhelfen, indem man kurz aufstehen und sie aus den Regal nehmen muss.

Tipp

Achten Sie darauf, dass Sie nur jeweils die Bücher vor sich liegen haben, die Sie gerade brauchen. Wenn Ihr Schreibtisch mit allen möglichen Büchern vollgepackt ist, die Sie für andere Fächer benötigen, könnte Sie das entmutigen. Zudem haben Sie dann wahrscheinlich nicht mehr genug Platz.
Haben Sie z. B. die Aufgaben zur bevorstehenden Betriebswirtschaftsklausur erledigt, packen Sie Buch und Heft ruhig weg („Geschafft!"). Das ist dann jedes Mal ein kleines Erfolgserlebnis und hilft Ihnen dabei, Ihre Motivation aufrechtzuerhalten.

Unschöne Atmosphäre am Arbeitsplatz

Ein ordentlicher Schreibtisch ist zwar wichtig, aber nicht alles. Ihr Arbeitsplatz sollte außerdem gemütlich sein, sodass Sie gerne dort sitzen und lernen. Sie müssen sich wohl fühlen, sonst können Sie nicht effizient arbeiten. Hängen Sie z. B. ein Poster oder Bild auf. Vielleicht stellen Sie auch eine Topfpflanze auf das Fensterbrett oder auf Ihren Schreibtisch. Je angenehmer Sie Ihre Lernumgebung empfinden, desto lieber werden Sie diese aufsuchen. Ein ansprechender Arbeitsplatz steigert die Lust am Lernen. Ein ungemütlicher Arbeitsplatz hingegen verringert sie. Wenn Ihr Arbeitsumfeld stimmt, werden Sie beim Lernen besser vorankommen und Erfolge verbuchen. Wer Duftöle oder Duftkerzen mag, kann sich damit eine noch angenehmere Atmosphäre schaffen. Allerdings verursacht eine zu hohe Dosierung von Raumdüften oft Kopfschmerzen. Machen Sie in diesem Fall eine kurze Lernpause und lüften Sie das Zimmer.

Checkliste: äußere Konzentrationshindernisse

- Habe ich einen festen Arbeitsplatz?
- Ist mein Arbeitsplatz ordentlich?
- Wurden störende Geräuschquellen ausgeschaltet?
- Ist der Schreibtisch ausreichend groß?
- Liegen alle Arbeitsutensilien bereit?
- Ist der Platz ausreichend beleuchtet?
- Ist der Platz ordentlich aufgeräumt, sodass ich alle benötigten Sachen schnell finde?
- Habe ich nur die Arbeitsunterlagen auf dem Tisch, die ich jeweils benötige?
- Habe ich meine Arbeitsumgebung angenehm gestaltet, z. B. mit Pflanzen oder Bildern?
- Sorge ich für ausreichend Frischluft?
- Ist die Raumtemperatur angenehm?

Innere Konzentrationshindernisse

Wie Sie gesehen haben, gibt es in unserer Umgebung viele Faktoren, die sich negativ auf die Konzentrationsfähigkeit auswirken. Zu einem großen Teil liegen die Ursachen für die mangelhafte Aufmerksamkeit gegenüber dem Lernstoff aber in der persönlichen Verfassung des Lernenden.

Probleme und Ängste

Ungelöste Konflikte und Probleme sowie Ängste, um die unsere Gedanken kreisen, lenken uns vom Lernen ab. Sollte dies bei Ihnen der Fall sein, ist es wichtig, dass Sie Ihre Probleme so bald und aktiv wie möglich angehen, um rasche Lösungen zu finden, anstelle sie immer wieder aufzuschieben und darauf zu hoffen, dass sie sich von selbst regeln. Vielleicht kann ja ein Gespräch mit dem Partner, den Eltern oder einem guten Freund schon weiterhelfen. In schwerer wiegenden Fällen ist es auch möglich, sich Hilfe bei einer professionellen Beratungsstelle zu holen. Entscheidend ist, dass Sie den Kopf schnell wieder frei bekommen für mögliche Lerninhalte. Dies gilt besonders in Prüfungsphasen.

Schlechte und unregelmäßige Ernährung

Das bekannte Sprichwort „Ein voller Bauch studiert nicht gern" hat Recht: Dass man mit vollem Magen genauso schlecht lernen kann wie mit leerem Magen, haben Sie bestimmt selbst schon festgestellt. Doch warum ist das so? Das Gehirn benötigt, um gute Arbeit zu leisten, viel Sauerstoff, der über das Blut transportiert wird. Nach einer größeren Mahlzeit befindet sich das Blut aber v. a. in den Verdauungsorganen, um dort Nährstoffe aufzunehmen. Das Gehirn muss sich währenddessen mit dem übrigen Blut zufrieden geben und ist somit in seiner Leistungsfähigkeit eingeschränkt. Nach einer Hauptmahlzeit, wie man sie ja mittags meistens zu sich nimmt, sollte man daher mindestens eine Stunde warten, bis man mit dem Lernen beginnt. Die Zeit bis dahin sollten Sie nutzen, um sich zu entspannen und sich körperlich und geistig auf das Lernen vorzubereiten. Vielleicht hören Sie etwas Musik oder gehen eine Runde spazieren.

Nur wenn auch die körperlichen Bedürfnisse berücksichtigt werden, kann die geistige Arbeit Erfolg haben. Setzen Sie sich also weder direkt nach einem fulminanten Mittagessen an die Aufgaben noch mit leerem, knurrendem Magen. Nehmen Sie sich im zweiten Fall die Zeit, erst noch etwas möglichst Gesundes zu essen, denn grundsätzlich gilt: Eine gesunde Ernährungsweise hilft dabei, die Konzentration zu verbessern.

Tipp

Energiezufuhr durch Obst, wie beispielsweise Bananen und Ananas, durch Vollkornprodukte, Nüsse und Schokolade (Schokolade sollte immer einen hohen Kakaoanteil haben) ist also erlaubt! Studentenfutter, das viele verschiedene Nusssorten und Rosinen enthält, ist ebenfalls sehr zu empfehlen.

Übung 3:

Um ihre momentane Konzentrationsfähigkeit zu überprüfen, zählen Sie einmal die Rechtecke im folgenden Bild.

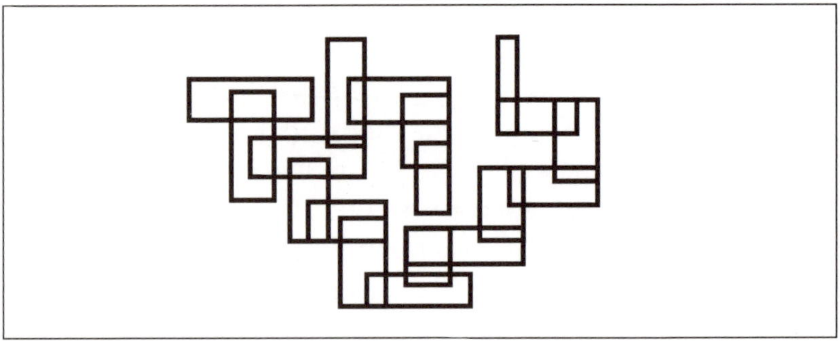

Fehlende Pausen

Absolute Konzentration kann immer nur über einen begrenzten Zeitraum aufrechterhalten werden. Deswegen ist es wichtig, regelmäßig Pausen einzulegen, damit sich das Gehirn regenerieren kann. Unser Körper braucht die Pausen, um den Lernstoff zu verarbeiten. Pausen sind für den Menschen unentbehrlich und leistungsfördernd. Bei sämtlichen Funktionen des menschlichen Körpers besteht ein Wechsel zwischen Arbeit und Ruhe, also zwischen Kräfteverbrauch und Kräfteaufbau. Dieser Wechsel ist nicht nur bei körperlich beanspruchenden Arbeiten erforderlich, sondern ebenso bei allen Tätigkeiten, die das Nervensystem fordern, wie z. B. geistige Konzentration. Wenn keine Pausen zwischengeschaltet werden, sinkt die Leistung immer weiter ab. Die Pausen müssen dabei nicht lang sein, da die Erholung am Anfang am größten ist. Legen Sie am besten fünf- bis zehnminütige Pausen ein, in denen Sie etwas wirklich anderes tun – z. B. Musik hören, etwas essen, sich entspannen. Denken Sie in Ihren Pausen auch auf alle Fälle daran, die Fenster weit zu öffnen, um so frische Luft für Körper und Geist zu tanken.

Übermüdung

Beeinträchtigungen der Konzentrationsfähigkeit können auch auf Schlafmangel zurückzuführen sein. Wer möglicherweise mehrere Nächte hintereinander erst spät ins Bett kommt, weil er lieber fernsieht oder Computer spielt, darf sich nicht wundern, wenn es ihm während einer solchen Phase in Schule, Studium oder Beruf schwer fällt, am Ball zu bleiben. Zu lernen, wenn man übermüdet oder gar krank ist, macht demnach wenig Sinn. Mit Kopfschmerzen, Husten und Schnupfen ist das Lernen von vornherein zum Scheitern verurteilt. Setzen Sie sich nach Möglichkeit also nur körperlich und geistig fit an den Schreibtisch. Alles andere ist im Grunde Zeitverschwendung, weil nur ein Bruchteil von dem, was Sie sich einzuprägen versuchen, auch wirklich haften bleibt.

Tipp

Wenn sich bei Ihnen aus irgendeinem Grund ein Schlafdefizit angestaut haben sollte, dann legen Sie sich am besten kurz hin, bevor Sie mit dem Lernen beginnen (aber nur maximal eine halbe Stunde, damit Sie nicht in den Tiefschlaf fallen – sonst fällt das Aufstehen richtig schwer!).
Gleichzeitig sollten Sie sich vornehmen, am Abend frühzeitig das Licht auszumachen, damit Sie am nächsten Tag wieder vollständig ausgeruht und leistungsfähig sind.

Zeitdruck
Auch unter Zeitdruck fällt es wesentlich schwerer, sich zu konzentrieren (vgl. Kap. 1.4). Wenn Sie also beispielsweise an einem Nachmittag, an dem Sie lernen müssen, noch andere Termine haben, die Sie zwingen, unter Zeitdruck zu arbeiten, sollten Sie überlegen, ob es nicht möglich ist, die entsprechenden Verabredungen zu verschieben, damit Sie in Ruhe weiterarbeiten können. Ist dies nicht möglich, dann prüfen Sie, ob Sie die entsprechende Lerneinheit auf einen anderen Tag verlegen können. Auch ein Telefongespräch, das Sie noch führen wollen und das Ihnen die ganze Zeit während des Lernens im Kopf „herumspukt“, sollten Sie besser erledigen, bevor Sie sich an den Schreibtisch setzen.

Übung 4:
Mithilfe dieser Übung können Sie nachprüfen, welche Störungen Sie persönlich am meisten am konzentrierten Arbeiten hindern. Tragen Sie Datum, Uhrzeit, Tätigkeit (z. B. Englisch lernen), den empfundenen Konzentrationsgrad (hoch, mittel, gering) und die Art der Störungen (z. B.: Ich musste an den Streit mit Miriam denken, störende Musik aus dem Nebenzimmer, Zeitdruck) in eine Tabelle ein. Belassen Sie es aber nicht bei der Feststellung dieser Probleme, sondern überlegen Sie anschlie-

ßend, was Sie zukünftig verändern wollen! Arbeiten Sie Schritt für Schritt Ihre „Konzentrationshindernisse" ab. Im Anhang finden Sie eine Vorlage.

Checkliste: innere Konzentrationshindernisse

- Habe ich versucht, Probleme und Ängste bei der Wurzel zu packen und zu beseitigen?
- Achte ich auf eine angemessene Ernährung?
- Lege ich regelmäßig Pausen ein?
- Versuche ich, abends rechtzeitig zu schlafen?
- Vermeide ich es, unter Zeitdruck zu arbeiten?

1.3 Konzentrationssteigerung durch Motivation

Wenn Sie sich beim Lernen gerne und leicht ablenken lassen, z. B. durch den Gedanken an Ihren Partner, ein bevorstehendes Fußballspiel oder Ihren Urlaub, muss dies nicht immer auf die oben erläuterten äußeren und inneren Konzentrationshindernisse zurückzuführen sein. Oftmals ist das Abschweifen der Gedanken zu anderen Themenfeldern auch ein Ausdruck von mangelnder Motivation. Deshalb soll der Begriff „Motivation" im Folgenden näher beleuchtet werden. Darauf aufbauend erfahren Sie wertvolle Tipps und Strategien, wie Sie in bislang vernachlässigten Themengebieten interessante Aspekte erkennen können. Denn Interesse und Neugier gegenüber einem bestimmten Sachverhalt sind die besten Voraussetzungen für konzentriertes Lernen!

Was genau ist Motivation?

Warum lesen Sie im Moment gerade dieses Buch und machen nicht etwas anderes mit Ihrer Freizeit? Möglicherweise hat Ihnen jemand das Buch mitgebracht, weil er/sie glaubt, Ihr Arbeiten durch professionelle Tipps unterstützen zu können. Vielleicht hat Ihnen ein Lehrer oder Dozent empfohlen, sich einen Lerntrainer wie diesen zuzulegen. Vielleicht sind Sie aber auch zufällig in einer Buchhandlung darauf gestoßen und haben gedacht: Das könnte mir nicht schaden. Wie auch immer, es gibt einen bestimmten Grund dafür – vielleicht auch mehrere, die zusammenwirken –, dass Sie dieses Buch lesen und v. a. nicht nach den ersten Seiten wieder aufgehört haben.

Dieser eigentliche Grund – Ihr Motiv – wirkt als Antriebskraft. Statt „Motiv" kann man auch „Motivation" sagen. Motivation meint die Gesamtheit der einzelnen Motive oder Gründe, eine bestimmte Sache zu tun. Die Gründe wiederum sind das, was Sie sich als positive Folge Ihres Handelns erhoffen. Es sind nicht die zufälligen Gründe, die hier interessieren. Wenn Sie zufällig in einer Buchhandlung auf das Buch gestoßen wären, hätte dies noch nicht als Grund ausgereicht, das Buch zu kaufen, geschweige denn mehr als fünf Seiten zu lesen. Es musste noch etwas anderes dazukommen – nämlich der Wille, etwas zu verändern, Ihre Lernsituation zu verbessern. Anderenfalls hätten Sie es wieder ins Regal gestellt.

Der eigentliche Grund dafür, dass Sie das Buch lesen, ist also wohl auch nicht der, dass Ihr Partner, Ihre Eltern oder ein Freund es Ihnen gekauft haben und nun wünschen, dass Sie es lesen. Natürlich spielt dies auch eine Rolle, z. B. weil Sie es ja sonst eventuell gar nicht hätten oder weil Sie diesen Personen einen Gefallen tun wollten. Wenn dies so wäre, wären Sie aber vielleicht nicht bis zu dieser Stelle vorgedrungen, denn Ihre Motivation hätte vermutlich stark nachgelassen. Vielleicht hätten Sie auch nur so getan, als ob Sie das Buch lesen. Nein, der eigentliche Grund für Sie, dieses Buch zu lesen, ist der, dass Sie sich davon eine positive Auswirkung auf Ihren Lernerfolg erhoffen. Und wenn dies so ist, dann sind Sie wirklich motiviert zum Lesen und werden sich den Inhalt auch einprägen.

Motivation ist für den Lernerfolg sehr wichtig, sie ist sogar grundlegend, denn viele Lernprobleme sind in erster Linie Motivationsprobleme. Wenn man also nur zu einem Kurs geht, weil man eben muss, dann kann man nicht wirklich von Motivation sprechen. Wer aber motiviert ist und tatsächlich lernen will, wird es viel leichter haben als derjenige, der sich nur mit Widerwillen an seinen Schreibtisch setzt und irgendetwas in sich hineinpaukt.

Primäre und sekundäre Motivation

Die Motivationspsychologie unterscheidet zwei Arten von Motivation: die primäre und die sekundäre Motivation. Primäre (sachbezogene) Motivation richtet sich auf die Sache selbst, d. h., der Lernende lernt, weil er Spaß am Lernen hat, weil er wissbegierig ist und weil ihn das Thema interessiert, das er bearbeitet.

Sekundäre (sachfremde) Motivation hingegen bezieht sich auf etwas, das mit dem Lerninhalt selbst überhaupt nichts zu tun hat, das man sich aber erhofft, wenn man brav gelernt hat. Im Falle der sachfremden Motivation orientieren sich Ihr Tun und Ihre Zielsetzung an von außen kommenden Aspekten. Ein Beispiel hierfür ist ein Leistungssportler, der trainiert und trainiert – vielleicht sogar über die Erschöpfungsgrenze hinaus –, weil er den Trainer und seine Eltern nicht enttäuschen möchte. Genauso kann es Ihnen mit geistigen Tätigkeiten gehen. Sie üben und lernen bestimmte Dinge nur, um die Lehrer, die Eltern, die Mitschüler, die Kollegen oder den Chef zu beeindrucken. Ohne Zweifel können Sie damit auch Erfolge erzielen. Allerdings gehen Sie diese Erfolge gewissermaßen mit gebremster Kraft an, denn eigentlich tun Sie das nur, um andere zu erfreuen.
Die Situation ist etwas anders gelagert, wenn Sie aus sich selbst heraus etwas tun wollen – also aus primärer Motivation handeln. Dann können Sie Höchstleistungen vollbringen und

empfinden den Kraftaufwand meist sogar als geringer. Diese Form der sachbezogenen Motivation entsteht, wenn Sie selbst an der Erfüllung der bevorstehenden Aufgaben interessiert sind. Dann setzen Sie sich voll dafür ein und sind darauf geeicht, die selbst gesetzten Qualitätsmaßstäbe zu erfüllen. Der Erfolg stellt sich gewissermaßen als Nebeneffekt ein. Enttäuschungen werfen Sie dann auch nicht so weit zurück, denn Fehler können vorkommen und sind sogar Anlass, weiterzumachen, um endlich das ersehnte Ziel zu erreichen.

So mag es wohl auch allen berühmten Erfindern gegangen sein, denn Erfindungen, wie beispielsweise die Glühbirne oder das Automobil, haben viele gescheiterte Vorläufer gehabt, bis der Durchbruch zur wirklichen Gebrauchsfähigkeit erreicht wurde. Allein die innere Haltung gegenüber seinem Ziel treibt den Erfinder unermüdlich voran.
Wenn Sie dieses Buch lesen, weil Sie endlich einmal erfahren wollen, wie Sie effektiver lernen können, dann sind auch Sie primär motiviert. Und wenn Sie einmal ein Kapitel nicht verstanden haben, werden Sie deshalb ganz freiwillig bestimmte Stellen nochmals nachlesen.

Wie lässt sich Motivation steigern?

Für jeden Menschen ist es also angenehmer, wenn er Dinge tut, zu denen er primär motiviert ist. Auch das Lernen fällt einem leichter, wenn man es gerne tut. Und Lernen kann sogar glücklich machen: Denn haben Sie eine schwierige Aufgabe erfolgreich gemeistert, werden im Gehirn Neurotransmitter ausgeschüttet, die Glücksgefühle verursachen. Hinzu kommt, dass Informationen, für die man sich interessiert, automatisch leichter aufgenommen werden und länger in Erinnerung bleiben. Freude am Lernen und Interesse am Lernstoff sind also grundlegende Voraussetzungen für erfolgreiches Lernen.

Tipp

Stellen Sie sich doch einmal vor, Sie müssten – ja Sie dürften – nicht lernen, wüssten nichts von Mathematik, hätten keine Ahnung von Biologie, von der Geschichte der Menschheit, von Physik, von Naturgesetzen. Sie könnten sich kaum in Ihrer Muttersprache unterhalten, schon gar nicht in einer Fremdsprache. Musik, Kunst, Philosophie – keine Ahnung! So ein Leben wäre ziemlich inhaltsarm und damit ganz schön langweilig, oder?

Ziele setzen

Wer seine Motivation erhöhen möchte, sollte sich zunächst Gedanken über seine ganz persönlichen Ziele machen und sich darüber klar werden, was er in der Zukunft erreichen will, warum er also lernt. Dazu gehört auch die Überlegung, wie ein bestimmtes Ziel (Schul- oder Studienabschluss, Beförderung) zu erreichen ist.

Übung 5:

Nehmen Sie sich Zeit und überlegen Sie, was Sie erreichen wollen! Tragen Sie die Antworten in die jeweilige Leerzeile ein.

Was sind meine langfristigen Zielsetzungen? (Welcher Beruf? Welche Branche? Selbstständigkeit oder festes Angestelltenverhältnis?)

____

Welche Voraussetzungen muss ich dafür erfüllen (welchen Schul- bzw. Studienabschluss, welchen Notendurchschnitt, welche Ausbildung, Berufserfahrung, Computerkenntnisse, Fremdsprachenkenntnisse)?

____

Was will ich in den nächsten drei Jahren (z. B. in der Oberstufe, im Studium, in meinem derzeitigen Job) erreichen?

Was will ich im nächsten Jahr erreichen?

Was will ich in diesem Halbjahr erreichen? Welche Prüfungen will ich erfolgreich bestehen? Welche Noten will ich dabei erzielen? In welchen Fachbereichen will ich mich gezielt verbessern?

Was will ich im nächsten Monat erreichen?

Was will ich in der nächsten Woche erreichen?

Was will ich in den nächsten Tagen erreichen?

Was will ich morgen erreichen?

Was will ich heute erreichen?

Tipp

Mit einem festen Ziel vor Augen ist es auf jeden Fall einfacher, die Dinge, die zum Erreichen dieses Zieles notwendig sind – also das Lernen –, gezielt anzugehen und durchzuhalten.

Möglicherweise sind Sie auch deswegen nicht motiviert zu lernen, weil Sie nicht genau wissen, wofür. Wenn Sie sich nicht entscheiden können, welchen Weg Sie beruflich einschlagen wollen, dann nehmen Sie sich doch zunächst einmal vor, eine Berufsberatungsstelle aufzusuchen und sich dort über verschiedene Berufe und ihre Perspektiven zu informieren. Das wäre doch ein Anfang! Vielleicht sind Ausbildung und Beruf für Sie noch gar nicht richtig aktuell und liegen in weiter Ferne? Natürlich möchten Sie einen guten Schul- bzw. Studienabschluss machen, doch das hat noch Zeit. Die so genannten Fernziele sind sicherlich wichtig, aber sie können uns nicht tagtäglich immer wieder zu Höchstleistungen anspornen.

Nahziele versprechen Erfolg

Deswegen sind Ziele, die zeitlich in greifbarer Nähe liegen, so genannte Nahziele, besonders wichtig. Denn gerade diese Ziele, die innerhalb weniger Wochen oder Tage erreicht werden können, motivieren uns besonders, weil sie uns ein konkretes Erfolgserlebnis in kurzer Zeit versprechen. Und damit sich das Erfolgserlebnis auch sicher einstellt, sollten die selbst gesteckten Nahziele auch wirklich in dem angestrebten Zeitraum zu verwirklichen sein. Denn anderenfalls würde genau das passieren, was mit Sicherheit nicht motivationsfördernd wirkt: Das Ziel wird nicht erreicht und die Frustration ist groß!

Ziele müssen realistisch sein

Um das zu verhindern, dürfen Sie Ihre Ziele auch inhaltlich nicht zu hoch stecken, sondern müssen immer realistisch bleiben. Nehmen wir einmal an, Sie sind ein Schüler der Oberstufe und hatten im letzten Halbjahreszeugnis eine (knappe) Vier in Französisch. Auch die erste Arbeit in diesem Halbjahr war leider nur mangelhaft. Sie sind nun überzeugt, etwas dagegen unternehmen zu müssen, und nehmen sich vor: Die nächste Arbeit muss auf jeden Fall eine Zwei werden! Bis zum Klausurtermin sind es aber gerade noch zwei Wochen und Ihr Grundwissen ist nicht das beste. Wenn Sie nun jeden Tag pauken und dann am Ende doch nur eine gute Vier schaffen, werden Sie mit Sicherheit frustriert und für die nächsten Tage demotiviert sein: Wofür lernt man schließlich, wenn es dann doch nicht klappt!

Angesichts der kurzen Zeit und der Lücken, die Sie in diesem Fach haben, konnten Sie aber gar nicht mehr erwarten. Sie hätten dies von vornherein realistisch betrachten und kleinere Ziele setzen müssen, indem Sie sich vorgenommen hätten: Erst einmal eine glatte oder gute Vier, in der nächsten Arbeit dann eine Drei ... In diesem Fall wären Sie mit der guten Vier ganz zufrieden gewesen und Ihrem Ziel ein kleines Stück näher gekommen, v. a. aber: Sie wären motiviert, weiterzumachen.

Genauso wenig macht es Sinn, wenn Sie ein umfangreiches Referat innerhalb einer Woche fertig stellen wollen. Auch dieses Ziel ist zu hoch gegriffen. Für das Erreichen eines übergeordneten Zieles ist es eben auch wichtig, die Zeit realistisch zu kalkulieren. Im nächsten Kapitel werden Sie deshalb noch einiges über eine sinnvolle Zeiteinteilung erfahren.

Tipp

Teilen Sie Ihre Arbeit in Portionen auf und setzen Sie sich damit Teilziele und kleine Erfolgserlebnisse, die Ihre Motivation immer wieder ankurbeln können. Prägen Sie sich die Zeichnung auf der nächsten Seite gut ein und machen Sie die Worte zu Ihrem Leitspruch.

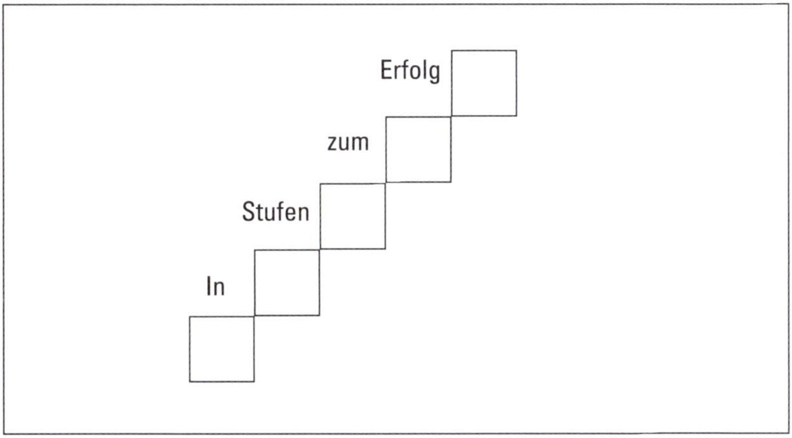

Allerdings dürfen Sie auch nicht zu wenig von sich verlangen, ein bisschen Herausforderung sollte schon dabei sein. Die Aufgaben, die Sie sich stellen, dürfen folglich auch nicht zu leicht sein und der Zeitrahmen sollte nicht zu locker gesteckt werden.

Tipp

Wählen Sie bei Ihrer Zielsetzung also immer einen mittleren Schwierigkeitsgrad, sodass Sie sich zwar anstrengen müssen, aber das Erreichen Ihres Zieles und damit Ihr Erfolg auch möglich sind. Und merken Sie sich: Erfolgserlebnisse wirken als Belohnung und die Lust am Weitermachen steigt durch sie gewaltig an.

Wenn Sie also darauf Acht geben, das Anforderungsprofil ausgewogen zu gestalten, werden Sie mehr Spaß am Lernen haben. Wenn Sie Ihr Ziel erreicht haben, werden Sie sich fühlen wie ein Bergsteiger, der nach einem mühsamen Aufstieg das Gefühl genießt, auf dem Gipfel eines Berges zu stehen. Damit der Erfolg aber auch wirklich diesen Effekt hat, muss er möglichst unmittelbar nach dem Lernvorgang eintreten. Dazu ist es notwendig, dass der Lernerfolg regelmäßig kontrolliert wird.

Regelmäßige Erfolgskontrollen

Nach jedem Abschnitt, den Sie gelernt haben, sollten Sie Ihren Erfolg überprüfen (und erst dann die Unterlagen mit Befriedigung von Ihrem Schreibtisch wegräumen). Um sich den Erfolg nach jedem Teilziel bewusst zu machen, ist es am besten, wenn Sie Ihre Ziele und jeweiligen Erfolge nicht nur gedanklich, sondern auch auf dem Papier festhalten. Schreiben Sie auf, was Sie erreichen wollen, und notieren Sie anschließend, was Sie wirklich erreicht haben! Bezogen auf das obige Beispiel von der Fünf in Französisch bedeutet dies Folgendes:
Erstellen Sie sich einen möglichst exakten Plan darüber, welche Teilziele und welches Endziel Sie in Bezug auf das Fach erreichen möchten. Achten Sie darauf, dass Sie sich realistische Ziele setzen, die Sie auch wirklich schaffen können. Jedes Mal, wenn Sie eine Stufe Ihres Erfolgsplanes erreicht haben, zeichnen Sie in die Spalte „Erfolgskontrolle" einen Smiley!

Der Plan hat neben einer klaren Zielvorgabe und der direkten Erfolgskontrolle eines einzelnen Zieles auch den Vorteil, dass Sie jederzeit gut überprüfen können, wie Sie Schritt für Schritt Ihrem Endziel näher kommen. Somit können Sie sich einerseits selbst kontrollieren und andererseits ziemlich gut einschätzen, wie viel Arbeit noch vor Ihnen liegt, bzw. feststellen, wie viel Sie bereits geschafft haben. Einen solchen Plan können Sie natürlich genauso gut für eine Woche aufstellen, in der Sie sehr viele unterschiedliche Dinge zu erledigen haben.

Tipp

Sie können einen Arbeitsplan auch für einen einzigen Tag aufstellen. Dieser Plan kann sogar nur aus einem Vorsatz bestehen: Heute lese ich das Kapitel „Konzentration" zu Ende! Schreiben Sie diesen auf einen Zettel und befestigen Sie ihn über Ihrem Bett. Bevor Sie schlafen gehen, können Sie das erreichte Ziel dann zufrieden abhaken.

Ziel- bzw. Erfolgsplan

Fach: Französisch (Note 5)	**Ziele**	**Zeitvorgabe**	**Erfolgs-kontrolle**
Fernziel	Note 3	Jahreszeugnis	
1. Teilziel	Hausaufgaben stets ordentlich erledigen	von heute an	
2. Teilziel	sich mehr am Unterricht beteiligen	ab der nächsten Unterrichtsstunde	
3. Teilziel	nächste Arbeit: 4	2 Wochen	
4. Teilziel	darauf folgende Arbeit: 3	10 Wochen	
5. Teilziel	Halbjahres-zeugnis: eine gute 4	4 Monate	
6. Teilziel = Endziel	Jahres-zeugnis: 3 !	10 Monate (Jahreszeugnis)	

Tipp

Wenn Sie einmal ein selbst gesetztes Ziel nicht erreichen sollten, dann seien Sie nicht zu sehr frustriert. In diesem Fall verschiebt sich Ihr Plan eben um einen Tag oder eine Woche. Sie sollten ihn allerdings gewissenhaft korrigieren, damit Sie erneut eine feste Vorgabe haben, nach der Sie sich richten können.

Misserfolge analysieren

Versuchen Sie immer nachzuvollziehen, warum Sie es nicht geschafft haben, Ihren Plan einzuhalten. Vielleicht wurden Sie zu oft gestört, um wirklich intensiv zu arbeiten. Waren Sie erkältet oder haben Sie sich einfach zu viel zugemutet? Dann brauchen Sie sich natürlich nicht zu wundern. Sie sollten auch Ihren Plan noch einmal daraufhin überprüfen, ob er wirklich realistische Ziele und Zeitvorgaben enthält. Wenn der Misserfolg allerdings auf Bequemlichkeit oder Faulheit zurückzuführen sein sollte, dann denken Sie noch einmal intensiv darüber nach, was Sie ganz persönlich erreichen wollen: heute und in Zukunft.

Mit sich selbst einen Lernvertrag abschließen

Kommen Sie zu dem Schluss, dass es sich für Sie wirklich lohnt zu lernen, dann geben Sie sich diesen Vorsatz noch einmal schriftlich – genau so, wie Sie es mit Ihren Ziel- und Erfolgsplänen machen. Oft ist es ja so, dass man sich etwas vornimmt, aber nach einer bestimmten Zeit eben doch wieder in alte, schlechte Gewohnheiten verfällt und der Vorsatz ganz weit weg rückt. Da kann es durchaus hilfreich sein, wenn man die eigenen Vorsätze von Zeit zu Zeit schwarz auf weiß vor sich hat und sie noch einmal nachlesen und sich bewusst machen kann. Um Ihrem Lernvorsatz einen offiziellen Charakter zu verleihen, können Sie ihn in Form eines Vertrages formulieren. Diesen versehen Sie ganz offiziell mit Datum und Unterschrift, beispielsweise folgendermaßen:

Lernvertrag

Ich, Rolf Lernegern, will ab morgen regelmäßig lernen. Ich werde lernen, weil ich jetzt und in meiner Zukunft etwas erreichen will. Ich will und werde lernen, weil ich etwas über die Welt und die Menschen erfahren möchte.
Motivationshausen, 01.08.2005
Rolf Lernegern

Diesen Vertrag in Papierform bewahren Sie so auf, dass Sie ihn möglichst täglich mehrmals ansehen können.

Die Gestaltung von Rolf ist nur ein Beispiel. Formulieren Sie Ihren Lernvertrag so, wie Sie es für richtig halten. Beachten Sie dabei aber bitte folgende Vorgaben:

- Alle Vorsätze werden in der Ich-Form geschrieben.
- Die Sätze werden verbindlich formuliert: *Ich werde ...*
- Es gibt keinen Satz mit *vielleicht* oder *aber.*

Sie können auch konkrete Teilziele in den Vertrag aufnehmen, wie beispielsweise die Drei in Französisch – aber bitte immer dahingehend kontrollieren, ob das Ziel realistisch ist. Ihr Lernvertrag ist *Ihr Vertrag,* d. h. kein anderer muss ihn sehen, wenn Sie das nicht möchten – weder Ihre Eltern noch Ihre Freunde. Wenn man sich selbst motivieren möchte, ist es nämlich nicht angebracht, sich Sprüche wie: „Na, ob das klappt“ oder „Solche Tricks habe ich ja nicht nötig“, anzuhören.

Tipp

Wenn Sie täglich mit Ihrem Vorsatz in Form des Lernvertrages konfrontiert werden, wird es Ihnen leichter fallen, entsprechend zu handeln, und es wird Ihnen schwerer fallen, den Vertrag und Ihre Vorsätze zu brechen.

Belohnungen bei Erfolg

Schon allein mit der täglichen Überprüfung Ihrer Ziele und den daraus resultierenden Erfolgserlebnissen belohnen Sie sich jedes Mal ein wenig. Natürlich kann man auch noch Zusätzliches tun: Legen Sie beispielsweise nach einer intensiven Lernphase eine Pause mit einer schönen Tasse Tee und Ihrem Lieblingskuchen ein, um anschließend gestärkt und mit guter Laune weiterzuarbeiten. Belohnen Sie sich außerdem dadurch, dass Sie für die Zeit nach dem Lernen angenehme Aktivitäten planen. Damit können Sie ganz geschickt Zerstreuungen in Belohnungen umformen. Jeder Mensch hat schließlich nicht nur ein einziges Motiv, das ihn veranlasst, etwas Bestimmtes zu tun. Meistens gibt es eine Vielzahl von Beweggründen, die uns zum Handeln veranlassen. Und diese Beweggründe können sich durchaus auch gegenseitig im Wege stehen und verschiedene Ziele haben: So müsste Franziska unbedingt für die nächste Wirtschaftsklausur lernen. Ausgerechnet heute ist es aber richtig heiß und all ihre Bekannten treffen sich im Freibad. Am liebsten würde sie das Üben einfach auf den nächsten Tag verschieben, obwohl sie weiß, dass sie dann nicht mehr genügend Zeit haben wird, alle Rechenbeispiele noch einmal durchzugehen. Was ist also zu tun? Am besten wäre es in diesem Fall für Franziska, einen Mittelweg zu gehen. Nicht zu lernen, wäre äußerst unvernünftig. Nicht ins Freibad zu gehen, könnte aber großen Frust auslösen. Wahrscheinlich würde sie die Hälfte der Zeit damit verschwenden, daran zu denken, wie die anderen die Sonne genießen.

Ein sinnvoller Kompromiss wäre es hingegen, wenn sie zuerst zwei Drittel der Aufgaben, die sie sich vorgenommen hat, bearbeitet, um daraufhin als Belohnung mit ihren Bekannten Schwimmen zu gehen. Das restliche Drittel der Übungsaufgaben kann sie dann nach dem Freibadbesuch oder am nächsten Tag erledigen. Damit hätte sie ein ursprünglich ablenkendes Motiv (das Schwimmen) zu einer Belohnung umgeformt. Mit dieser Perspektive vor Augen kann sie sich nun ruhigen Gewissens auf die verbleibenden Aufgaben konzentrieren.

Tipp

Sie möchten unbedingt einen bestimmten Film, der schon lange nicht mehr gelaufen ist, im Fernsehen sehen und dies hält Sie davon ab zu lernen? Vielleicht können Sie ihn auf Video oder DVD aufzeichnen und nach dem Lernen zur Belohnung anschauen. Wenn Sie selbst kein Gerät haben, können Sie einen Freund darum bitten.

Wenn man es schafft, ablenkende und störende Motive in Belohnungen umzuformen, hat man zwei Fliegen mit einer Klappe geschlagen: Zum einen schalten Sie einen wesentlichen Störfaktor aus, zum anderen können Sie sich mit angenehmen Dingen belohnen und sich dadurch einen Anreiz zum Lernen schaffen. Dabei gibt es verschiedene Arten von Belohnungen. Manche Lerner belohnen sich erst, nachdem die Arbeit geschrieben und somit der Lernprozess definitiv abgeschlossen ist. Denn nun können Sie ganz gelassen sein und die Belohnung in vollen Zügen genießen.

Tipp

Eine Warnung sei an dieser Stelle aber doch noch ausgesprochen: Geben Sie Acht, dass die angestrebte Belohnung nicht doch zu einer Ablenkung wird! Wenn Franziska nun die ganze Zeit immer nur dächte, „Juhu, gleich gehe ich schwimmen", wäre das sicherlich ebenso ablenkend und störend, als wenn sie sich permanent darüber ärgerte, bei schönstem Sommerwetter an ihrem Schreibtisch sitzen zu müssen. Bedenken Sie, dass die Belohnung hier nur als Mittel eingesetzt wurde, um zum eigentlichen Ziel zu gelangen. Sie darf nicht selbst zum Ziel werden.

Finden Sie nicht auch, dass es nach so viel Lesestoff an der Zeit ist, sich für seinen Eifer zu belohnen? Dann können Sie gleich einmal testen, was sich für Sie als Belohnung eignen würde. Vielleicht die eben genannte Tasse Tee mit einem leckeren Stück Kuchen? Vielleicht ein Spaziergang an der frischen Luft oder einfach nur ein wenig Entspannung, z. B. ein kleiner Mittagsschlaf oder ein Erholungsbad, um neue Kräfte zu sammeln. Probieren Sie es doch einfach einmal aus!

Nach dieser hoffentlich angenehmen Auszeit kann es nun weitergehen. Bevor Sie sich mit einem neuen Abschnitt beschäftigen, sollen Sie noch einmal eine Konzentrationsübung ausführen, um Ihre Aufmerksamkeit erneut zu bündeln.

Übung 6:
Im Folgenden finden Sie Wörter mit vertauschten Buchstaben, die Sie möglichst schnell in die richtige Reihenfolge bringen sollen. Die Lösung finden Sie im Anhang.

1. HSUA: ______________________
2. GEVLO: ______________________
3. ECUHSL: ______________________
4. AGNFNA: ______________________
5. GLEORF: ______________________
6. PLKTIAE: ______________________
7. IRTNEM: ______________________
8. CUSAHEBTB: ______________________
9. DARFHRA: ______________________
10. IOTVMNATOI: ______________________
11. ECNHTNWIAEH: ______________________
12. SECHEIDE: ______________________
13. MMSCHBWDIA: ______________________
14. ZETRONKOTINNA: ______________________

Vorbehalte gegenüber bestimmten Themen abbauen
Jeder Lernende mag nicht alle Themen, mit denen er sich beschäftigen muss, gleich gern. Die Gründe dafür sind vielfältig. Einige davon könnten lauten:

- *Kurvendiskussion ist total langweilig und außerdem brauche ich es in meinem Job auch nicht zu beherrschen.*
- *Geschichte, der alte Kram, ist doch längst vorbei, ich lebe heute, mich betrifft das alles nicht mehr.*
- *Deutsch: Mit Rechtschreibung hatte ich schon immer Probleme.*
- *Der Themenbereich ist ja noch einigermaßen interessant, aber der Dozent ...*

Es gibt viele verschiedene Begründungen, die eine Rolle spielen, warum Lernende bestimmte Fachbereiche durchweg ablehnen. Diese Vorbehalte können allerdings systematisch abgebaut oder zumindest verringert werden. Eher unwahrscheinlich ist es natürlich, dass die von Ihnen am wenigsten gemochte Fachrichtung zu Ihrem künftigen Lieblingsgebiet wird. Aber vielleicht können Sie versuchen, wenigstens etwas lockerer mit Ihrer Abneigung umzugehen, die sich in der Vergangenheit vielleicht immer mehr verfestigt hat, ohne dass es dafür einen wirklichen Grund gibt. Sollte Ihnen das gelingen, werden Sie sehen, dass es Ihnen leichter fällt, am Unterricht teilzunehmen, mit dem Lernen zu beginnen und die Informationen dauerhaft im Gedächtnis abzuspeichern. Dazu müssen Sie allerdings selbst aktiv werden! Der erste Schritt hierzu ist die Ursachenforschung.

Übung 7:
Die Übung auf der nächsten Seite soll Ihnen dabei helfen, zu erforschen, wie und wann es zu Ihrer Abneigung gegen ein bestimmtes Fach bzw. ein bestimmtes Themengebiet gekommen ist. Füllen Sie die leeren Felder aus und kreisen Sie die in Ihrem Fall zutreffenden Sätze ein.

Mein ungeliebtes Themengebiet: ______________________

1. Seit dem ______ Lernjahr erziele ich in diesem Fach/bei Prüfungen zu diesem Themengebiet nur noch schlechte Ergebnisse.
2. Ich kann den Lehrer/Dozenten nicht ausstehen.
3. Ich verstehe einfach nicht, was die Lehrer/Dozenten erklären.
4. Niemand kann mir bei meinem Problem mit diesem Fach/diesem Themengebiet wirklich helfen.
5. Ich habe Angst vor diesem Fach/diesem Themengebiet.
6. Ich finde das Fach/Themengebiet einfach langweilig.
7. Mein Banknachbar stört mich ständig.

Weitere Gründe geben Sie bitte ebenfalls an:

____

____

Nun lassen Sie uns gemeinsam überlegen, was Sie dagegen tun können:

Zu 1:
Sie kommen bereits seit zwei Jahren nicht mehr richtig mit? Ohne fremde Hilfe wird es Ihnen bei solchen Lücken vermutlich nicht gelingen, den Anschluss wiederzuerlangen. Denken Sie darüber nach, ob in diesem Fall nicht das Engagieren eines Nachhilfelehrers oder der Besuch eines Nachhilfeinstituts die Lösung für Ihr Problem sein könnte. Darüber hinaus überlegen Sie bitte, wie es ursprünglich dazu gekommen ist, dass Sie den Anschluss verpasst haben. Wechselte die Lehrkraft und hatten Sie von Anfang an kein gutes Verhältnis zu Ihrem neuen Lehrer/Dozenten? Oder aber: Gab es einen anderen Grund dafür, dass Sie in dem Fach absackten? War etwa u. a. Liebeskummer verantwortlich dafür, hatten Sie Probleme in der Familie?

Zu 2:
Ein wesentlicher Hinderungsgrund ist es mit Sicherheit, wenn man die jeweilige Lehrkraft bzw. den Dozenten nicht leiden kann. Aber die Frage ist: Gibt es dafür einen wirklichen Grund oder ist es vielleicht so, dass die betreffende Lehrkraft insgesamt unbeliebt ist und Sie sich einfach der allgemeinen Meinung angeschlossen haben? Hat der Lehrer/Dozent Sie irgendwann einmal vor der Klasse bzw. den anderen Kursteilnehmern bloßgestellt? Ist dies schon lange her, dann dürfte es doch kein Problem sein, ihm zu verzeihen. Ist es erst kürzlich passiert, dann suchen Sie das Gespräch mit ihm. Ist Ihnen das nicht möglich oder sind tatsächlich gravierende Vorkommnisse aufgetreten, schalten Sie einen offiziellen Ansprechpartner (z. B. Vertrauenslehrer, Fachbetreuer, Prüfungskommission) ein.

Oder ist es so, dass eigentlich gar nichts passiert ist, Sie aber das Gefühl haben, dass der Lehrer/Dozent Sie „auf dem Kieker“ hat? Auch in diesem Fall gilt: Gehen Sie auf die Person zu und versuchen Sie das Problem im persönlichen Gespräch zu klären. Sicherlich ist das nicht ganz einfach, aber Sie müssen ja nicht unbedingt direkt sagen, dass Sie das Gefühl haben, er könne Sie nicht leiden. Suchen Sie einfach das Gespräch, indem Sie sagen, dass Ihnen das Fach zurzeit überhaupt keinen Spaß mache und Sie in den vergangenen Wochen sehr wenig verstanden haben. Bitten Sie ihn, Ihnen einen Rat zu geben, wie Sie diese Situation verändern können.

Möglicherweise ist damit die Spannung, die Sie empfinden, schon beseitigt. Der Damm ist gebrochen, weil Sie miteinander gesprochen haben. Ihr Lehrer wird auf Sie aufmerksam, und zwar in positiver Hinsicht. Schließlich zeigen Sie Interesse daran, Ihre Situation zu ändern, und er kann Ihnen dabei helfen. Wenn Sie sich die oben aufgezeigten Möglichkeiten überhaupt nicht vorstellen können, dann liegt das wahrscheinlich daran, dass Sie immer noch in Ihren alten Gewohnheiten verhaftet sind und das negative Bild, das Sie von Ihrem Lehrer haben, noch nicht abgelegt haben. Versuchen Sie daher ganz bewusst positiv zu denken.

Zu 3:
Sie verstehen einfach nicht, was der Lehrer/Dozent erklärt? Fragen Sie nach! Ihr Lehrer kann nicht wissen, dass Sie es nicht verstanden haben, wenn Sie es ihm nicht mitteilen. Voraussetzung ist natürlich, dass Sie vorher dem Unterricht auch wirklich gefolgt sind. Haben Sie keine Angst, sich mit Fragen zu blamieren. Fragen können Sie nur weiterbringen. Mit Ihren Fragen bekunden Sie Ihr Interesse.

Zu 4:
Sie haben ja Recht, sicherlich wäre es einfacher, wenn Ihr Partner, Ihre Mutter oder Ihr älterer Bruder ein Mathe-Crack wäre und dabei noch super erklären könnte. Vergeuden Sie jedoch nicht sinnlos Zeit damit, sich darüber zu grämen, dass dies eben nicht der Fall ist. Suchen Sie sich stattdessen jemanden aus Ihrer Klasse, Ihrem Kurs, Ihrer Arbeitsgemeinschaft, der in diesem Fach sehr gut ist und Ihnen bei Ihren Schwierigkeiten helfen kann.

Zu 5:
Angst brauchen Sie weder vor einem Fach oder Themengebiet noch vor einem Lehrer/Dozenten zu haben. Schon gar nicht, wenn Sie alle vorangegangen Tipps beherzigen. Machen Sie sich klar, dass Sie die Angst aufgrund längst vergangener Geschehnisse mit der Zeit aufgebaut haben. Sie werden diese Angst genauso gut wieder abbauen können – und zwar Schritt für Schritt.

Zu 6:
Sie finden, das entsprechende Fach sei langweilig, es bringe Ihnen nichts! Versuchen Sie selbst, sich die betreffenden In-

halte interessanter zu gestalten. Übersetzen Sie beispielsweise die Liedtexte Ihrer Lieblingsband ins Englische. Schlagen Sie vor, dies auch einmal im Unterricht zu tun. Lesen Sie englische Gedichte, wenn Sie Gedichte mögen. Lesen Sie fremdsprachige Zeitschriften oder einfache Kurzgeschichten. Auch Kinderbücher eignen sich sehr gut, um einen leichteren Zugang zu der fremden Sprache zu finden.
Solche Hilfen gibt es beispielsweise auch für das Fach Geschichte: Lesen Sie historische Romane, von denen Sie gehört haben, dass sie tatsächlich auf geschichtlichen Tatsachen basieren. Die Bücher fliegen Ihnen natürlich nicht zu, Sie müssen schon in eine Buchhandlung gehen und danach fragen. Erkundigen Sie sich auch bei Ihrem Lehrer, wie Sie einen anderen Zugang zu dem betreffenden Fach finden können, er wird Ihnen sicherlich wertvolle Tipps geben. Ergreifen Sie die Initiative! Suchen Sie nach Lösungen für Ihre Probleme, die – wenn man sie erst einmal angeht – langsam, aber sicher kleiner werden!

Zu 7:
Der störende Banknachbar ist auf jeden Fall eines der kleineren Probleme. Setzen Sie sich mit Einverständnis Ihres Lehrers/ Dozenten an einen anderen Platz.

Damit Sie diese Ratschläge nicht nur gelesen haben, um sie sogleich wieder zu vergessen, erstellen Sie jetzt für Ihr ungeliebtes Fach einen Zielplan, der etwa folgendermaßen aussehen könnte:

Zielplan
Fach: Mathe; Lehrer: Herr Müller
Um meine Vorbehalte gegenüber diesem Fach abzubauen, werde ich:
→ mit Herrn Müller sprechen (am Montag),
→ einen Kursteilnehmer um Hilfe bitten (ich rufe Felix an, am besten gleich heute),

→ mir ein Buch über Mathe-Spiele besorgen (nächste Woche),
→ einen Termin zur Nachhilfe vereinbaren (nächste Woche).

Tipp

Setzen Sie unbedingt fest, wann Sie die jeweilige Initiative durchführen wollen. Suchen Sie sich einen günstigen Zeitpunkt aus, um mit Ihrem Lehrer/ Dozenten zu sprechen. Am besten tun Sie dies in einer längeren Pause bzw. in der Sprechstunde und nicht dann, wenn er schnell zur nächsten Unterrichtsstunde hetzen muss. Wenn er dennoch keine Zeit hat, lassen Sie sich nicht entmutigen. Es liegt sicher nicht an Ihnen, versuchen Sie es ein anderes Mal erneut.

Hat der zuerst angesprochene Kursteilnehmer keine Lust oder Zeit, um mit Ihnen Mathe zu pauken, dann müssen Sie sich auch nichts dabei denken. Fragen Sie einfach einen anderen, den Sie ebenfalls als geeignet betrachten. Wenn so gut wie nichts mehr geht, scheuen Sie sich nicht davor, sich auf die Suche nach einem geeigneten Nachhilfelehrer bzw. -institut zu machen und Kontakt mit den jeweiligen Ansprechpartnern aufzunehmen.

Ein erfolgsorientiertes Selbstbild schaffen

Viele der bisher erteilten Ratschläge setzen voraus, dass Sie sich auch wirklich zutrauen, Ihre Probleme in puncto Lernen zielstrebig anzugehen. Das zuletzt genannte Beispiel zeigt es: Wer sich nicht traut, Lehrer/Dozenten oder andere Kursteilnehmer um Hilfe zu bitten, dem helfen die besten Ratschläge letzten Endes nicht wirklich weiter. Und wer sich einen Plan zurechtzimmert, gleichzeitig aber ständig daran zweifelt, auch nur ein einziges Etappenziel zu erreichen, dem ergeht es nicht besser. Wer seine eigenen, wenn auch zunächst nur kleinen Erfolge selbst nicht anerkennen kann, der fühlt sich schlecht, ist frustriert und leider ganz und gar nicht motiviert. So geht es

vielen Schülern, Studenten und Berufstätigen die Misserfolge erlebt haben. Weil sie einmal oder auch mehrmals etwas Negatives erfahren haben, trauen sie sich nichts mehr zu und fühlen sich als Versager.
Sicherlich ist dies zunächst einmal eine recht normale Reaktion. Jeder Mensch hat hin und wieder mit Zweifeln zu kämpfen, mit Ängsten, ob er das, was er sich vorgenommen hat, wirklich schaffen wird. Allerdings dürfen diese Zweifel nicht überhand nehmen. Machen Sie nicht den Fehler, von einem „Ausrutscher“ als Normalzustand zu sprechen. Auch nach einem Misserfolg muss es Ihnen nach einiger Zeit wieder möglich sein, positiv zu denken und sich selbst etwas zuzutrauen. Erinnern Sie sich selbst daran, dass Sie durchaus in der Lage dazu sind, gute Ergebnisse zu erzielen, und dass Sie das in naher Zukunft auch wieder tun werden.

Positives Denken
Das positive Denken ist daher ein ganz wesentlicher Helfer auf dem Weg zu mehr Motivation beim Lernen. Wer nämlich immer nur schwarz sieht, hat meist keine Energie zum Arbeiten und wird somit auch keine neuen Erfolge erzielen. Wer negativ über sich selbst denkt, dem geht es tatsächlich schlecht! Und so befindet man sich ganz schnell in einem elenden Teufelskreis: Man fühlt sich schlecht, traut sich nichts zu, macht keine oder nur halbherzige Versuche, etwas zu ändern, und fühlt sich erneut schlecht ...

Nun könnten Sie sagen: „Aber ich bin doch ein schlechter Schüler/Student.“ Gegenfrage: „Ist das tatsächlich in allen Fächern so?“ Und wie sieht es außerhalb von Unterricht oder Studium aus? Haben Sie keine Hobbys, die Sie gerne und erfolgreich ausüben? Welche Eigenschaften und Fähigkeiten schätzen Ihre Eltern oder Ihre Freunde an Ihnen?
In der folgenden Tabelle können Sie einmal ganz konkret auflisten, worin Sie gut sind, welche positiven Seiten Sie haben.

Ich bin gut	
Außerhalb von Arbeit, Schule und Studium	**In Arbeit, Schule und Studium**
z. B. ich spiele gut Tischtennis ...	Ich kann gut zeichnen ...

Nach dem Ausfüllen der Tabelle werden Sie feststellen, dass Sie doch so einige Bereiche richtig gut können. Versuchen Sie sich genau diese Bereiche vor Augen zu führen, wenn Sie wieder einmal an sich zweifeln sollten. Und damit Sie auch in Hinsicht auf die schwierigeren Ziele, die Sie sich für die nähere Zukunft vorgenommen haben, positiv denken, machen Sie doch bitte Folgendes: Schreiben Sie auf ein Blatt Papier oder auf Pappkarton in möglichst großer Schrift diese Worte:

ICH GLAUBE AN MICH SELBST!
ICH WERDE ES SCHAFFEN!

Dieses Plakat bringen Sie z. B. über Ihrem Bett oder Ihrem Schreibtisch an und lesen sich die Sätze jeden Tag einmal laut vor. Das wird Ihnen dabei helfen, stärker an sich selbst und Ihre Fähigkeiten zu glauben.

Tipp

Sollten Sie feststellen, dass Sie gar kein richtiges Hobby haben, das Sie ausfüllt, dann denken Sie noch einmal darüber nach, was Sie machen könnten, welches frühere Hobby Sie reaktivieren könnten. Denn ein Hobby schenkt Freude und Selbstbestätigung, die Sie auf andere Bereiche übertragen können.

Checkliste: Motivation

- Als Motivation bezeichnet man die Gesamtheit der Gründe, die einen Menschen zum Handeln bringen.
- Es wird zwischen primärer und sekundärer Motivation unterschieden. Primäre (sachbezogene) Motivation bezieht sich auf die Sache selbst: Ich lerne, weil ich Spaß daran habe, etwas Neues zu erfahren, weil ich wissbegierig bin und weil mich das Thema interessiert. Bei der sekundären (sachfremden) Motivation geht es nicht um den Lerngegenstand selbst, sondern darum, etwas Unangenehmes zu vermeiden oder etwas Angenehmes zu erreichen.
- Beim Lernen sollte die Motivation stets sachbezogen sein, denn nur dann macht Lernen Spaß. Außerdem kann man sich Dinge, für die man sich interessiert, leichter merken.
- Freude am Lernen und Interesse am Lernstoff sind grundlegende Voraussetzungen für den Erfolg.
- Um die primäre Motivation zum Lernen zu steigern, sollte man sich zunächst über seine Ziele klar werden: Was will ich in der Zukunft erreichen und warum lerne ich? Wer ein klares Ziel vor Augen hat, ist motivierter.
- Das Fernziel sollte in verschiedene Teilziele aufgeteilt werden, die in zeitlicher Nähe Erfolg versprechen.
- Ziele müssen immer realistisch sein, sie dürfen weder zu hoch gegriffen sein noch zu niedrig – es sollte ein mittlerer Schwierigkeitsgrad angestrebt werden.
- Ziele und Erfolge sollten immer dokumentiert werden, um sich den Erfolg vor Augen führen zu können. Das schafft Erfolgserlebnisse, die als Belohnung wirken und uns zum Weitermachen anspornen.
- Schließen Sie einen Lernvertrag mit sich selbst ab und halten Sie sich an diesen.
- Nach der Arbeit sollten Sie sich etwas Gutes tun, sich belohnen.
- Prüfen Sie, wie es zu der Abneigung gegen ein bestimmtes Fach gekommen ist. Viele Gründe haben in der Gegenwart oftmals keine Berechtigung mehr und können systematisch abgebaut werden.
- Bauen Sie ein positives Selbstbild auf. Negatives Denken schadet, positives Denken hilft Ihnen. Glauben Sie daran, dass Sie etwas schaffen werden. Glauben Sie an Ihren Erfolg!

1.4 Konzentrationssteigerung durch erfolgreiches Zeitmanagement

Wie Sie durch Motivation Ihre Konzentrationsfähigkeit merklich steigern können, wissen Sie nun. Doch Motivation allein ist nicht immer ausreichend, um zu befriedigenden Lernergebnissen zu kommen. Auch wenn Sie morgens bereit sind, sich mit positiver Energie auf den Lernstoff zu stürzen, kann es natürlich durchaus sein, dass Sie an diesem Tag noch wichtige Termine haben oder andere Aufgaben erledigen müssen. Diese werden Ihnen höchstwahrscheinlich im Kopf herumspuken und sich somit negativ auf Ihre Konzentrationsfähigkeit auswirken. Sie werden nicht die innere Ruhe finden, sich konzentriert Ihrem Lernstoff zu widmen. Sicher kennen Sie auch das Gefühl, noch einen riesigen Berg Arbeit vor sich zu haben und nicht genau einschätzen zu können, ob die zur Verfügung stehende Zeit ausreicht. Sie haben sich vorher nicht überlegt, wann Sie welchen Arbeitsschritt erledigen wollen, und fühlen sich jetzt gehetzt und unsicher, was sich nicht gerade positiv auf die Aufnahmebereitschaft Ihres Gehirns auswirkt.

Den eigenen Arbeitsrhythmus finden

Eine gute Zeitplanung, die das jeweilige Arbeitspensum und den persönlichen Arbeitsrhythmus berücksichtigt, ist daher das A und O für konzentriertes und effektives Lernen. Dabei gilt es zunächst einmal, das momentane Lernverhalten anhand der folgenden Punkten zu analysieren.

Die innere Uhr

Es gibt Frühaufsteher, extreme Nachtschwärmer und Menschen, die unter einem enormen Mittagstief leiden. Forscher haben zudem festgestellt, dass Frauen ca. alle 28 Tage ihre Leistungskurve erneuern. Bei Männern beginnt sie schon nach rund 23 Tagen von Neuem. Natürlich können wir uns nicht vollständig nach unserem individuellen Rhythmus richten, da es in jeder Gesellschaft vorgegebene Zeiten gibt, die eingehalten werden müssen: Die Schulen beginnen bei uns meist um 8 Uhr morgens – egal, wie fit jemand am vorhergehenden Tag um 24 Uhr noch war – und enden um 13 Uhr. Die meisten Büros öffnen spätestens um 9 Uhr – auch wenn manche Mitarbeiter vielleicht erst gegen 11 Uhr richtig in die Gänge kommen.

Wer mit der eigenen Neigung konstruktiv umgehen will, sollte dennoch so weit wie möglich auf seinen Biorhythmus Rücksicht nehmen. Innerhalb des Tagesablaufs weist die Leistungsfähigkeit jedes Menschen Schwankungen auf, sodass die Konzentrationsfähigkeit nur zu bestimmten Zeiten ihren Höhepunkt erreichen kann. Das bedeutet, Sie sollten Ihre Lernarbeit möglichst nicht in eine Phase legen, in der Sie gewöhnlich alle fünf Minuten gähnen. Und Sie sollten sich auch nicht den größten Tagesbrocken Ihrer Lektüre für die Zeit nach dem Mittagessen aufheben, wo ein erheblicher Teil unseres Blutes mit der Verdauungsarbeit beschäftigt ist, anstatt die grauen Zellen zu versorgen.

Sinnvolle Zeiteinteilung

Häufig überschneiden sich auch Lern- und Freizeit: Denn obwohl man für sich persönlich festgestellt hat, dass das individuelle Leistungshoch am späten Nachmittag zwischen 16 Uhr und 18 Uhr liegt, steht am Mittwoch um 16 Uhr beispielsweise Tennis-Training an, am Donnerstag ist normalerweise der Tag, an dem der Partner am Nachmittag Zeit hat und am Freitag um 17.45 Uhr fängt die Lieblingsserie im Fernsehen an usw. Um herauszufinden, wie man seine Zeit am sinnvollsten einteilen kann, sollte man sich zuerst klarmachen, in welche verschiedenen Bereiche sich das eigene Leben aufteilt und wie viel Zeit man jeweils auf diese verwendet. Wenn man das Ergebnis betrachtet, wird ziemlich schnell deutlich, ob man damit zufrieden sein kann oder inwiefern etwas geändert werden muss.

Sollten sich hier Verhältnisse ergeben, die dem gesunden Menschenverstand widersprechen, müssen Sie je nach Möglichkeit und auch Veranlagung umschichten. Jemand, der viel Schlaf braucht, kann nicht auf einmal mit sechs Stunden auskommen, um Zeit zum Lesen zu gewinnen. Vielleicht lassen sich die Telefonate mit Freunden, oder die Zeit, die Sie vor dem Fernseher verbringen, verkürzen.

Die persönliche Lernzeit

Nun müssen Sie mit der konkreten Selbstbeobachtung beginnen: Zu welcher Zeit lerne ich am besten? Wann kostet mich das Lernen besonders viel Überwindung und Energie? Die meisten Menschen haben Ihre erste Leistungsspitze am Vormittag von ungefähr 9 bis 11 Uhr und eine weitere am Nachmittag von ungefähr 17 bis 19 Uhr. Dennoch ist die persönliche Leistungskurve individuell verschieden. Beobachten Sie Ihre eigenen Vorlieben und Hochphasen. Wann fällt Ihnen die Informationsaufnahme am leichtesten? Wenn Sie Ihre Aktivitäten einmal in Form eines Wochenplans skizzieren, können Sie feststellen, ob Ihre optimalen Lernzeiten öfter von unwichtigeren Dingen besetzt sind. Ist das der Fall, muss schleunigst umgeschichtet werden. Regelmäßige Anrufer müssen auf günstigere Anrufzeiten hingewiesen und die Sportstunde vielleicht um 90 Minuten nach hinten verlegt werden. Das Fernsehen könnten Sie eventuell in die Abendstunden verschieben, wenn die Aufnahmefähigkeit sowieso schon erschöpft ist. Vielleicht müssen Kompromisse gefunden werden. Jeder Arbeitsplan sollte so weit wie möglich die effektiven Zeiten berücksichtigen und sie für energieaufwändige Dinge freihalten.

Tipp

Wenn Sie zu dem Ergebnis kommen, dass Sie anspruchsvolle Aufgaben zu Zeiten Ihres eigentlichen Leistungstiefs erledigen, dann soll-

→

ten Sie Ihren Arbeitsrhythmus umstellen. Dies kann man schon durch kleine Tricks, wie Pausen machen, früh ins Bett gehen oder zeitiges Aufstehen, erreichen. Über den Erfolg solcher Möglichkeiten gibt Ihnen ein Tagesprotokoll Auskunft, in das Sie alle Tätigkeiten eines Tages mit entsprechender Zeitangabe eintragen.

Das individuelle Schlafbedürfnis ist sehr unterschiedlich ausgeprägt und liegt etwa zwischen fünf und zehn Stunden. Da es offenbar größtenteils angeboren ist, kann man es kaum beeinflussen. Die meisten Menschen wissen aus Erfahrung, wie viel Schlaf ihnen gut tut. Als Kriterium für ausreichenden Schlaf gilt, dass man sich am Morgen nach dem Aufstehen frisch fühlt. Des Weiteren stellt sich die Frage, ob man eher zu den Frühaufstehern oder zu den Nachtschwärmern gehört.

Übung 8:

Sind Sie ein ein Morgen- oder ein Abend-Mensch? Notieren Sie jeweils den Punktwert Ihrer Antwort und zählen Sie anschließend alle Punkte zusammen. Die Auswertung finden Sie im Lösungsteil.

1. **Wann werden Sie abends müde?**
   vor 21.00 Uhr (4 Punkte) — 21.00–23.00 Uhr (2 Punkte) — nach 23.00 Uhr (0 Punkte)

2. **Ist die Müdigkeit überwindbar oder nicht?**
   nicht überwindbar (1 Punkt) — überwindbar (3 Punkte)

3. **Folgt auf die Phase der Müdigkeit eine wache Phase?**
   ja (1 Punkt) — nein (2 Punkte)

4. **Werden sie nachts häufig wach?**
   ja (1 Punkt) — nein (2 Punkte)

5. **Haben Sie Träume und bleiben Ihnen diese auch in Erinnerung?**
   ja (4 Punkte) nein (1 Punkt)

6. **Schlafen Sie spät ein?**
   ja (2 Punkte) nein (6 Punkte)

7. **Wann wachen Sie auf, wenn Sie nicht durch einen äußeren Reiz geweckt werden?**

vor 6.00 Uhr (6 Punkte)	6.00–8.00 Uhr (3 Punkte)	nach 8.00 Uhr (0 Punkte)

8. **Wie würden Sie Ihren Schlafrhythmus gestalten, wenn Sie keine beruflichen oder sonstigen Verpflichtungen hätten?**

   a) **morgendliches Aufstehen:**

5.00–7.00 Uhr (8 Punkte)	7.00–8.00 Uhr (5 Punkte)	8.00–9.00 Uhr (2 Punkte)	nach 9.00 Uhr (0 Punkte)

   b) **Mittagsschlaf:**
   ja (1 Punkt) nein (4 Punkte)

   c) **Kaffee trinken am Nachmittag:**
   ja (4 Punkte) nein (2 Punkte)

   d) **abends:**

ausgehen/ Gäste haben (1 Punkt)	fernsehen (3 Punkte)	ruhen/ früh schlafen (6 Punkte)

9. **Sind Sie sofort munter, wenn Sie geweckt werden?**
   ja (6 Punkte) nein (1 Punkt)

10. **Sind Sie sofort munter, wenn Sie von selbst wach werden?**
    ja (4 Punkte) nein (1 Punkt)

11. Wie ist Ihr Befinden beim Frühstück?

a) Appetit

wenig (1 Punkt)	viel (2 Punkte)	sehr viel (3 Punkte)

b) Frische

schlecht (1 Punkt)	gut (2 Punkte)	sehr gut (3 Punkte)

c) Gesprächsfreudigkeit

sehr stark (1 Punkt)	stark (2 Punkte)	schwach (3 Punkte)

d) Konzentration

schlecht (1 Punkt)	gut (2 Punkte)	sehr gut (3 Punkte)

12. Wann haben Sie am Vormittag ein Tief?

8.00–9.00 Uhr (1 Punkt)	9.00–10.00 Uhr (4 Punkte)	10.00–11.00 Uhr (3 Punkte)	11.00–12.00 Uhr (1 Punkt)

13. Wie ist Ihr Befinden nach dem Mittagessen?

eher müde (4 Punkte)	eher frisch (1 Punkt)

14. Wann haben Sie gewöhnlich am Nachmittag ein Leistungstief?

14.00–15.00 Uhr (4 Punkte)	15.00–16.00 Uhr (3 Punkte)	16.00–17.00 Uhr (1 Punkt)

Wie ist es Ihnen bei der Beantwortung der Fragen ergangen? Natürlich reagiert der Körper unter verschiedenen Voraussetzungen, z. B. bei Krankheit oder besonderer Anspannung, auch einmal anders. Dieser Test kann Ihnen aber dennoch eine Tendenz aufzeigen, ob Sie eher ein Morgen- oder ein Abend-Mensch sind. Wenn Sie herausbekommen haben, ob Sie zu den tagaktiv (Morgen-Mensch) oder nachtaktiv (Abend-Mensch) veranlagten Menschen gehören, versuchen Sie sich auch so weit wie möglich danach zu richten. Arbeiten Sie nicht gegen Ihren natürlichen Rhythmus, sondern nutzen Sie so häufig wie möglich Ihre Tages-Hochphasen, um zu lernen.

Tipp

Wichtig ist es vor allem, sich jeden Tag etwa zur selben Zeit an die Arbeit zu setzen, denn feste Arbeitszeiten fördern die Konzentration. Unser Körper lernt allmählich: Jetzt ist Lernen angesagt.

Selbstkritik

Natürlich gehört zu dieser Analysearbeit auch eine gehörige Portion Selbstkritik. Beantworten Sie sich folgende Fragen immer ganz ehrlich: „Kann ich es mir leisten, nur mit halber Kraft zu lernen?“ „Reicht mir eine Stunde am Tag?“ „Setze ich meine Prioritäten sinnvoll?“ Nur eine ehrliche Analyse des Istzustands taugt als Grundlage für Veränderung.

Checkliste: Zeit und Leistung

- **Überprüfen Sie Ihre persönliche Zeiteinteilung.**
- **Nutzen Sie Leistungshochs.**
- **Hinterfragen Sie Ihren eigenen Leistungswillen.**
- **Richten Sie sich feste Arbeitszeiten ein.**

Zeitpläne erstellen und einhalten

Nachdem Sie sich nun darüber bewusst geworden sind, wann Ihre Leistungs- bzw. Konzentrationsfähigkeit am höchsten ist, sollten Sie diese neu gewonnene Erkenntnis dazu nutzen, einen festen Zeit- und Arbeitsplan zu erstellen. Denn wer seine Aufgaben strukturiert, wird damit besser und schneller fertig.

Sie können Zeitpläne folgendermaßen erstellen:
a) kurzfristig: für einen Tag
b) mittelfristig: für eine Woche und
c) langfristig: für mehrere Wochen

Kurzfristige und mittelfristige Planung
Beginnen Sie mit der Planung für einen Tag, am besten gleich für den morgigen. Machen Sie sich zunächst noch einmal klar, was Sie dabei berücksichtigen sollten:

Checkliste: Zeitpläne erstellen

- Die Tageszeit beeinflusst Ihre Konzentrationsfähigkeit. Legen Sie Lernzeiten nach Möglichkeit in Phasen Ihres Leistungshochs.
- Denken Sie daran, Pausenzeiten einzuplanen.
- Planen Sie Reservezeiten für Störungen und Unvorhergesehenes ein.
- Vergessen Sie nicht, Ihre Freizeit einzubeziehen,genauso wie andere notwendige Termine (z. B. dringende Arztbesuche).

Die Zeitplanung der meisten Schüler bezieht sich wochentags auf den Nachmittag, da sie am Vormittag Unterricht haben. Ein Tagesplan könnte demnach folgendermaßen aussehen.

13.30–14.00	Mittagessen
14.00–15.30	Mittagspause (Musik hören, telefonieren, mit dem Hund spazieren gehen)
15.30–17.30	**Lernzeit, das heißt:**
15.30–16.00	Deutsch
5 Minuten Pause	

→

16.05–16.45	Mathe
	15 Minuten Pause
17.00–17.30	Englisch
17.30–18.00	Reservezeit
18.00–19.00	Fahrschule
19.30–21.00	Sportverein
21.00–22.00	Zimmer aufräumen, Entspannen

Tipp

Die tägliche Planung tragen Sie, soweit Sie diese absehen können, in einen Stundenplan ein, der für eine Woche gilt (vgl. S. 53). Notieren Sie auch die Pausenzeiten, wenn Sie sich noch nicht daran gewöhnt haben, regelmäßig eine kurze Auszeit zu nehmen.

Der hier vorgegebene Wochenplaner enthält nur sechs Tage. Ein Tag in der Woche sollte – außer während Prüfungsphasen – frei bleiben, damit Sie einmal ganz entspannen können und nicht an die Schule oder Universität denken müssen. An diesem Tag sollten Sie sich einmal ganz in Ruhe allen Dingen widmen, die Sie sonst nicht machen können und die somit ständig zu kurz kommen: Schlafen Sie sich aus, frühstücken Sie ausgiebig und freuen Sie sich auf diesen freien Tag. Denken Sie v. a. daran, dass Sie sich einmal so richtig entspannen und wenige Dinge machen, die Sie über die Maßen anstrengen. Sonst fühlen Sie sich an Ihrem nächsten Lerntag eher schlapp als voller neuem Tatendrang.

Am Wochenende sollten Sie Ihre Lernzeiten eher morgens einplanen, weil Sie am Vormittag erstens ausgeruhter sind und zweitens die Aussicht darauf besteht, dass Sie den Nachmittag zu Ihrer freien Verfügung haben. Dies kann ein zusätzlicher Motivationsschub sein, der Ihnen das Lernen erleichtert.

Tipp

Schaffen Sie sich einen Kalender an, und zwar einen Wochenterminplaner, in den Sie all Ihre geplanten Aktivitäten eintragen können, auch längerfristig. Es gibt diese Timer in verschiedenen Ausführungen. Suchen Sie sich einen aus, der Ihren Ansprüchen am besten entspricht.

Zum Einstieg können Sie diesen vorgegebenen Wochenplaner verwenden, um einzutragen, wann Sie welche Aufgabe erledigen werden.

WOCHENPLANER

Uhrzeit	Mo	Di	Mi	Do	Fr	Sa

Übung 9:

Sie müssen bis zum nächsten Tag den Vortrag einer Präsentation, die sie bereits vorbereit haben, einüben. Außerdem müssen sie eine Lektion Spanisch-Vokabeln lernen. Schließlich steht übermorgen auch noch eine Mathematikklausur an, für die Sie sich ebenfalls noch ein kleines Lernpensum zum Ziel gesetzt haben.

Ihr Tagesablauf erlaubt Ihnen eine Lern- und Arbeitszeit ab 13 Uhr. Normalerweise essen Sie gegen 13.30 Uhr eine Kleinigkeit und nehmen gegen 19.00 Uhr eine größere Mahlzeit zu sich. Zwischen 15.30 und 16.30 Uhr erhalten Sie meistens Anrufe von Freunden oder gehen mit Ihrem Hund spazieren. Ab 21 Uhr sind gewöhnlich Ihre Energien erschöpft.

Entwickeln Sie nach diesen Vorgaben einen Tagesplan. Einen Lösungsvorschlag finden Sie im Anhang.

Langfristige Planung

Außer einem Tages- und einem Wochenplan brauchen Sie nun auch noch einen langfristigen Plan. In diesen können Sie dann Termine, die noch nicht unmittelbar anstehen – z. B. die Spanisch-Prüfung in vier Wochen oder die Präsentation in Geschichte, die in zwei Wochen fertig sein soll – eintragen.

Bedenken Sie: Dieser langfristige Plan stellt auch die Grundlage für Ihre mittel- und kurzfristige Planung dar. Jedenfalls dann, wenn Sie vorausschauend planen und Ihr Ziel in Teilschritten erreichen wollen. Überprüfen Sie daher stets, wenn Sie Wochen- und Tagesplan aufstellen, ob Sie die langfristige Planung mit einbezogen haben, ob Sie also tatsächlich etwa eine Woche vor der Arbeit mit dem Üben anfangen werden. Haben Sie zusätzliche Termine, wie z. B. einen nicht gerade akuten Arztbesuch, dann legen Sie diese am besten nicht in die übungsintensiven Wochen vor den Klausuren. Alle zeitaufwändigen Termine, die mit Ihren Hobbys zu tun haben, sollten auch nicht für diese Zeit vorgesehen werden. Voraussetzung dafür ist aber, dass Sie wirklich langfristig planen.
Machen Sie sich zunächst einen allgemeinen Plan, der aus mehreren Listen bestehen kann, die die verschiedenen Ziele, die Sie in einer bestimmten Zeit erreichen wollen, bereits kategorisieren. Anschließend bestimmen Sie die Arbeitsschritte, die nötig sind, um diese Ziele zu erreichen. Schließlich müssen Sie den Zeitaufwand kalkulieren und überprüfen, ob Sie wirklich alle Punkte vernünftig in Ihrer Planung unterbringen.

Schritt 1: Zielbestimmung

- Liste 1 umfasst Ihre Lernziele.
- Liste 2 steht für Ihre sonstigen Ziele, die Sie sich neu vorgenommen haben (z. B. Führerschein machen, neuen Tanzkurs beginnen).
- Liste 3 umfasst alle anderen wichtigen Dinge, Arzttermine und Behördengänge ebenso wie Ihre regelmäßigen Hobbys bzw. Freizeitaktivitäten.

Schritt 2: nötige Arbeitsschritte bestimmen

- Was müssen Sie bis zur Prüfung alles lernen?
- Brauchen Sie zusätzliche Arbeitsmaterialien (z. B. Bücher, Aufzeichnungen von anderen Kursteilnehmern usw.)?

Das Gleiche gilt für Ihre persönlichen Ziele:

- Was müssen Sie tun, um den Führerschein zu erhalten?
- Wann beginnt der nächste Tanzkurs?

Schritt 3: Zeitaufwand kalkulieren

- Wie viel Zeit benötigen Sie, um den Lernstoff für die nächste Mathearbeit zu verstehen?
- Wie viel Zeit benötigen Sie insgesamt (etwa eine Woche) und wie viel täglich (z. B. eine Stunde)?
- Wie viele Wochen müssen Sie sich auf die anstehenden mündlichen Prüfungen vorbereiten?
- Wie viel Lernstoff schaffen Sie pro Tag?

Kalkulieren Sie ebenso die benötigte Zeit für die auf Liste 2 und 3 bestimmten Ziele:

- Wie lange dauert es, bis Sie den Führerschein haben?
- Wie lange dauert der Tanzkurs?
- Wie viel Zeit brauchen Sie pro Woche dafür?

Schritt 4: Zielüberprüfung/Prioritäten setzen

- Sind Ihre Ziele tatsächlich realistisch gesetzt?
- Können Sie gleichzeitig die mündlichen Prüfungen, die Führerscheinprüfung und einen Tanzkurs bestehen?

Wenn Sie Zweifel haben, so setzen Sie Prioritäten: erst die mündlichen Prüfungen, dann der Führerschein, dann eventuell der Tanzkurs. Letzterer macht zwar Spaß, ist aber wegen des Zeitaufwands – Sie haben inzwischen festgestellt, dass Sie (inklusive Fahrt) drei Stunden an einem Nachmittag rechnen müssen – im Moment einfach nicht zu realisieren. Für die mündlichen Prüfungen büffeln und gleichzeitig für den Führerschein lernen, ist das möglich? Hinzu kommen die Fahrstunden – nicht wenige, wie Sie nach Erledigung von Punkt 3 wissen. Der zusätzliche Lernaufwand und v. a. der Stress, dem Sie sich aussetzen, sind auch eher ungünstig. Verschieben Sie dieses Ziel in Ihrer langfristigen Planung besser um ein Vierteljahr.

Schritt 5: Reservezeiten einplanen

Nachdem Sie Ihre Ziele überprüft haben, sollten Sie auch noch Reservezeiten einplanen, schließlich können Sie auch vor einer Prüfung einmal eine Woche krank werden.

Schritt 6: Übersichtsplan mit Teilzielen erstellen

Verteilen Sie Ihre Ziele in Etappen auf die nächsten Wochen. Vergessen Sie nicht die wichtigen Freizeitaktivitäten und notwendige Termine. Sofern es sich um feste Termine handelt, können Sie diese bereits eintragen. Beachten Sie beim Festlegen Ihrer Lernzeiten und anderer Termine alle Punkte, die bisher in diesem Buch angesprochen wurden, wie das Einplanen von Pausen, das kleine Tief nach dem Mittagessen, Ihren persönlichen Biorhythmus usw.

Einen Kontrolltermin beim Zahnarzt oder einen Friseurbesuch könnten Sie doch gut zwischen 14.00 und 15.30 Uhr legen, damit Sie Ihre Mittagspause sinnvoll nutzen und beim anschließenden Lernen nicht wegen eines anstehenden Termins unter Zeitdruck geraten.

Viele Termine lassen sich also von vornherein günstig legen. Details dagegen, wie etwa die Erledigung der Hausaufgaben, können Sie wegen des steten Wechsels natürlich nur täglich neu festlegen. In Ihrer langfristigen Planung können Sie aber generell Ihre Lern- und Ihre Freizeitphasen sowie die wichtigen Termine festhalten. Auch wenn sich das alles zunächst nach Verplanung anhören mag, gewinnen Sie durch ein gutes Zeitmanagement letztendlich mehr Freiheit und Freizeit.

Tipp

Haken Sie in Ihren Plänen die erledigten Dinge ab – und freuen Sie sich, wenn Sie etwas geschafft haben!

Und vergessen Sie nicht das frühzeitige Lernen für eine Klausur, das Sie mit täglich einer Stunde einplanen können.

Checkliste: Zeitpläne

- **Überprüfen Sie stets im Nachhinein Ihre unterschiedlichen Zeitpläne! Haben Sie Ihre Kapazitäten richtig eingeschätzt oder sich vielleicht doch übernommen?**
- **Ist Ihre freie Zeit zu kurz gekommen?**
- **Haben Sie wirklich genug gelernt?**
- **Waren ausreichend Reservezeiten vorhanden?**
- **Haben Sie regelmäßig Pausen gemacht?**

Zum Abschluss dieses Kapitels sollten Sie noch einmal eine Konzentrationsübung machen, damit Ihre bis jetzt trainierten Fähigkeiten nicht gleich wieder verloren gehen:

Übung 10:
Betrachten Sie das Liniengewirr auf der nächsten Seite. Versuchen Sie mit bloßem Auge zu erkennen, welcher Buchstabe mit welcher Zahl verbunden ist. Sie haben 1 Minute Zeit.

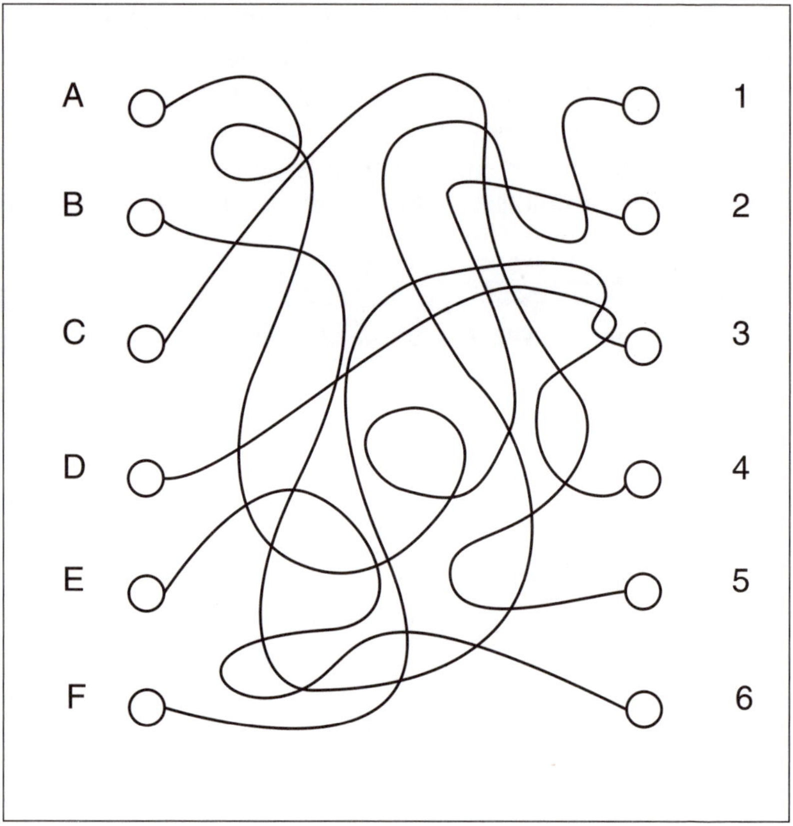

Checkliste: Zeitmanagement

- Überlegen Sie sich, wie Sie Ihre Zeit geschickt einteilen können, wenn Sie Ihre individuelle Leistungskurve berücksichtigen.
- Bedenken Sie, dass das Leistungshoch der meisten Menschen zwischen 9.00 und 11.00 Uhr morgens und dann wieder zwischen 17.00 und 19.00 Uhr abends liegt.
- Arbeiten Sie konzentriert, um das zu schaffen, was Sie sich vorgenommen haben.
- Widerstehen Sie der Versuchung alle möglichen Dinge erledigen zu wollen, die Sie von Ihrem Vorhaben, zu lernen, abbringen.

→

- Legen Sie immer wieder kurze Lernpausen ein, um neue Kraft zu tanken. Machen Sie Ihre Pausen schon dann, wenn Sie noch relativ fit sind, um eine Überforderung zu vermeiden.
- Beschäftigen Sie sich in dieser Freizeit mit allem Möglichen, nur nicht mit dem Lernstoff.
- Setzen Sie sich nicht unter Druck, da Sie sich damit selbst blockieren und viel weniger schaffen, als Sie sich vorgenommen haben.
- Müssen Sie am Wochenende oder in den Ferien lernen, sollten Sie Ihre optimale Lernzeit nutzen (z. B. den Morgen).
- Gönnen Sie sich nach Möglichkeit in der Mittagszeit eine längere Pause, da Sie in dieser Zeit sowieso nicht so leistungsfähig sind.

1.5 Konzentrationsfördernde Lernmethoden

Nun haben Sie erfahren, wie man Konzentrationshindernisse beseitigt und sein Lernprogramm mit Zeitplänen sinnvoll organisieren kann. Theoretisch steht dem Lernen jetzt nichts mehr im Wege. Aber wer kennt nicht die folgenden Gedankengänge: „Ich weiß, heute ist noch das Kapitel über den Dreißigjährigen Krieg dran – ein harter Brocken. Aber eigentlich bin ich ein bisschen müde. Deshalb schaue ich mir erst noch schnell den Artikel über Robbie Williams in der Zeitung an, den Eric schon gelesen hat, und dann kann es losgehen."

Aber kaum sitzt man an seinem Schreibtisch, reißt ein Fingernagel ein. Also steht man erneut auf und holt eine Schere. Zurück am Arbeitsplatz, klingelt auch schon das Telefon. Und so geht es weiter, bis der Nachmittagsunterricht beginnt und man sowieso wieder das Haus verlassen muss.
Diese Erfahrung ist wohl den meisten Menschen bekannt: Wenn man mit dem Lernen beginnen möchte, fällt dies oft besonders schwer. Man findet nicht den richtigen Einstieg und hat eigentlich keine Lust anzufangen. Aber warum ist das so und was kann man dagegen tun?

Die Anfangshemmung überwinden

Da unser Leben glücklicherweise nicht nur aus Lernen besteht, sondern aus so manch anderen Verpflichtungen und auch Vergnügungen, sind wir vielen verschiedenen Eindrücken ausgesetzt. Unsere Gedanken und unsere Gefühle sind daher manches Mal noch abwesend, auch wenn wir körperlich schon an unserem Schreibtisch sitzen – wir sind dann nicht ganz bei der Sache, wir sind unkonzentriert. Gedanklich noch bei der schwierigen Englischklausur vom Vormittag und gefühlsmäßig bei unserem neuen Schwarm aus dem Tenniskurs, fällt es nicht gerade leicht, sich auf die anstehenden Lernkapitel zu konzentrieren. Das Gehirn muss sich erst auf Lernen umstellen. Dass gerade der Lerneinstieg so schwer fällt, haben auch viele Wissenschaftler zum Thema ihrer Untersuchungen gemacht. Dabei stellten sie fest, dass wir insbesondere in den ersten 15 Minuten unserer Lernphase noch recht wenig leisten können. Erst danach steigt die Leistungsfähigkeit an, und wir können konzentriert und effektiv lernen.

Mit etwas Leichtem beginnen

Wenn wir diese Erkenntnis für unseren Lerneinstieg nutzen wollen, dann heißt dies: Beginnen Sie Ihre häuslichen Übungen stets mit einer leichten Aufgabe. Gleichzeitig ist es sinnvoll, ein Fach oder Themengebiet auszuwählen, das Ihnen besonders Spaß macht. Keinesfalls jedoch sollten Sie mit etwas Schwerem beginnen, das vielleicht auch noch aus einem ungeliebten Fachbereich stammt. Denn dann könnte es geschehen, dass 15 Minuten lang gar nichts passiert und sie sich von jeder Kleinigkeit ablenken lassen!

Man kann den Lerneinstieg also durchaus mit der Aufwärmphase bei einem Sportler vergleichen. Genauso wie der Körper etwas Zeit braucht, um richtig beweglich zu werden, benötigt auch das Gehirn Zeit, um sich auf die Tätigkeit des Lernens umzustellen.

Tipp

Gerade beim Lerneinstieg kann es sinnvoll sein, ein kleines Konzentrationstraining vorzuschalten, z. B. indem man sich spielerisch mit dem vorgegebenen Text beschäftigt: Suchen Sie etwa alle „a“ oder alle Doppelvokale heraus, die in einem bestimmten Textabschnitt vorkommen. Die Übung sollte nicht länger als drei Minuten dauern. Danach ist Ihr Gehirn fit für den Lerneinstieg.

Übung 11:

Geeignet für den Lerneinstieg ist auch diese Konzentrationsübung. Betrachten Sie die folgende Figur eine Minute lang und versuchen Sie sich diese einzuprägen. Anschließend zeichnen Sie sie aus dem Gedächtnis auf ein Blatt Papier und vergleichen, wie nah Sie der Vorlage gekommen sind.

Portionsweise lernen

Sie sitzen vor einem Berg von Arbeit und wissen nicht, womit Sie anfangen sollen? Der Berg erscheint Ihnen sogar so hoch, dass Sie glauben, ihn niemals bewältigen zu können, und Sie möchten daher am liebsten erst gar nicht anfangen? „Ich sollte vielleicht lieber ein Telefonat mit einem anderen Kursteilnehmer über diese Unmengen von Aufgaben und diese unmöglichen Lehrer führen", sagen Sie sich entmutigt. Keine Frage, das wäre eine gute Idee, um sich abzulenken! Und gerade deshalb absolut konzentrationsfeindlich.

Sie sollten Ihren Aufgabenberg zunächst auf seine einzelnen Schichten hin untersuchen. Sie beginnen Ihre Arbeit also damit, das Aufgaben-Bündel in einzelne Portionen (z. B. Hausaufgaben, Hausarbeiten, Referate, Klausuren, Prüfungsvorbereitung) aufzuteilen. Dazu listen Sie zunächst alles haarklein auf, was Sie an einem Tag erledigen müssen. Schreiben Sie sich kleine Zettel – pro Aufgabe ein Zettelchen –, die Sie auf Ihrem Schreibtisch in einem Kästchen aufbewahren. Ist eine Pinnwand vorhanden, können Sie Ihre Aufgaben-Portionen natürlich auch dort befestigen. Jedes Mal, wenn Sie eine Portion erledigt haben, nehmen Sie den Zettel und werfen ihn mit Genugtuung weg. Natürlich wird dadurch die Arbeit insgesamt nicht weniger, aber sie wird zumindest übersichtlicher und Sie fühlen sich somit nicht mehr überfordert. Außerdem ist es jedes Mal ein kleines Erfolgserlebnis, wenn man wieder eine Aufgabenportion geschafft hat und den entsprechenden Zettel in den Müll werfen kann.

Erinnert Sie dieser Tipp an etwas? Ganz genau, er ergänzt denjenigen aus dem Abschnitt Arbeitsplatz, wo Ihnen empfohlen wurde, nur die Bücher und Hefte auf dem Schreibtisch liegen zu lassen, die Sie für die jeweilige Aufgabe benötigen. Beide Tipps zusammengenommen helfen, im Kopf und auf dem Schreibtisch erst gar kein Chaos aufkommen zu lassen.

Reihenfolge der Aufgaben festlegen

Erst Englisch, dann Französisch, danach die Naturwissenschaften und ganz zuletzt die mündlichen Aufgaben? Normalerweise wäre das die Reihenfolge gewesen, die Luis am ehesten gewählt hätte.
Englisch, weil er es nicht mag, Französisch, weil es auch eine Sprache ist, und danach Naturwissenschaften, weil er die am liebsten mag. Die mündlichen Aufgaben kann man ja vielleicht auch noch abends im Bett erledigen. Dass Luis nicht mit dem ungeliebten Fach Englisch beginnen sollte, wissen wir. Es gibt allerdings noch mehr Hilfen, die das Lernen leichter machen. Abgesehen vom leichten Einstieg und der Aufteilung des Lernstoffs in Portionen ist es empfehlenswert, wenn Sie vor Beginn Ihrer Arbeit auch noch die Reihenfolge der Aufgaben festlegen, die Sie erledigen müssen. Nach welchen Gesichtspunkten dies am sinnvollsten geschehen kann, erfahren Sie in den nächsten Abschnitten.

Abwechslung macht Spaß

Abwechslung fördert die Konzentrationsfähigkeit. Wenn man immer das Gleiche oder Ähnliches macht, wird das mit der Zeit langweilig, Konzentration und Motivation nehmen kontinuierlich ab. Wenn ein Schüler also erst einmal Vokabeln aufschreibt, danach eine schriftliche Übersetzung anfertigt und anschließend noch einen Aufsatz in derselben Fremdsprache schreibt, ist dies zum einen natürlich sehr anstrengend. Zum anderen ist es aber auch langweilig, und die Lust am Lernen nimmt sehr viel schneller ab als bei einer abwechslungsreichen Reihenfolge. Wenn mehrere mündliche Aufgaben aufeinander folgen, wird dies oft als noch ermüdender empfunden.

Ähnlichkeitshemmung

Dass ähnliche Lerninhalte so schwierig zu behalten sind, hat einen einfachen Grund: Ähnliche Lerninhalte sind schlecht aus-

einander zu halten und werden daher leicht verwechselt. Dies passiert bei ähnlichen Formeln, ähnlichen Begriffen oder Wörtern in der gleichen Sprache wie in verschiedenen Sprachen. Beispiele dafür sind die englischen Wörter „sun" und „son", die Verben „to lay" und „to lie" oder das Wort „Kontrolleur", das im Englischen „controller" und im Französischen „contrôleur" geschrieben wird.
Sicherlich fallen Ihnen selbst aufgrund Ihrer Erfahrungen beim Lernen noch andere Beispiele ein, die leicht zu Verwechslungen führen. Die Ursache dafür ist, dass bei der Verarbeitung im Gehirn die Speicherung von ähnlichen Inhalten nicht immer parallel verläuft, sondern möglicherweise auch „über Kreuz" – sie ist also in gewisser Weise „gestört". Auch deswegen ist es sinnvoll, abwechslungsreich zu lernen.

Schriftliches und Mündliches abwechseln
Wechseln Sie daher schriftlich und mündlich zu erledigende Hausaufgaben ab und achten Sie darauf, dass sich die Inhalte der Aufgaben ebenfalls unterscheiden. Das heißt, naturwissenschaftliche Fächer sollten sich mit sprachlichen abwechseln. Wenn Sie dann noch zwischendurch ein Flötenstück für Musik einzuüben hätten, wäre das sicherlich noch abwechslungsreicher und dabei zugleich entspannend.
Denken Sie noch einmal an Luis und seine Hausaufgaben. Helfen Sie ihm dabei, eine sinnvolle Reihenfolge festzulegen, die nicht zu anstrengend ist und Abwechslung bietet!

Übung 12:

In Englisch muss er Vokabeln lernen (mündlich) und außerdem eine schriftliche Übersetzung anfertigen. In Französisch muss er ebenfalls Vokabeln lernen, allerdings schriftlich, außerdem muss er einige Fragen zu einem Text – ebenfalls schriftlich – beantworten. In Biologie, seinem Lieblingsfach, muss er einen vierseitigen Text lesen und in Chemie ein Experiment, das im Unterricht durchgeführt wurde, schriftlich erläutern.

Schreiben Sie hier die Aufgaben in der von Ihnen vorgeschlagenen Reihenfolge auf. Im Anhang finden Sie zwei Lösungsvorschläge.

1. ______________________________

2. ______________________________

3. ______________________________

4. ______________________________

5. ______________________________

6. ______________________________

Nun ist es Zeit, dass Sie sich noch einmal all das Neue, das Sie bislang zum Thema Lernen und Konzentration erfahren haben, bewusst machen. Schließlich möchten Sie diese Inhalte fest in Ihrem Gedächtnis verankern. Dabei soll Ihnen die folgende Checkliste helfen.

Checkliste: Konzentration steigern

- Konzentration bedeutet, seine Aufmerksamkeit ganz auf eine Sache zu richten.
- Der Lernende kann ganz unterschiedlichen Störungen ausgesetzt sein: zum einen solchen, die von innen kommen (Konflikte, Ängste) und zum anderen solchen, die von außen auf ihn einwirken (z. B. Lärm, Unordnung).
- Besonders negativ auf die Konzentrationsfähigkeit wirkt sich aus, wenn man versucht, unter Zeitdruck zu lernen.
- Positiv wirkt sich eine angenehme Arbeitsatmosphäre aus.

→

- Der feste Arbeitsplatz muss einerseits freundlich und einladend gestaltet werden, andererseits sollte er zweckmäßig und ordentlich eingerichtet sein.
- Die Erstellung von Zeitplänen hilft, den Lernprozess zu strukturieren und Zeitverschwendung zu vermeiden.
- Die Beachtung bestimmter Methoden macht das Lernen angenehmer: mit leichten Inhalten beginnen, eine Reihenfolge festlegen, die Ähnlichkeitshemmung ausschalten.

Es folgen nun erneut zwei Übungen, mit denen Sie Ihre Konzentrationsfähigkeit trainieren können.

Übung 13:

Betrachten Sie die folgenden Figuren eine Minute lang und versuchen Sie sich diese einzuprägen. Anschließend zeichnen Sie sie aus dem Gedächtnis. Vergleichen Sie am Ende Ihre Zeichnung kritisch mit der Vorlage.

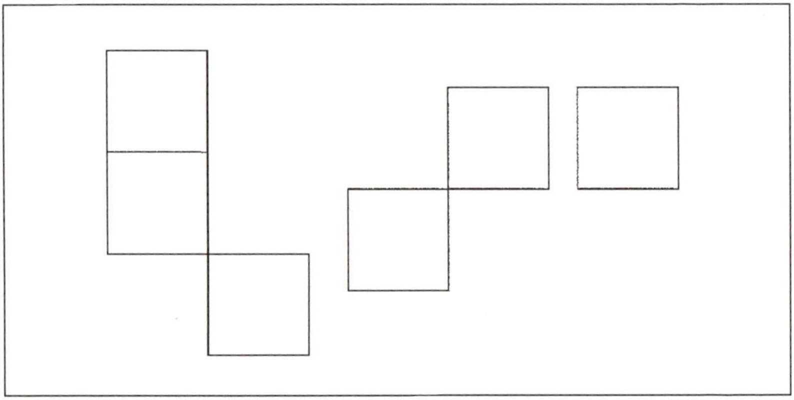

Übung 14:

Zählen Sie im Kopf, wie viele Großbuchstaben in kleinen Figuren und wie viele Kleinbuchstaben in großen Figuren enthalten sind. Im Anhang finden Sie die Lösung.

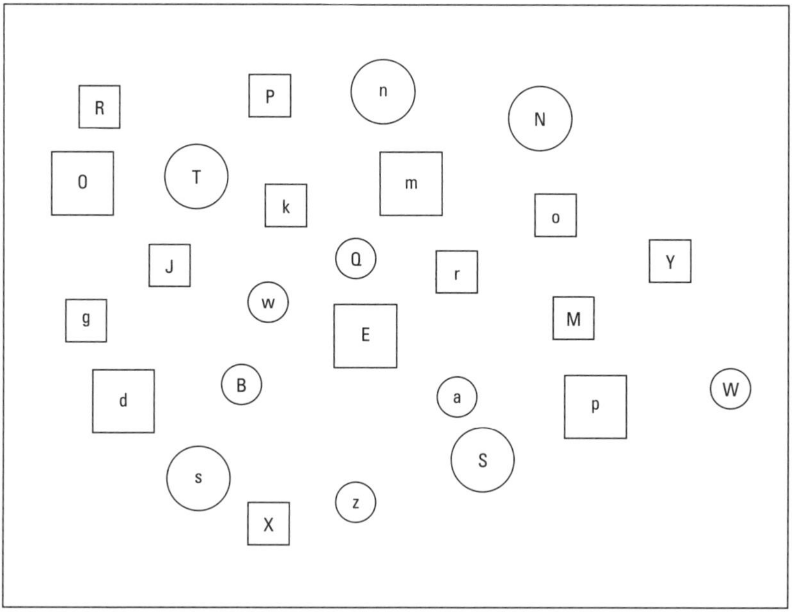

1.6 Übungen zur Förderung der Konzentrationsfähigkeit

Nun geht es darum, konkrete Wege aufzuzeigen, wie Sie Ihre Konzentrationsfähigkeit verbessern können. Der erste Weg ist über die Entspannung möglich, denn viele Entspannungsübungen sind zugleich Übungen zur Konzentrationssteigerung. Ein weiterer Weg zur Konzentration läuft über die Aktivierung der inneren Energie durch bestimmte Atemtechniken. Während man sich ganz auf diese eine Körperfunktion konzentriert, entwickelt man die Energie für hohe Leistungsfähigkeit.

Wenn man allerdings zu krampfhaft versucht sich zu konzentrieren, wirkt sich dies in der Regel negativ auf die tatsächliche Konzentration aus. Deshalb steht etwa bei den fernöstlichen Methoden und Übungen eher das Finden der inneren Mitte, der inneren Klarheit und der Gelassenheit im Zentrum.

Trainingsübungen für konzentriertes Arbeiten, wie Sie sie auch auf den vorangehenden Seiten durchführen können, bieten viele Möglichkeiten, Zeichen, Signale, Schriften, Codes, Töne oder Bilder differenziert wahrzunehmen. Überwiegend wird dabei die linke Gehirnhälfte beschäftigt. Da es für eine gesteigerte Konzentration wichtig ist, ein Gleichgewicht zwischen den Hirnhälften herzustellen, werden nun auch Übungen, die die rechte Gehirnhälfte trainieren, erläutert. Mehr zur Aufgabenteilung zwischen den beiden Hälften des Gehirns finden Sie übrigens im zweiten Kapitel dieses Buches.

Wählen und probieren Sie die eine oder andere Methode aus, aber seien Sie sich der Tatsache bewusst, dass sich eine Steigerung der Konzentrationsfähigkeit erst mit der Zeit einstellt und deshalb eine regelmäßige Anwendung ausschlaggebend für den Erfolg ist. Sorgen Sie dafür, dass Sie Ihre Fortschritte auch wahrnehmen, da dies neue Motivation schafft.

Tipp

Nehmen Sie sich ein kleines Heft und notieren Sie zunächst, in welchen Bereichen Sie in Sachen Konzentration unzufrieden mit sich sind. Notieren Sie regelmäßig Ihre Fortschritte und freuen Sie sich daran. Nehmen Sie sich vor, was Sie verbessern wollen. Vielleicht möchten Sie sich auch für Ihre Fortschritte belohnen?

Entspannung

Um sich optimal zu konzentrieren, ist es gut, weder müde noch angespannt zu sein. Diese Beeinträchtigungen können Sie durch einfache Techniken beheben. Entspannung ist über körperorientierte, aber auch über mentale Techniken erreichbar. Bekannt sind v. a. das Autogene Training und die Progressive Muskelentspannung nach Edmund Jacobson.

Autogenes Training

Das Autogene Training gehört wohl zu den bekanntesten Entspannungsmethoden. 1932 wurde es von dem deutschen Arzt Prof. Dr. J. H. Schulz entwickelt. Die Technik dieses Verfahrens verrät bereits der Name: „Autogen“ wird vom griechischen Wort „autogenis“ abgeleitet und das bedeutet „selbst erzeugt“, „selbst hervorgebracht“. Das englische Wort „training“ steht für „Übung“. Damit ist diese Entspannungstechnik bereits genau charakterisiert. Man beeinflusst sich selbst so, dass ein Zustand tiefer Ruhe erzielt wird, die Grundvoraussetzung für optimale Konzentration.

Die gewünschte Entspannung erzielt man in sechs Stufen, also sechs Grundübungen, die innerhalb von ca. sechs Wochen leicht erlernt werden können. Bereits nach kurzer Zeit werden Sie eine erhebliche Verbesserung Ihrer Konzentrationsfähigkeit spüren. Autogenes Training kann leicht und problemlos fast überall durchgeführt werden. Bereits zehn Minuten tägliches Üben verhilft schon zu gutem Erfolg. Bevor Sie mit den einzelnen Übungen dieser Entspannungsform beginnen, sollten Sie Rücksprache mit einem Arzt oder Heilpraktiker halten, ob diese Methode für Sie persönlich geeignet ist. Für Menschen, die einen niedrigen Blutdruck haben, kann Autogenes Training problematisch sein, da während der Übungen der Blutdruck noch mehr absinkt.

1. Stufe:

Legen Sie sich bequem mit einer Decke auf den Boden und halten Sie die Beine leicht gespreizt. Ihre Arme ruhen locker und entspannt neben dem Körper. Achten Sie darauf, dass die Handflächen nach oben zeigen!

Nun schließen Sie die Augen und konzentrieren sich ausschließlich auf einen Arm. Sie spüren ihn und stellen sich vor, dass er schwer wird, wobei sich die Muskulatur richtig entspannen kann.

Sprechen Sie jetzt leise folgende Formel vor sich hin: „Mein rechter (linker) Arm wird ganz schwer." Sie dürfen sich von nichts ablenken lassen und werden nur von einem einzigen Gedanken geleitet: Es ist völlig angenehm!

Tipp

Eine Muskelentspannung ruft körperliche Schwere, Muskelanspannung dagegen sehr angenehme Wärme hervor. Dies sollten Sie sich für alle Übungen merken.

Jede Übung wird mit dem so genannten „Zurückholen" beendet: Sie bewegen heftig Ihre Arme, indem Sie diese mehrmals zum Körper hin ziehen. Dann strecken und recken Sie sich, so wie Sie das beim morgendlichen Aufstehen zu tun pflegen. Auch das Zurückholen beginnt mit einer Formel: „Tief ein- und ausatmen. Augen öffnen und Arme bewegen!"
Diese Übung kann zur Abwechslung auch mit den Beinen oder Füßen durchgeführt werden. Ein Übungsdurchgang sollte dabei idealerweise drei bis vier Minuten dauern.

2. Stufe:
Diese Übung dient der Wärmeerzeugung und entspannt alle Gefäße. Dadurch kann sich das Herz-Kreislauf-System erholen und der Körper wird verstärkt mit Sauerstoff versorgt.
Legen Sie sich wieder ganz bequem auf Ihre Unterlage auf den Boden. Verwenden Sie nun die Formel: „Mein rechter (linker) Arm wird ganz warm!"
Gerade für Anfänger ist es sehr hilfreich, wenn man sich die Wärme bildlich vorstellt. Denken Sie an einen warmen Tag am Strand oder an ein heißes Bad. Damit die Übungen nicht eintönig werden, können Sie auch mit der Schulter oder den Beinen durchgeführt werden. Nach jeder Übung darf das Zurückholen nicht vergessen werden.

3. Stufe:

Legen Sie sich wieder in die vertraute Grundposition. Ihre Formel lautet jetzt: „Mein Herz schlägt ruhig und regelmäßig!" Gerade bei Anfängern ist oft zu beobachten, dass sie das Gefühl haben, das Herz würde schneller schlagen. Dieses Phänomen verschwindet jedoch nach einiger Zeit. Vergessen Sie nach der Übung bitte nicht das Zurückholen!

4. Stufe:

Um innere Ruhe zu finden, ist richtiges Atmen eine sehr wichtige Voraussetzung. Da die Atmung vegetativ gesteuert wird, findet sie unabhängig von unserem Willen statt. Deshalb finden Sie in Ihrer Übungsformel auch kein „ich" oder „mein", sondern nur: Atmung ruhig und regelmäßig! So passiv wie Ihre Atmung stattfindet, so passiv verhalten auch Sie sich. Spüren Sie einfach nur, wie Ihr Atem durch den Körper strömt.

5. Stufe:

Diese Übung ist ganz dem Sonnengeflecht gewidmet. Um sie durchführen zu können, müssen Sie natürlich erst einmal genau wissen, wo das Sonnengeflecht seinen Sitz hat. Dieses Nervengeflecht liegt zwischen den Brustwarzen und dem Nabel, ganz zentral am unteren Ende des Brustbeines und strahlt zu fast allen Organen im unteren Körperbereich, wie z. B. Milz, Leber und Nerven, positive Energie aus. Ihre Formel lautet jetzt: „Mein Sonnengeflecht strömt warm!" Vergessen Sie auch bei dieser Übung das Zurückholen nicht.

6. Stufe:

Auch die letzte Grundübung ist dem Erreichen von tiefer innerer Ruhe gewidmet. Ihre Formel lautet jetzt: „Meine Stirn ist angenehm kühl!"

Achten Sie darauf, dass Sie Kühle nicht mit Kälte verwechseln, da letzteres von vielen als unangenehm empfunden wird. Vergessen Sie das Zurückholen nicht.

Tipp

Um über die sechs Grundstufen hinaus zu kommen, empfiehlt es sich einen Kurs zum Autogenen Training zu belegen. Solche Kurse werden üblicherweise von den Volkshochschulen angeboten. Wegen der unbestritten positiven Auswirkungen des Autogenen Trainings bieten auch manche Krankenkassen solche Kurse kostenlos oder sehr preisgünstig für ihre Mitglieder an. Nachfragen kann sich daher durchaus lohnen!

Progressive Muskelentspannung nach Jacobson
Hier wirkt das Prinzip Entspannung durch Anspannung. Die so genannte Progressive Muskelrelaxation oder Muskelentspannung führt durch den Körper und es ergibt sich eine angenehme Entspannung im ganzen Organismus. Wenn Sie diese beherrschen, ist sie in jeder Situation anwendbar, in der Sie eine gewisse Anspannung bemerken, z. B. bei Ärger, Frust, Stress oder Leistungsanforderungen. Durch das Anspannen von Muskeln und das anschließende Lockerlassen wird eine befreiende Wirkung erzielt. Klären Sie auch in diesem Fall mit Ihrem Arzt ab, ob diese Übungen befürwortet werden.

Die einzelnen Schritte:
Setzen Sie sich aufrecht auf einen Stuhl, lehnen Sie sich nur leicht an der Lehne an, stellen Sie beide Füße auf den Boden oder legen Sie sich flach auf den Rücken.
Achtung: Bei allen Übungen geht es darum, Muskeln anzuspannen, kurz zu halten und dann loszulassen!

1. Ballen Sie die rechte Hand und spannen Sie gleichzeitig den rechten Unterarm an. Einige Sekunden halten, dann loslassen. (Das gilt auch für alle weiteren Schritte.)
2. Ballen Sie die linke Hand und spannen Sie den linken Unterarm an.
3. Legen Sie die Stirn in Falten.

4. Kneifen Sie die Augenlider zusammen.
5. Spannen Sie die Nackenmuskeln an.
6. Spannen Sie die Mundmuskeln an, indem Sie Ihre Lippen spitzen.
7. Drücken Sie die Zähne leicht aufeinander.
8. Spannen Sie die Hals- und Nackenmuskeln an, indem Sie die Schultern zu den Ohren hochziehen.
9. Spannen Sie die Schultern an, indem Sie die Schulterblätter nach innen ziehen.
10. Spannen Sie die Bauchmuskeln an, ziehen Sie sie nach innen.
11. Spannen Sie die Rückenmuskeln an, sodass der Rücken etwas hohl wird.
12. Spannen Sie beide Pobacken an.
13. Spannen Sie den rechten Oberschenkel an, indem Sie den Fuß nach unten drücken.
14. Versuchen Sie den rechten Fuß hochzuziehen, lassen Sie den Fuß aber mit der Ferse auf dem Boden stehen.
15. Ziehen Sie am rechten Fuß die Zehen wie zum Greifen nach innen unten.
16. Spannen Sie den linken Oberschenkel, indem sie den Fuß nach unten drücken.
17. Versuchen Sie den linken Fuß hochzuziehen, lassen Sie den Fuß aber mit der Ferse auf dem Boden stehen.
18. Ziehen Sie am linken Fuß die Zehen nach unten innen.

Achtung: Wer leicht zu Kopfschmerzen neigt, sollte die den Kopf betreffenden Übungen nicht ruckartig ausführen, sondern sowohl Anspannung wie auch Entspannung langsam auf- und anschließend wieder abbauen.

Wichtig ist, dass Sie den Unterschied zwischen Anspannung und Entspannung auch wirklich deutlich wahrnehmen. Daher ist ein zu starkes, verkrampfendes Anspannen nicht angebracht.

Atmen Sie während der einzelnen Übungen ruhig ein und aus. Lösen Sie mit dem Ausatmen gleichzeitig die Anspannung.

Tipp

Beginnen Sie jede Lernphase mit der Progressiven Muskelentspannung. Dabei sollten Sie diese Übung höchstens zwei Mal am Tag durchführen – am besten vor der Auseinandersetzung mit dem Lernstoff, der Ihnen die größten Probleme bereitet.

Mentale Entspannung durch Tagträume

Manchmal wird ein mentaler Entspannungszustand auch als „Trance" bezeichnet. Durch die mentale Entspannung können Sie einen intensiven Kontakt zu Ihrem Unbewussten aufbauen. Dann sind Sie zwar klar und ansprechbar, aber der Kopf ist leer. Mit ein wenig Übung können Sie selbst in die mentale Entspannung gleiten und für neue Frische im Gehirn sorgen. Danach sind Sie in der Lage, neue Ideen zu produzieren und Aufgaben zu lösen. Der Tagtraum ist dafür die beste Möglichkeit.

Setzen Sie sich bequem hin und schließen Sie die Augen. Atmen Sie ruhig ein und aus. Beobachten Sie Ihren Atem, seinen gleichmäßigen Rhythmus des Ein- und Ausströmens. Gehen Sie im Geiste von dem Ort aus, an dem Sie sich gerade befinden, über eine Straße bzw. einen Weg zu einem Platz, den Sie als sehr schön empfinden. Das kann ein Strand, eine Wiese, ein Wald, ein See oder etwas anderes sein. Sie finden dort eine Stelle zum Sitzen oder Liegen. Sie können sich auch einen realen Ort vorstellen, den Sie schon kennen. Was sehen Sie? Was hören Sie? Was spüren Sie? Was möchten Sie tun?
Genießen Sie die Stimmung, nehmen Sie Ihre Gedanken wahr. Wenn Sie diese Stimmung aufgenommen haben, gehen Sie wieder über den gleichen Weg zurück in die Jetzt-Situation.
Genießen Sie diesen kleinen Kurzurlaub für die Seele.

Geräte zur körperlichen und mentalen Entspannung
Es gibt eine Reihe von so genannten „Mind Machines“ (Gehirnmaschinen). Die Palette reicht von Biofeedback-Geräten über Audio-Kassetten und Videos mit spezifisch angeordneten Geräuschen oder optischen Signalen, die das Gehirn erreichen, bis hin zu computergesteuerten Geräten, die akustische, optische und verbale Reize kombinieren. Die Biofeedback-Geräte funktionieren so, dass über die Messung des Hautwiderstands, des Blutdrucks oder der Pupillengröße elektrische Reize auf einen Monitor übertragen werden, der damit tiefe oder hohe Erregungszustände aufzeigt. Der Mensch kann lernen, diese Erregungszustände zu beeinflussen und damit erwünschte Ruhezustände erreichen. Ebenso wird die Konzentrationsfähigkeit damit trainiert, denn in der Beobachtung der Signale lernen wir, diese zu steuern.

Die Wirkungsweise der Mind Machines können Sie sich folgendermaßen vorstellen:

- Als gesprochene Fantasiereisen mit einer Reihe von Affirmationen zu bestimmten Themen wie Lernen, Erfolg, Schlankheit, Selbstbewusstsein, Leistungen oder Höchstleistungen.
- Als musikalisch unterlegte Fantasiereisen, wobei die Musik bestimmte Rhythmen und Frequenzen hat.
- In Kombination mit Brillen, die Lichtblitze in Weiß oder verschiedenen Farben ausstrahlen.

Der Gewinn für die Konzentration liegt dabei in der geistigen Erholung, die sich durch die angeregte Betätigung der rechten Gehirnhälfte ergibt; eine entspannende Abwechslung zu den vorwiegend linkshirnigen Tätigkeiten in Beruf und Alltag!
Zur Entspannung einerseits und zur Steigerung der Gehirnleistung andererseits gibt es außerdem noch Maßnahmen des so genannten „sensorischen Reizentzugs“. Die Schlafbrille ist eine einfache Variante. Damit entspannen Sie wesentlich tiefer und leichter und haben Zugang zu höherer geistiger Leistung.

Eine weitere Methode ist der Einsatz von so genannten „Isolationstanks". In diesen Tanks liegt man bei völliger Dunkelheit bis zum Hals in warmem Wasser. Auch hier kommt es zu tiefer Entspannung und klarem Denken.

Die folgenden Effekte werden all diesen Anwendungen zugeschrieben:

- Stressreduktion bzw. Stressauflösung
- Tiefenentspannung
- Erhöhte Endorphinproduktion („Glückshormon")
- Erleichterung des Zugangs zur rechten Hirnhemisphäre, um diese in die Hirntätigkeit gezielt einzubeziehen
- Verstärkte Visualisierungsfähigkeit innerer Bilder
- Erhöhte gedankliche Flexibilität und Auffassung
- Verbessertes Lernen und bessere Vorstellungskraft

Die Anwendung dieser Geräte sollte in jedem Fall unter Anleitung von erfahrenen Pädagogen, Psychologen oder Psychotherapeuten erfolgen.

Schlaf

Das beste Erholungsmittel bei geistiger Leistung ist der Schlaf. Aus Untersuchungen ist bekannt, dass ausreichend Schlaf die Konzentrationsfähigkeit begünstigt. Dabei ist der Schlaf vor 24.00 Uhr der erholsamste. Wenn Sie ein Nachtarbeiter sind, z. B. weil Sie für Prüfungen lernen wollen, stören Sie damit die körperlichen Regenerationsprozesse, die dann ablaufen. Leistungstiefs haben wir besonders in der Nacht. Unfälle von Vielfahrern passieren häufig in den frühen Morgenstunden zwischen 3.00 und 4.00 Uhr. Überhaupt stellt man in Untersuchungen immer wieder fest, dass im Tagesrhythmus morgendliche Aktivitäten mit der besten Konzentration ausgeführt werden können. Wie viel Schlaf jeder braucht, ist individuell, allerdings sollte für Erwachsene wenigstens eine Ruhepause von 6–8 Stunden möglich sein. Für Kinder gilt: je jünger, umso mehr.

Atemtechniken

Ähnlich wie über die oben beschriebenen Entspannungsmethoden können Sie auch über eine gezielte Beeinflussung des Atemrhythmus eine Steigerung der Konzentrationsfähigkeit erreichen. Atemtechniken wirken einerseits entspannend, andererseits aber auch aktivierend. Durch eine vollständige Konzentration auf die Atmung wird eine Fokussierung erreicht, die hilfreich für die Verbesserung der Konzentrationsfähigkeit ist. Bei jeder Stimmung verändert sich der Atem. Freude, Trauer, einfach jede Art von Stress macht sich in der Veränderung des Atemrhythmus bemerkbar. Dadurch, dass Sie die Aufmerksamkeit auf den Atmungsprozess selbst richten, wird Ihr Geist ruhig, klar und ausgeglichen.

Zähltechnik
Setzen Sie sich bequem hin, schließen Sie die Augen und konzentrieren Sie sich auf Ihren Atem. Beobachten Sie das ruhige Fließen Ihres Atems. Sie beginnen nun, mit dem Ausatmen rückwärts zu zählen. Beginnen Sie bei Zehn. Zählen Sie im Geiste bei jedem Ausatmen eine Zahl runter, bis Sie bei Null angekommen sind.
Mit etwas Übung können Sie auch bei Fünf beginnen oder bei Drei und sind dann sofort entspannt und konzentriert.

Zentrierung
Setzen Sie sich bequem und aufrecht hin. Gehen Sie mit Ihrer Aufmerksamkeit an den Steg zwischen den Nasenlöchern, wo der Atem vorbeistreicht, oder in Ihren Bauch und atmen Sie ein und aus. Atmen Sie bewusst einige Male tief ein. Ohne Anstrengung nehmen Sie die Empfindungen deutlicher wahr. Lassen Sie nun Ihren Körper atmen, ohne sich einzumischen. Lassen Sie den Atem mühelos ein- und ausströmen und versuchen Sie Ihre Aufmerksamkeit durchgängig zu halten.
Wann immer Ihre Aufmerksamkeit von diesem Vorgang ab-

schweift, bringen Sie sie wieder zurück, indem Sie den wechselnden Rhythmus des Ein und Aus Ihres Atems beobachten. Nach einer Weile verschwindet das Abschweifen, die Konzentration stabilisiert sich.

Wechselseitiges Atmen

Das so genannte „Polaritätsatmen" ist hervorragend geeignet, um bei Tätigkeiten, bei denen man zu Fehlern neigt, eine Korrektur der Denkleistung und Konzentration zu erzeugen. Es werden nämlich beide Gehirnhälften aktiviert und animiert, miteinander zu kooperieren. Wann immer die gerade gefragte Denktätigkeit nicht funktioniert, ist diese Übung nützlich. Sie ist auch geeignet, um in einen Meditationszustand zu gelangen. Sie ist sehr leicht anwendbar und fördert die Konzentration auf das Ist. Sie ist aus dem Yoga entlehnt.

Es wird abwechselnd durch ein Nasenloch geatmet. Sie können das andere Nasenloch entweder mit dem Zeigefinger zuhalten oder sich nur auf das Nasenloch, durch das Sie atmen wollen, konzentrieren. Lassen Sie einfach den Atem in seinem natürlichen Rhythmus kommen und wieder gehen.

1. Atmen Sie rechts ein und links aus – jeweils dreimal.
2. Atmen Sie links ein und rechts aus – jeweils dreimal.
3. Atmen Sie durch beide Nasenlöcher ein – jeweils dreimal.

Wiederholen Sie die einzelnen Schritte dieser Übung einige Minuten lang.

Anti-Angst-, Anti-Ärger-, Anti-Stress-Atmung

In Prüfungssituationen oder auch in Situationen, die starken Stress auslösen, zeigen manche eine schnelle und flache Brustatmung, die zur Hyperventilation führt. Dadurch gerät die Balance zwischen Sauerstoff und Kohlendioxyd im Blut aus dem Gleichgewicht. Unwohlsein, Herzklopfen und Schwindelgefühle können auftreten. Die Angst oder das Stressempfinden steigert sich immer mehr. Für das Gehirn bedeutet dieser Alarmzustand das Umschalten auf Kampf oder Flucht, mit dem Ergebnis, dass auch die Wahrnehmung nur sehr eingeschränkt funktioniert. Das sind keine guten Voraussetzungen, um konzentrierte Leistungsfähigkeit zu zeigen. Sie sollten in Stresssituationen deshalb stets die folgenden Punkte berücksichtigen:

1. Wahrnehmen der schnellen und flachen Atmung.
2. Beide Hände gewölbt über Nase und Mund legen, sodass beim nächsten Einatmen die eigene Ausatmungsluft eingeatmet wird.
3. 2–3 Minuten langsam in die gewölbten Hände hineinatmen, bis sich die Symptome vermindern.

Wenn sich in der Zukunft eine Stressreaktion bemerkbar macht, dann kann mit der folgenden Maßnahme schnell für Abhilfe gesorgt werden:
Den Mund geschlossen halten und langsam durch die Nase atmen. Wenn möglich, mit einer der beschriebenen Atemtechniken weitermachen.

Energieübungen, Yoga und Qi Gong

Mittlerweile gibt es sehr viele Einrichtungen, in denen Yoga (indischen Ursprungs) oder auch die chinesische Energieübung Qi Gong vermittelt werden. Allen diesen Übungsformen ist gemeinsam, dass sie die Elastizität der Gelenke, Muskeln und Bänder fördern. Durch die Konzentration, die man für das Hineinkommen in die Bewegungsabfolgen benötigt, vermitteln sie gleichzeitig ein gutes Konzentrationstraining. Ein wichtiger Nebeneffekt ist die innere Ruhe und Entspannung, die sich einstellt. Für manche ist Yoga eine Körperübung, für viele eher eine meditative Übung. Es empfiehlt sich, die Grundbewegungen unter fachlicher Anleitung zu lernen. Auch die unterschiedlichen Ausprägungen des Qi Gong können am besten an professionellen Schulen eingeübt werden.

Die hier beschriebenen Übungen sind allerdings für jedermann leicht anzuwenden und erzeugen eine positive Zentrierung der Energie. Langes Sitzen und langes Stehen sind so viel leichter auszuhalten und das Gehirn ist frei für die Denkarbeit. Führen Sie die Übungen in bequemer Kleidung und möglichst ohne Schuhe aus. Nehmen Sie sich dafür etwa 20 Minuten Zeit.

Hocke

Nehmen Sie eine Hockstellung ein. Stellen Sie die Füße etwa 30 cm auseinander. Die Ellenbogen sollen dabei an die Innenseite der Knie gelegt werden und nach außen drücken.

Wenn die Hockstellung eingenommen ist, schaukeln Sie leicht vor und zurück, seitlich oder kreisförmig. Betonen Sie dabei die Ausatmung. Verweilen Sie etwa drei Minuten so. Diese Übung sollten Sie jeden Tag ausüben. Um sich aus dieser Stellung herauszubewegen, richten Sie die Knie leicht auf und lassen die Hände nach vorne fallen, bis sie den Boden berühren. Dann heben Sie den Po an und strecken die Beine und rollen langsam die Wirbelsäule in eine aufrechte Haltung auf.

Pyramide

Stellen Sie die Füße mehr als schulterbreit auseinander. Lehnen Sie sich nach vorne, beugen Sie die Knie leicht und legen Sie die Hände auf die Oberschenkel oberhalb der Knie. Verlagern Sie dabei das Körpergewicht von den Beinen auf die Schultern. Schieben Sie die Füße so weit vorwärts, dass an den Füßen und zwischen Unter- und Oberschenkel rechte Winkel entstehen. Die Knie sollen über den Fußknöcheln liegen. Lassen Sie Arme und Rücken ganz gerade. Die Füße sollen in die gleiche Richtung wie die Oberschenkel zeigen. Ziehen Sie die Schultern zu den Ohren hin an. Die Knie drücken Sie mit den Händen nach außen. Dann bewegen Sie sich leicht auf und ab oder schaukeln von einer Seite zur anderen. Verweilen Sie ungefähr drei Minuten in dieser Haltung. Gehen Sie dann langsam wieder aus der Bewegung, indem Sie die Hände lösen und die Knie strecken. Diese Übung lässt sich auch auf einem Stuhl ausführen.

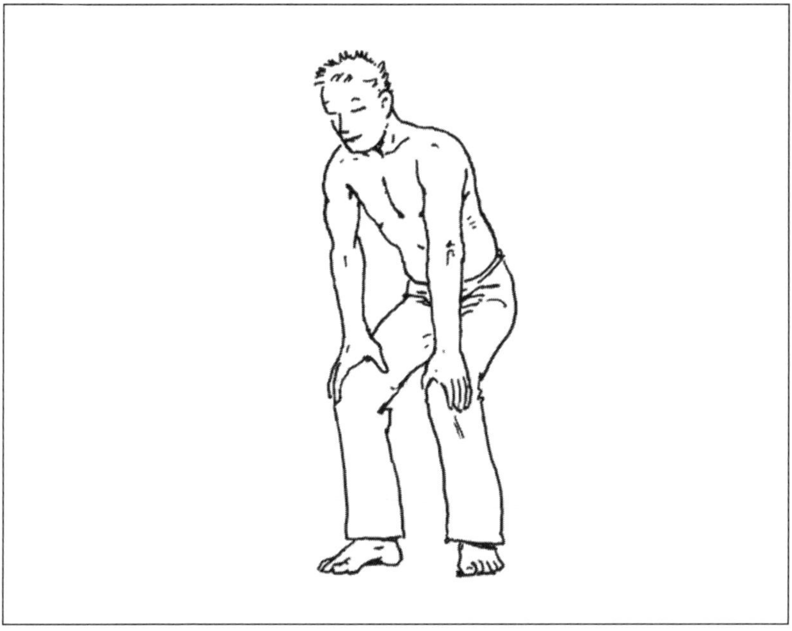

Beine aufstellen

Mit dieser Übung lassen Sie das Blut andersherum strömen. Wählen Sie eine freie Wand aus. Legen Sie sich auf den Boden vor die Wand, sodass der Po die Wand berührt. Stellen Sie dann die Beine hoch und stützen Sie sie an der Wand ab. Die Wirbelsäule bleibt auf dem Boden. Atmen Sie tief ein und aus. Verweilen Sie in dieser Stellung etwa 3–5 Minuten. Gehen Sie aus dieser Stellung, indem Sie sich zur Seite drehen und sich aus dieser Stellung heraus in den aufrechten Stand bringen.

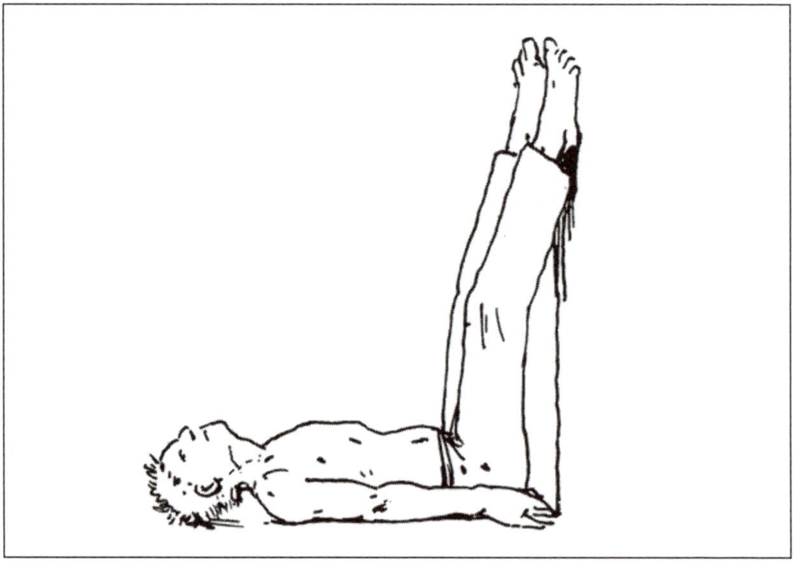

Weitere Konzentrationsübungen

Konzentration kann man immer und überall trainieren, wobei es wichtig ist, sich voll und ganz dem eigenen Tun zu widmen. Ein alter Spruch aus dem Fernen Osten besagt: „Tue, was du tust!" Man soll sich seinem Tun also ganz bewusst sein.

Das Wichtigste bei allen Übungen ist, dass man sie regelmäßig wiederholt. Natürlich bleibt einem die Art und Dauer der Durchführung selbst überlassen, und man kann auch eigene

Übungen erfinden. Grundsätzlich ist es wichtig, positiv zu denken. Zuversichtliches Erfolgsdenken statt Angst vor dem Versagen macht es einem leichter, mit der Arbeit zu beginnen. Negatives Denken muss ausgeklammert und durch Konzentration auf Mut und Tatkraft ersetzt werden. Es ist außerdem erwiesen, dass langes und intensives Üben dazu führt, dass man weniger Konzentration aufwenden muss. Es lohnt sich also, den Aspekt der Konzentration eng mit dem Lernprozess zu verknüpfen.

Die Augen schließen
Schließen Sie die Augen und betrachten Sie eine große, dunkle Fläche. Auf ihr darf sich nichts bewegen. Alles, was sich auf diese Fläche begibt, wird gedanklich beiseite gewischt. Es ist schwierig, da sich immer wieder Kreise oder Wellen auf diese Fläche schieben. Die Kunst besteht darin, sich nicht beirren zu lassen, sondern es immer wieder zu versuchen. Ziel ist es, diese Übung eine Minute lang durchzuhalten.

Der Versuch, sich mit geschlossenen Augen bewusst zu entspannen und sich ganz auf das Einatmen zu konzentrieren, fällt oft deshalb so schwer, weil man die alltäglichsten, notwendigsten Dinge häufig nicht bewusst wahrnimmt.

Durchhaltevermögen trainieren
Wie sieht es mit dem Durchhaltevermögen aus? Man kann probieren, ob man es schafft, sich fünf Minuten lang auf den Sekundenzeiger seiner Uhr zu konzentrieren. Kommt einem dabei etwas anderes in den Sinn, beginnt man von vorn.

Der Tastsinn
Ein ausgeprägter Tastsinn gehört in vielen Lernbereichen dazu. Um diesen zu fördern ist es sinnvoll, bei geschlossenen Augen Gegenstände zu ertasten und sie nach ihrer Form, ihrem Material und ihrem Gewicht zu beurteilen.

Kopfmassage
Dies ist eine Konzentrationsübung, die man am Schreibtisch sitzend trainieren kann: Sie müssen dabei die Hände auf den Kopf legen, mit beiden Daumen an die Schläfen fassen und mit den Fingerkuppen der anderen Finger systematisch die Kopfhaut mit leichtem Druck massieren. Dabei sollte man die Augen schließen und versuchen zu spüren, wie die Kopfhaut angenehm durchblutet wird und im Stillen zu sich sagen: „So kann ich mich viel besser konzentrieren!"

Sport
Grundsätzlich gilt: Sport dient der besseren Konzentration, Kampfsportarten schulen zudem die Selbstkontrolle!
Aus der Sportpsychologie stammt folgende, einfache Konzentrationsübung:
Man verlagert sein Körpergewicht auf das rechte Bein und führt langsam das linke Bein nach vorne, dann zur Seite und wieder unter den Körper. Nun wechselt man das Körpergewicht auf das linke Bein und führt die gleichen Bewegungen mit dem rechten Bein durch. Zunächst wird man alle Bewegungen etwas zu schnell machen, daher sollte man das Schwungbein nach und nach langsamer bewegen. Wenn man diese Übung bei geöffneten Augen sicher beherrscht, kann man als Steigerung die Augen schließen. Dabei wird man erkennen, wie schwierig es ist, mit geschlossenen Augen diese einfache Bewegungsfolge durchzuführen.

Positive suggestive Beeinflussung
Nehmen Sie eine bequeme Haltung ein, in der Sie eine Weile bleiben können. Schließen Sie Ihre Augen oder entscheiden Sie, sie im Lauf der Zeit zu schließen.
Suchen Sie in Ihrer Erinnerung eine Situation, in der Sie ein Erfolgserlebnis hatten. Vielleicht eine erfolgreiche Abfrage in der Schule, ein Tor im Sport, eine erfolgreiche Begegnung mit anderen Menschen o. Ä. Stellen Sie sich diese Szene in vielen

Einzelheiten so genau wie möglich vor und drücken Sie mit Ihrer rechten Hand leicht auf Ihren linken Handrücken. Dann legen Sie die rechte Hand wieder bequem ab.

Erinnern Sie sich nicht nur an Bilder, sondern auch an Geräusche, Gerüche und Tastempfindungen während dieses schönen Moments und drücken Sie wieder leicht auf Ihren linken Handrücken. Versuchen Sie jetzt das Gefühl, das Sie in diesem Moment hatten, so genau wie möglich zu reproduzieren und drücken Sie noch einmal auf Ihren linken Handrücken.

Stellen Sie sich jetzt die gesamte Szene in allen Einzelheiten genau vor – mit Bildern, Geräuschen, Gerüchen, Geschmäckern, Gefühlen – und drücken Sie ein letztes Mal auf den Rücken Ihrer linken Hand.
Wenn Sie die Übung von Zeit zu Zeit wiederholen (z. B. eine Woche lang täglich), dann wird es Ihnen gelingen, sich in schwierigen Situationen in ein „Kompetenzgefühl" zu versetzen. Sie brauchen nur einen sanften Druck auf die linke Hand auszuüben und die Sicherheit, dass Sie der momentanen Situation gewachsen sind, wird sich automatisch einstellen.

Tipp

Die Bewegung der rechten zur linken Hand ist so unauffällig, dass Sie sie auch in der Öffentlichkeit und in Gegenwart anderer Personen völlig unbemerkt durchführen können.

Checkliste: Konzentrationsübungen

- **Der Weg zur Konzentration führt in der Regel über den gezielten Einsatz von Entspannungsübungen.**
- **Entspannungsmethoden helfen Ihnen dabei, negativen Stress abzubauen und ruhig und gelassen zu werden.**

→

- Überlegen Sie, welche Entspannungsmethode die richtige für Sie ist, und probieren Sie aus, was Ihnen am besten hilft.
- Halten Sie Rücksprache mit einem Arzt oder Heilpraktiker, ob die jeweilige Methode für Sie persönlich geeignet ist.
- Informieren Sie sich, ob die Volkshochschulen in Ihrer Umgebung spezielle Übungskurse zu den Themen „Konzentration“ und „Entspannung“ anbieten.
- Wirkungsvolle Methoden zum Stressabbau sind Autogenes Training, Progressive Muskelentspannung, Yoga oder Entspannung durch Sport. Auch Spazierengehen kann entspannend und beruhigend auf Körper und Geist wirken.
- Sport ist der ideale Weg, um Stress abzubauen sowie die eigene Konzentration und Selbstkontrolle zu steigern.
- Die positive suggestive Beeinflussung hilft Ihnen dabei, jederzeit „Kompetenzgefühle“ abrufen zu können.
- Geben Sie sich einem Tagtraum hin und genießen Sie die entspannende Wirkung auf Körper und Geist.
- Spezielle Atemtechniken haben zugleich entspannende und aktivierende Wirkung.
- Die Übungen erhöhen auch die gedankliche Flexibilität und Auffassungsgabe.
- Einige der Übungen können Sie in jeder Situation anwenden, in der Sie eine Anspannung bemerken, da sie unauffällig durchzuführen sind.
- Bei besonders großen Konzentrationsschwierigkeiten können Sie auf spezielle Mind Machines zurückgreifen. Allerdings sollten Sie diese nur unter fachlicher Anleitung benutzen!
- Überfordern Sie sich nicht und planen Sie nur soviel Zeit für Ihre Entspannung ein, wie Sie auch tatsächlich haben. Wenn Sie krampfhaft versuchen sich zu entspannen, wird genau das Gegenteil das Ergebnis Ihrer Bemühungen sein. Wer unter Zeitdruck entspannen möchte, wird mit Sicherheit sehr wenig von dieser Entspannung haben.
- Üben Sie stets in bequemer Kleidung.
- Das beste Erholungsmittel bei geistiger Leistung ist Schlaf.
- Das Wichtigste bei allen Übungen ist, dass man sie regelmäßig wiederholt.

2. Gedächtnis

Nachdem Sie im vorigen Kapitel die Grundvoraussetzungen für konzentriertes und effektives Lernen kennen gelernt haben, erfahren Sie in den folgenden Abschnitten alles Wesentliche über den Aufbau und die Arbeitsweise von Gehirn und Gedächtnis. Denn zu verstehen, wie das menschliche Gedächtnis funktioniert, wird Ihnen helfen, Ihre geistige Leistungsfähigkeit weiter zu verbessern und Ihr Lernen noch sinnvoller und effizienter zu gestalten.

2.1 Linke und rechte Gehirnhälfte

Das menschliche Gehirn wird normalerweise in eine rechte und eine linke Gehirnhälfte unterteilt. Welche der beiden Seiten dominiert, ist entscheidend dafür, mit welchen Methoden man am besten lernt. Machen Sie hierzu den folgenden Test.

Übung 15:
Bitten Sie einen Freund oder ein Familienmitglied, zwei Listen mit je 20 Wörtern aus einem bestimmten Themenfeld (z. B. Fortbewegungsmittel, Vogelarten) zu erstellen, die ungefähr denselben Schwierigkeitsgrad besitzen. Beispiellisten finden Sie im Anhang.

1. Lassen Sie sich nun die eine Liste vollständig vorlesen und versuchen Sie anschließend, so viele Wörter wie möglich aus dem Gedächtnis wiederzugeben.
2. Lesen Sie die andere Liste selbst und versuchen Sie, sich wiederum an so viele Wörter wie möglich zu erinnern.

Haben Sie bei der ersten Liste mehr Wörter behalten können? Wenn ja, dann sind Sie eindeutig ein Lerntyp, bei dem die linke Gehirnhälfte stärker trainiert ist. Man bezeichnet diese Menschen als „auditive Lerntypen“ (lat.: *audire* = hören), weil sie sich die Dinge am besten merken können, die sie gehört haben. Haben Sie sich dagegen mehr Wörter von der zweiten Liste merken können, dann ist bei Ihnen die rechte Gehirnhälfte besser entwickelt. Sie sind ein visueller Lerntyp (lat.: *videre* = sehen). Das bedeutet, dass Sie sich die Dinge am besten einprägen können, die Sie gesehen haben.

Die linke Gehirnhälfte

Die linke Gehirnhälfte des Menschen ist verantwortlich für die Bewältigung mathematischer Probleme, sprachlicher Aufgaben sowie für die Begriffsbildung. Sie ermöglicht uns das logische Denken. Ist sie gut entwickelt, dann fällt es uns leicht, bestimmte Dinge zu analysieren. Besonders in den naturwissenschaftlichen Fächern, wie Mathematik oder Physik, ist das von Vorteil. Menschen mit stark entwickelter linker Gehirnhälfte haben in der Regel eine ausgeprägte Begabung zu kombinieren. Sie können oft aus wenigen Informationen die richtigen Schlüsse ziehen. Die linke Gehirnhälfte steuert die rechte Körperhälfte.

Die rechte Gehirnhälfte

Wer allerdings immer nur die linke Seite trainiert hat, könnte unter Umständen Schwierigkeiten haben, ein Bild zu malen, ein Lied zu singen oder anderweitig kreativ tätig zu sein. Bei diesen Tätigkeiten sind nämlich in hohem Maße die Fähigkeiten der rechten Gehirnhälfte gefordert, die leider oft vernachlässigt wird. Die rechte Gehirnhälfte ist sowohl für Emotionen und räumliche Orientierung als auch für die Fähigkeit, Inhalte zusammenzufassen, zuständig. Die rechte Gehirnhälfte steuert die linke Körperhälfte und ist für ganzheitliches, intuitives und bildhaftes Denken verantwortlich. Sie ist in der Lage, mehrere Informationen gleichzeitig zu verarbeiten. Menschen, die eher mit dieser Seite umgehen, sind oft erfinderisch, künstlerisch begabt und haben eine visuelle Veranlagung.

Die folgende Tabelle zeigt noch einmal die Stärken der linken und der rechten Gehirnhälfte im Einzelnen auf.

Linke Gehirnhälfte	Rechte Gehirnhälfte
Rationales, analytisches Denken	Einsatz von Fantasie und Intuition
Logik von Ursache und Wirkung	Nicht kausales Denken, das Widersprüchlichkeiten zulässt
Schlussfolgerungen ziehen	Ganzeinheitliches Denken, das auf Details verzichtet
Arbeit mit Zahlen, Begriffen und Mengen	Mustererkennung und bildhafter Vergleich
Bedürfnis nach Ordnung und Struktur	Entwurf von Konzepten
Spontanes Sprechen und Schreiben	Nachsprechen – kein spontanes Sprechen
Reaktion auf komplexe Anweisungen	Reaktion auf einfachere Anweisungen
Worterkennung	Gesichtserkennung
Wörter und Zahlen	Umrisse und Musik
Bewegungsabfolgen	Räumliches Interpretieren

Mit beiden Gehirnhälften lernen

Lernen geschieht als „Einprägung" im wahrsten Sinne des Wortes. In unserem Gehirn folgt die jeweilige Information dem Verlauf der Gehirnzellen (Neuronen). Diesen Verlauf müssen wir uns einprägen, damit die Information schnell wieder abgerufen werden können. Das geschieht wie auf einer weichen Wachstafel, wo die Wege als Spuren sichtbar bleiben. Je öfter wir einen Inhalt wiederholen, desto sicherer behalten wir deshalb dieses Wissen. Leider kann sich so eine Spur auch wieder verwischen. Wird bei einem Lernprozess immer wieder dieselbe Gehirnhälfte angesprochen, geht die Information, die in der anderen Gehirnhälfte gespeichert ist, mit der Zeit verloren. Auf diese Weise büßen wir die Fähigkeiten ein, die wir uns vorher vielleicht mühselig erworben haben. Das kann für Sie nur heißen: Sie müssen beide Gehirnhälften nutzen und vernetzt denken – so oft wie möglich.

Auditive Typen lernen oft, indem sie Vokabeln, Zahlen und Fakten laut vor sich hinsprechen, visuell veranlagte Menschen dagegen eher, indem sie sich ein (geistiges) Bild malen, auf dem die Lerninhalte grafisch dargestellt sind, oder indem sie sich Notizen machen. Zwingen Sie sich, trotzdem immer wieder den Lernweg zu nutzen, der Ihnen zunächst schwerer fällt. So bleibt Ihnen Ihr neu erworbenes Wissen lange Zeit erhalten.

Zusammenarbeit beider Gehirnhälften
Mit dem folgenden Bild lässt sich das Zusammenspiel beider Gehirnhälften gut verdeutlichen.

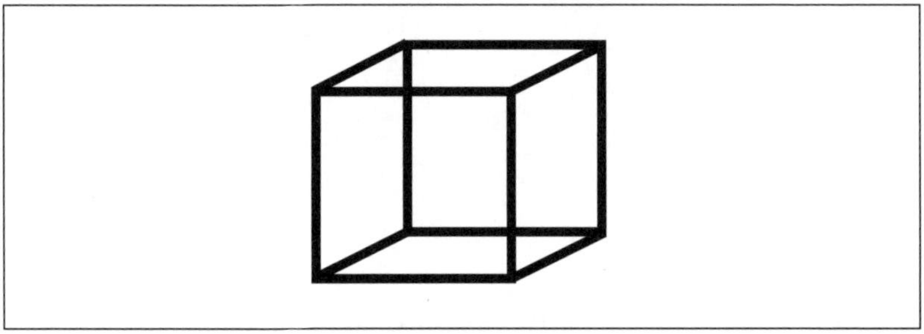

Die meisten Menschen sehen in dieser Darstellung auf Anhieb nur einen Quader. Das geschieht, weil unsere rechte Gehirnhälfte uns dabei hilft, die geometrische Form zu erkennen und einzuordnen.

Wenn wir unsere linke Gehirnhälfte nun auffordern auch aktiv mitzuarbeiten, können wir auf einmal erkennen, dass man den Quader räumlich auch anders dargestellt wahrnehmen kann. Nämlich wie eine nach rechts geöffnete Schachtel und nicht nur – wie im anderen Fall – wie eine nach links vorne geöffnete Schachtel.

Übung 16:
Es gibt auch ein paar leichte Körperübungen, die die Zusammenarbeit beider Gehirnhälften fördern:

- Strecken Sie die Hände links und rechts weit vom Körper weg. Formen Sie dann die Hände so, als würden Sie einen Tennisball umschließen. Bewegen Sie nun beide Arme aufeinander zu und lassen Sie dabei die Hände eine hohle Kugel formen, als würden Sie einen kleinen Vogel halten. Dabei atmen Sie tief ein und aus.

- Die folgende Übung heißt *Cross-Crawl:* Machen Sie mit dem linken Arm und dem rechten Bein Kraulbewegungen, d. h. Sie führen diese in der Luft vor den Körper, danach machen Sie dasselbe mit dem rechten Arm und dem linken Bein. Den Körper lassen Sie dabei in den Drehbewegungen mitgehen. Wiederholen Sie diese Bewegung ca. 50-mal.

- Die *liegende Acht:* Malen Sie mit dem ausgestreckten linken Arm vor dem Körper eine Acht, die auf der Seite liegt. Ziehen Sie dafür mit den ausgestreckten Fingern einer Hand vor der Nasenspitze eine Kurve nach links oben, dann eine Linkskurve abwärts und nach rechts oben wieder zum Ausgangspunkt zurück – Kreuzungspunkt ist die Nasenspitze. Dann zeichnen Sie die andere Hälfte der Acht in der gleichen Weise.
  Führen Sie das Ganze mit jedem Arm 3-mal durch und versuchen Sie es schließlich mit beiden Armen gleichzeitig.

Eine Struktur im Gehirn schaffen
Beim Erlernen bisher unbekannter Lerninhalte müssen Nervenbahnen neu angelegt werden. Die Impulse, die uns später befähigen, etwas gut und routiniert zu machen, müssen sich erst einen Weg durch unseren Kopf bahnen. Besonders gut vorstellen kann man sich das, wenn man an die Schwierigkei-

ten beim Erlernen eines neuen Musikinstrumentes denkt. Mit den Fingern auf die richtigen Tasten eines Klaviers zu drücken, indem man den geschriebenen Noten bestimmte Tasten bzw. Tastenkombinationen zuordnet, bringt beim erwachsenen Anfänger oft belustigend langsame Bilder hervor. Unser Gehirn leistet dabei nämlich doppelte Arbeit: Es koordiniert die tatsächliche Aktion (das Bewegen der Finger mit dem richtigen Druck, in der richtigen Zeit, an den richtigen Ort) und es legt neue Nervenbahnen an, auf denen diese bis dahin unbekannten Handlungen gespeichert werden sollen.

Warum Kinder leichter lernen als Jugendliche

Kinder lernen oft viel schneller und leichter als Erwachsene und selbst Jugendliche brauchen bereits länger, um sich etwas Neues einzuprägen. Einen Grund dafür haben Gehirnforscher nun entdeckt. Der amerikanische Neurologe Jay Giedd untersuchte mit einem Kernspinresonanz-Gehirnscanner die Vorgänge in den Gehirnen von Jugendlichen und stellte dabei Folgendes fest: Die Axone, die langen Fortsätze der Nerven im Gehirn, werden von einer weichen fettigen Masse eingehüllt, dem Myelin. Bisher ging man davon aus, dass die Myelinbildung im Alter von fünf Jahren abgeschlossen ist. Giedd stellte aber fest, dass Menschen im Alter von 10 bis 20 Jahren um 100 Prozent mehr Myelin gebildet haben als vorher. Dieser zusätzliche Fettmantel hat den Vorteil, dass Nervensignale 100-mal schneller als bei Kleinkindern (nämlich mit 100 Metern pro Sekunde) durchs Gehirn laufen. Diese erhöhte Geschwindigkeit hat allerdings zur Folge, dass Gehirnverbindungen jetzt starrer und nicht mehr so flexibel sind. Das bedeutet: Es kostet ab der Pubertät mehr Anstrengung etwas Neues zu lernen, auch wenn man es danach schneller abrufen kann.

Es lohnt sich also, langsam und bewusst zu lernen. Die Zeit, die Sie investieren, um sich mit dem neuen Stoff auseinander zu setzen, kann das Gehirn dafür verwenden, die neuen Nervenbahnen anzulegen. Je bewusster Sie also lernen, desto schneller haben Sie den Lernstoff langfristig parat.

Checkliste: linke und rechte Gehirnhälfte

- Die linke Gehirnhälfte ist v. a. für Sprache, Zahlen und Logik zuständig.
- Die rechte Gehirnhälfte wird v. a. dann aktiv, wenn Fantasie gefragt ist oder Sie sich mit Bildern und Rhythmen beschäftigen.
- Nutzen Sie beide Gehirnhälften so ausgeglichen wie möglich.
- Nehmen Sie sich genügend Zeit zum Lernen und wiederholen Sie das Gelernte regelmäßig, sodass sich die frisch aufgebauten Strukturen in Ihrem Gehirn festigen können. Andernfalls vergessen Sie den neuen Lehrstoff sehr schnell wieder.

2.2 Das Dreispeichermodell

Sicher haben Sie schon einmal vom Kurzzeitspeicher des menschlichen Gehirns gehört. Unser Gehirn arbeitet mit verschiedenen Speichern, um sich vor Informationsüberflutung zu schützen. Nach dem so genannten Dreispeichermodell unterscheidet man das Ultrakurzzeitgedächtnis, das Kurzzeitgedächtnis und das Langzeitgedächtnis. Folgt man diesem Modell, so erkennt man, dass Unwichtiges nach kurzer Zeit wieder aussortiert wird und Wichtiges wiederholt werden muss, damit es sich für immer in unserem Gehirn verankert.

Das Ultrakurzzeitgedächtnis

Unser Ultrakurzzeitgedächtnis bzw. -speicher hält Neues nur zwischen 0,1 und 20 Sekunden fest. Diese kurze Zeit reicht aus, um daraus nötige, oft sogar lebenswichtige Reaktionen abzuleiten. Ob Sie im Straßenverkehr nach links abbiegen können oder doch auf der rechten Seite bleiben müssen, entscheiden

Sie unbewusst, nachdem Sie die Situation kurz geprüft haben. Fragen Sie sich etwa eine halbe Minute nach der Entscheidung, ob Sie sich umgeschaut haben, können Sie darüber keine Auskunft geben. Das Ultrakurzzeitgedächtnis schützt das Gehirn vor der Speicherung aller unwichtigen Informationen, die uns im Laufe unseres Lebens tagtäglich begegnen. Erst wenn eine Information als wichtig erachtet wird, erfolgt die Speicherung in das Kurzzeitgedächtnis und wird dort weiterverarbeitet. Streng genommen ist das Ultrakurzzeitgedächtnis eine biologische und teilweise unbewusste Funktion, die sich schwer trainieren lässt. Aber viele Konzentrationsübungen stärken auch diesen ersten Speicher.

Übung 17:
Versuchen Sie sich ganz konzentriert daran zu erinnern, was Sie in den letzten zwei Minuten gemacht haben. Haben Sie den Stift aus der Hand gelegt? Haben Sie sich vielleicht am Kopf gekratzt? Oder haben Sie kurz auf den Boden geschaut, um nachzudenken? – Keine dieser Antworten wird Ihnen leicht fallen. Aber fragen Sie sich auch: Ab wann habe ich versucht mich daran zu erinnern? Was habe ich in dem Augenblick getan, als ich versucht habe, mir mein Handeln in Erinnerung zu rufen? Diese Antworten werden Sie leichter finden, weil Ihr Augenmerk im entsprechenden Moment ausschließlich darauf gerichtet war, und Sie die Inhalte dadurch automatisch ins Kurzzeitgedächtnis verschoben haben.

Tipp

Um neue Informationen aus dem Ultrakurzzeitgedächtnis in das Kurzzeitgedächtnis zu übertragen, sollten diese Informationen mindestens 20 Sekunden lang wiederholt werden. Hilfreich ist dabei, Verbindungen herzustellen, also bereits Erlerntes abzurufen, das mit den neuen Informationen in Zusammenhang steht.

Das Kurzzeitgedächtnis

Das Kurzzeitgedächtnis ist ebenfalls ein Filter für Sinneswahrnehmungen. Ein gutes Kurzeitgedächtnis ist eine wesentliche Voraussetzung für die Aufnahme von Informationen und die Kommunikation mit der Umwelt. Im Gegensatz zum Ultrakurzzeitgedächtnis werden die Informationen hier als chemische Prozesse abgespeichert, die erst nach einigen Minuten abklingen. Diese Zeit reicht aus, um z. B. einen Einkauf zu tätigen, ein Telefonat zu erledigen oder auch eine (kurze) E-Mail zu schreiben. Haben Sie ein bestimmtes Ereignis in Ihrem Kurzzeitgedächtnis gespeichert, sind Sie auch nach 3 bis 4 Minuten noch in der Lage darüber zu berichten. Sie haben sich von dem Handlungsablauf in Ihrem Kopf ein Bild (sozusagen ein Foto) gemacht, das Sie innerhalb von 20 Sekunden aufgenommen haben müssen, um sich später daran erinnern zu können.

Oft müssen wir uns mehrere Begriffe gleichzeitig merken. Dabei ist das Kurzzeitgedächtnis sehr störanfällig. Die einzelnen Begriffe sollten daher bestimmten Gruppen zugeordnet werden, die in einem logischen Zusammenhang stehen. Stellen Sie sich folgende Situation vor:

Sie wollen zum ersten Mal mit Freunden in den Skiurlaub fahren. Da Sie nicht so genau wissen, welche Sachen Sie unbedingt mitnehmen sollen, geben Ihnen Ihre Freunde ein paar wichtige Tipps. Weil Sie sich in dem Moment keine Notizen machen können, wollen Sie folgende Dinge, die im Skiurlaub unerlässlich sind, im Gedächtnis behalten:
Skiunterwäsche, Skibrille, Handschuhe, Schal, Mütze, warme Strümpfe, Fleecejacke, Skirolli, Skier, Stöcke.

Als Sie sie wenige Minuten später notieren möchten, stellen Sie fest, dass Sie einige Dinge vergessen haben. Sie können sich nicht mehr an alles erinnern. Ihr Kurzzeitgedächtnis hat

Sie im Stich gelassen. Um das zu vermeiden, sollten Sie die Reiseutensilien bestimmten Gruppen zuordnen, z. B. einige unter dem Überbegriff „Skibekleidung“, andere unter „Skiausrüstung“ abspeichern. Diese Stichwörter können Ihnen dabei helfen, sich auch später noch an die einzelnen Dinge zu erinnern.

Das Kurzzeitgedächtnis kann durchschnittlich sieben Eindrücke aufnehmen und über einige Sekunden oder Minuten speichern. Haben Sie sich auf einer Einkaufsliste wahllos mehr als sieben Sachen notiert und den Zettel zu Hause vergessen, werden Sie sich am leichtesten an die zuerst und an die zuletzt notierten Dinge erinnern. Die mittleren Posten belasten das Gehirn gleich in doppelter Hinsicht: Es muss gleichzeitig die bereits aufgenommenen speichern und zudem neue Informationen sammeln und verarbeiten.

Tipp

Trainieren Sie Ihr Kurzzeitgedächtnis, indem Sie längere Listen mit Begriffen erstellen und diese aus Ihrem Gedächtnis abrufen. Gruppieren Sie die Begriffe auf jeder Liste und versehen Sie die einzelnen Gruppen mit Schlagwörtern, die Ihnen die Zuordnung erleichtern. Sie können Ihr Kurzzeitgedächtnis auch mit kleinen Spielen trainieren, z. B. mit *Memory* oder *Ich packe meinen Koffer und nehme mit …* Bei letzterem nennen alle Mitspieler Dinge, die sie mit auf ihre Reise nehmen wollen. Die Schwierigkeit besteht darin, dass immer mehr Wörter hinzukommen und jeder Mitspieler, der an der Reihe ist, zunächst alle genannten Begriffe wiederholen muss.

Das Langzeitgedächtnis

Informationen, die der Mensch für immer behalten möchte, werden im Langzeitgedächtnis abgespeichert. Damit dies geschieht, ist es allerdings notwendig, die Inhalte aus dem Ultrakurzzeitgedächtnis und dem Kurzzeitgedächtnis in das Langzeitgedächtnis zu übertragen. Manchmal sind die gelernten Informationen allerdings nicht so leicht wieder auffindbar. Ursache dafür ist, dass Sie das passende Schlüsselwort nicht mehr finden, das Sie zu der gewünschten Information führt, oder der natürliche Prozess des Vergessens. Dagegen hilft, Assoziationsketten zu bilden, d. h. Verbindungen zwischen den einzelnen Informationen herzustellen, sie in Kategorien einzuordnen und den Lernstoff ständig zu wiederholen.

Checkliste: das Dreispeichermodell

- **Informationen, die Sie dauerhaft behalten wollen, müssen Sie aktiv vom Ultrakurzzeitgedächtnis über das Kurzzeitgedächtnis dem Langzeitgedächtnis zuführen.**
- **Wiederholen Sie Gelerntes schon nach kurzer Zeit (wenige Stunden bis zu einem Tag) ein erstes Mal, nach längerer Zeit (mehrere Tage bis 1 Woche) ein zweites Mal und dann nach geraumer Zeit nochmals.**

Übung 18:

Betrachten Sie die unten stehenden zwölf Wörter 45 Sekunden lang. Notieren Sie anschließend so viele davon, wie Sie sich merken konnten. Als kleine Hilfe können Sie sich einen übergeordneten Begriff zu den Wörtern in dieser Übung überlegen – möglicherweise fällt Ihnen das Verinnerlichen und Behalten dann leichter. Die Lösung finden Sie im Anhang.

Schultor	**Pausenglocke**
Kreidestaub	**Sportsocken**
Turnhalle	**Deutschstunde**
abschreiben	**Wiederholung**
Kugelschreiber	**Bleistiftspitzer**
Schuldirektor	**nachsitzen**

Übung 19:

Testen Sie Ihr Gedächtnis, indem Sie den unten stehenden Text langsam und aufmerksam durchlesen (aber nur einmal) und im Anschluss daran die Fragen schriftlich beantworten. Die Lösung finden Sie im Anhang.

„Ein Abendessen ohne Rioja kann ich mir kaum vorstellen“, sagte Juan träumerisch. „Ich weiß nicht, mir ist ein Pils lieber“, brummte Norbert mit seinem wohltönenden Bass. „Oder Calpico!“ rief Keiko fröhlich dazwischen, „für Alkohol ist nach dem Essen immer noch Zeit.“ „Grüner Veltliner, ich sage nur Grüner Veltliner!“ schmunzelte Anja. „Kommt darauf an, was man dazu isst, meine Liebe ...“, warf der spanische Student ein, „mir ist ja Pörkölt das Liebste ... echt gut gewürzt“. „Und das von einem Spanier! Wie exotisch! Warum nicht gleich Raclette wie bei uns daheim?“, gluckste Anja. „Und Nüsslisalat dazu ...“, meinte Norbert überlegend, „oder natürlich Weißwürste ...“ „Ihr Bayern!“, entrüstete sich Keiko, „Sushi, Maki oder Sashimi, das ist feines Essen!“ „Roher Fisch und Reis, nein danke! Ihr Japaner seid völlig einseitig ...“ „Aber nein, wir essen auch gern Fleisch und Gemüse, Teriyaki z. B.“ „Oder süßsaures Schweinefleisch?“ „Sehr witzig, Norbert ...“, Keiko war fast beleidigt.

1. Von wie vielen Speisen und welchen war die Rede?
2. Aus welchem Land kommt die Person, die Weißwein bevorzugt?
3. Was ist das Lieblingsgetränk des Spaniers?
4. Welches erwähnte Getränk ist nicht alkoholisch?
5. Wie viele Frauen sind anwesend?
6. Wieso ist Keiko fast beleidigt?
7. Aus welchem Land stammt Norbert?
8. Welche verschiedenen Weinsorten werden erwähnt?

Übung 20:
Sehen Sie sich die folgenden Begriffe an. Welche Wörter der unteren Zeile stehen mit dem darüber stehenden Wort in einem Zusammenhang? Die Lösung finden Sie im Anhang.

1. **Tanz**
   Leine, Ball, Spiel, Wurst
2. **Baum**
   Wiese, Schmuck, Boden, Wurzel
3. **Strom**
   Leitung, Schlag, Mond, Strahl
4. **Heft**
   Bleistift, Papier, Eintrag, Ordner
5. **Apfel**
   Teller, Mus, Essen, Kern
6. **Buch**
   Getränk, Seite, Papier, Tasse
7. **Puppe**
   Kleid, Spiel, Kind, Gold
8. **Essen**
   Gabel, Suppe, Raum, Baum
9. **Computer**
   Schrift, Menu, Kabel, Leine
10. **Automobil**
    Rad, Zylinder, Hut, Zündung
11. **Sport**
    Schuhe, Lauf, Sprung, Rad
12. **Haus**
    Zug, Dach, Stuhl, Ziegelstein

Übung 21:

Bringen Sie jeweils die Buchstaben in die richtige Reihenfolge, sodass sich daraus sinnvolle Wörter ergeben. Beantworten Sie dann die dazugehörenden Fragen. Die Lösung finden Sie im Anhang.

1. ANES ____________________

   NUMD ____________________

   SLAH ____________________

   NOMD ____________________

   EHZE ____________________

   RHAA ____________________

   NIEB ____________________

Welches vermischte Wort bezeichnet keinen Körperteil?

____

2. IMMENSCHW ____________________

   ERWASSSKI ____________________

   FAHRENSKI ____________________

   FAHRRADEN ____________________

   FASSBULL ____________________

NISTEN ____________________

LOFG ____________________

Welches vermischte Wort passt nicht dazu?

____

3. ZLET ____________________

ILGU ____________________

HEHLÖ ____________________

VEGOLHUAS ____________________

HETTÜ ____________________

HOZLHUAS ____________________

HETOL ____________________

In welcher Behausung können Menschen nicht leben?

____

4. UTAO ____________________

SUB ____________________

ROTOMARD ____________________

ARFHARD ____________________

POMED ______________________________

XATI ______________________________

Welches Fahrzeug gehört nicht dazu?

____

2.3 Verschiedene Sinneskanäle nutzen

Man hat herausgefunden, dass man den Fundus an Gelerntem umso besser nutzen kann, je mehr Assoziationen das Gehirn für einen Inhalt bereit hält. Je besser man also weiß, wie etwas funktioniert, schmeckt, riecht, aussieht, sich anfühlt usw., desto leichter fällt es einem später, sich zu erinnern – auch bei ungewöhnlichen Fragen. Das bedeutet, dass man sich den jeweiligen Lernstoff über möglichst viele Sinneskanäle einprägen sollte: Lesen Sie Vokabeln nicht einfach nur, sondern sprechen Sie sie mehrmals laut und deutlich aus. Veranschaulichen Sie sich kompliziertere bzw. abstrakte Zusammenhänge immer anhand einer Skizze. Dabei sollten Sie aber auch immer im Auge behalten, welche Vorgehensweise Ihnen am meisten liegt.

Mögliche Lerntypen

Man unterscheidet vier klassische Lerntypen: den *visuellen,* den *auditiven,* den *haptischen* und den *kinästhetischen* Lerner. Hierbei handelt es sich allerdings um Idealtypen, eine absolute Abgrenzung der einzelnen Lerntypen voneinander ist beinahe unmöglich. Kein Mensch ist in der Lage, nur auf eine Weise zu lernen. Allenfalls ist ein Wahrnehmungskanal stärker ausgeprägt als die anderen und wird deshalb auch im Lernprozess überproportional beansprucht.

In jüngster Zeit hat sich zudem eine Klassifizierung herausgebildet, die noch drei weitere Typen beschreibt. Es werden hier zusätzlich der *kommunikative,* der *personen-* und der *medienorientierte* Typ genannt.
Für die heutige Zeit ist die Definition dieser drei zusätzlichen Lerntypen vermutlich deswegen relevant, weil sich neue Formen des Wissenserwerbs herausgebildet haben, wie die zahlreichen Produkte im Bereich der Lern-Software zeigen. Über die eigenen Veranlagungen Bescheid zu wissen kann daher eine große Hilfe sein, weil sich wichtige oder schwer erlernbare Inhalte leichter einprägen lassen, wenn man sie durch eine angemessene Methode stützt, die dem eigenen Lerntyp entspricht.

Sie sollten aber nicht vergessen auch Ihre anderen Lernkanäle immer wieder zu trainieren. Nur so können Sie Wissen im Langzeitgedächtnis speichern und dauerhaft behalten. Auf den Seiten 109 bis 112 können Sie anhand eines einfachen Tests herausfinden, welcher Lerntyp Sie sind.

Lernen durch Sehen

Der visuelle Lerntyp verlässt sich auf das, was er sieht. Er nimmt Informationen gut auf, indem er ein Bild malt oder ein vorhandenes studiert. Man erkennt ihn daran, dass er sich häufig Notizen macht oder Skizzen anfertigt. Fragt man ihn, wo etwas geschrieben steht, muss er nicht lange überlegen, um mit so exakten Angaben aufzuwarten, wie: auf Seite 45 unten rechts. Diese Lerntypen können sich gut an Details erinnern. Sie arbeiten genau und ordentlich. Ihre Sprache und ihre Träume sind meist bilderreich, farbig und voller Details. Gegen einen visuellen Lerner beim Memory-Spiel zu gewinnen kostet eine Menge Anstrengung.

Der visuelle Lerner profitiert besonders von einer schönen Lernumgebung. Bei ihm finden sich häufig Lernplakate an den

Wänden und den Schreibtisch bedecken Notizzettel und Skizzen oder Mind-Maps.

Tipp

Dem visuellen Lerntyp sollten Informationen deshalb in erster Linie verbildlicht angeboten werden. Sollten Sie sich als visuellen Lerntyp erkannt haben, dann fertigen Sie in Zukunft von Ihrem Lernstoff Skizzen an, erstellen Sie Mind-Maps (vgl. Kap. 3.6), arbeiten Sie mit farbigen Stiften oder Markern. Nutzen Sie Flipcharts oder Papierwände, suchen Sie sich Videofilme oder Fernsehbeiträge zu Ihrem Thema. Schreiben Sie Zettel, die Sie lesen und bearbeiten müssen. Auch Lernkarteien, Lernposter und das Internet bieten sich als nützliche Hilfe an.

Lernen durch Hören

Den auditiven Lerntyp kann man daran erkennen, dass er beim Lernen häufig unbewusst die Lippen bewegt. Er liest sich Texte oft laut vor, führt Selbstgespräche und lernt besonders gut, wenn er jemandem zuhören kann. Auch Gedichte und Melodien prägen sich ihm schnell ein. Er hat eine gute und schnelle Auffassungsgabe, hört aufmerksam zu, erzählt hervorragend nach und kann gut kombinieren. Auditive Lerner fühlen sich durch Geräusche und Musik in ihrer Lernumgebung schnell in ihrer Ruhe gestört.

Tipp

Informationen sollten in erster Linie über die Ohren angeboten werden. Das heißt: Besprechen Sie Kassetten oder Tonbänder, hören Sie Dokumentationen im Radio, lesen Sie sich selbst vor. Reden Sie mit jemandem über die Lerninhalte. Achten Sie darauf, dass Sie nicht durch Nebengeräusche gestört werden.

Lernen durch Tun und Lernen durch Anfassen
Die Abgrenzung von haptischem und kinästhetischem Lerner ist besonders schwierig. Deshalb werden diese beiden Lernertypen im Folgenden zusammenhängend erklärt. Wer besonders gut durch eigenes Tun und nachvollzogene Handlungen lernt, wird als haptischer Lerntyp bezeichnet. Aber auch der kinästhetische Lerntyp lernt am besten dadurch, dass er selbst etwas tut – z. B. durch Ausprobieren, Rollenspiele, Übungspräsentationen oder Gruppenaktivitäten. Typisch sind sein Hang zu Gesten und der Drang, sich zu bewegen. Für beide ist die Umsetzung des Lernstoffs in geeignete Lern- und Übungsformen außerordentlich wichtig. Sowohl der haptische als auch der kinästhetische Lerner ist ein Anpacker – keiner, der zögert oder lange nachdenkt. Er lässt sich in starkem Maß von seinen Gefühlen leiten und setzt innere und äußere Impulse sofort tatkräftig in Aktionen um.

Diese Menschen sind praktisch veranlagt, bewegen sich gerne und viel und begreifen auch das Lernen als einen aktiven Vorgang. Im Chemieunterricht stehen sie bei Versuchen in der ersten Reihe und legen am liebsten selbst Hand an. Man erkennt diese Lerntypen daran, dass sie beim Erzählen auch ihre Hände und den ganzen Körper sprechen lassen, beim Rechnen die Finger benutzen und gerne Kaugummi kauen. Der kinästhetische Lerner spielte in seiner Kindheit mit Modellflugzeugen, Chemiebaukästen und war voller Experimentierfreude. Informationen sollten in erster Linie über die Handlungsebene angeboten werden.

Tipp

Sollten Sie dieser Gruppe der kinästhetischen Lerner angehören, dann bauen Sie Dinge nach, laufen Sie Entfernungen ab und messen Sie Distanzen aus. Gehen Sie beim Lernen im Zimmer umher, wippen

→

Sie auf dem Stuhl, benutzen Sie Ihre Hände und Füße. So begreifen Sie das, was in Ihren Kopf soll, direkt über Ihren Körper – Ihr stärkstes Sinnesorgan.

Lernen durch Gespräch

Der kommunikative Lerntyp ist ein guter Redner und ein noch besserer Zuhörer. Bei Lehrern ist er besonders beliebt, weil er den Unterricht durch seine Mitarbeit aktiv mitgestaltet. Er neigt dazu, gut durchdachte Fragen zu stellen und „Glaubenssätze" zu hinterfragen. Sein sympathisches Wesen kommt auch bei den Mitschülern gut an. Häufig wird er zum Klassensprecher gewählt, um Rat gefragt, oder er bringt sich bei Streitigkeiten selbst als Schlichter ein.

Tipp

Haben Sie Elemente des kommunikativen Lerntyps bei sich erkannt, dann sollten Sie Informationen in erster Linie über das gemeinsame Gespräch verarbeiten. Diskutieren Sie alle Informationen, widersprechen Sie Ihrem Gegenüber, regen Sie andere zum Nachdenken und Sprechen über bestimmte Themen an. Fördern Sie Gruppengespräche, Rollenspiele und das Lernen mit anderen. Achten Sie darauf, dass Sie in einer Diskussion nicht nur eine, sondere mehrere Positionen einnehmen können.

Der kommunikative Lerntyp lernt gerne und gut im Austausch mit anderen. Er hat einen großen Freundeskreis und engagiert sich häufig frühzeitig in Politik und Gesellschaft. Der kommunikative Lerntyp braucht den Austausch und die Unterhaltung zum Lernen. Er ist daher besonders dafür geeignet, in einer Lerngruppe zu lernen und sich mit anderen über den Lernstoff auszutauschen. Da er Zusammenhänge gut erklären kann, ist der kommunikative Lerntyp häufig auch als Nachhilfelehrer gefragt.

Lernen durch andere

Der personenorientierte Lerntyp ist in hohem Maße auf eine sympathische und fähige Lehrkraft angewiesen. Am liebsten wäre ihm Einzelunterricht. In der Schule sitzt er gerne in der Nähe des Lehrerpults. Selbst in der Pause sucht er Kontakt zu bestimmten Lehrern bzw. Dozenten. Wenn dieser Lerntyp einen guten Draht zu seiner Lehrkraft hat, lernt er so gut wie alles.

Ist das Verhältnis zum Lehrer jedoch problematisch, kann er nicht sein volles Potenzial entfalten. Der personenorientierte Lerntyp neigt daher zu Leistungsschwankungen und Selbstzweifeln. Er hat meist wenige oder keine Freunde, verbringt seine Freizeit oft alleine zu Hause und grübelt häufig.

Medienorientierter Lerntyp

Der medienorientierte Lerntyp lernt gut mit technischen Hilfsmitteln. Im Grunde braucht er keine Lehrer, weil er in der Lage ist, sich die meisten Lerninhalte selbst zu vermitteln. Man erkennt diesen Lerntyp an seiner andauernden Begeisterung für technische Neuerungen und Zusammenhänge. Dadurch entwickelt er ein hohes Maß an Eigenmotivation und muss selten zum Lernen angehalten werden. Allerdings besteht bei dieser individualistischen Lernweise durchaus die Gefahr der sozialen Isolation. Als medienorientierter Lerntyp sollte man sich deshalb gezielt an Lerngruppen zu beteiligen.

Der medienorientierte Lerntyp nutzt audiovisuelle Medien und den Computer nicht nur zum Spiel, sondern zieht echten Nutzen daraus und kommt damit meist sogar weiter als mit den Lernmethoden, die im Unterricht angewendet werden. Auf der Wunschliste dieses Lerntyps stehen schon seit dem Kindesalter Computer, Lernprogramme, Videorekorder und Ähnliches.

Tipp

Wählen Sie verschiedene Lernformen. Sie profitieren davon, wenn Sie sich Ihren Lernstoff auf vielfältigste Arten aneignen – unabhängig davon, welcher Lerntyp Sie sind. Schließlich haben Sie alle der angesprochenen Sinne zur Verfügung und sollten sie daher auch alle nutzen. Je unterschiedlicher uns unser Lernstoff präsentiert wird, desto vielfältiger sind die Möglichkeiten des Behaltens und Erinnerns. Man sollte trotz der berechtigten Vorliebe für bestimmte Lernformen darauf achten, dass verschiedene Eingangskanäle genutzt werden. So kann der Lernerfolg enorm gesteigert werden.

Checkliste: Lerntypen

- Finden Sie heraus, wie Sie am besten lernen, und bestimmen Sie Ihren persönlichen Lerntyp.
- Bereiten Sie Ihr Lernmaterial so auf, dass es Ihren Veranlagungen am besten entspricht.
- Nutzen Sie dennoch möglichst viele Kanäle, damit auch weniger ausgeprägte Veranlagungen bei Ihnen trainiert werden.

Erkennen des eigenen Lerntyps

In Anlehnung an den von Frederic Vester entwickelten Lerntypen-Test können Sie im Folgenden herausfinden, welchem Grundlerntyp Sie entsprechen. Dabei erfahren Sie, über welchen der vier Eingangskanäle (Lesen, Hören, Sehen, Anfassen) eine Information am besten in Ihrem Gedächtnis ankommt und wie Sie sich Inhalte am schnellsten und zuverlässigsten aneignen können. Des Weiteren finden Sie mit diesem Test heraus, wie gut Sie im Hinblick auf die unterschiedlichen Eingangskanäle in der Lage sind, am Übergang vom Ultrakurzzeitgedächtnis zum Kurzzeitgedächtnis – abhängig vom jeweiligen

Eingangskanal – zu lernen. Daraus können Sie ableiten, welche Lernarten Sie am besten miteinander kombinieren sollten. Sie benötigen für diesen Test etwa eine halbe Stunde. Diese ist aber gut investiert, da Sie danach mit Sicherheit schneller und effektiver lernen. Die Auswertung finden Sie im Anhang.

Übung 22:

1. Test des Lesegedächtnisses
(Dauer: 2 Minuten)

Lesen Sie die folgende Liste von 10 Wörtern. Sie dürfen sich jedes Wort zwei Sekunden lang anschauen. Im Anschluss machen Sie 30 Sekunden lang Kopfrechenaufgaben und nehmen sich dann 20 Sekunden lang Zeit, sich an die Wörter zu erinnern. Schauen Sie dabei auf die Uhr.

Teppich	**Kissen**
Gitarre	**Regenschirm**
Schlüsselbund	**Rock**
Balkon	**Blume**
Kamin	**Heizung**

Tragen Sie in den Auswertungskasten auf Seite 112 die Anzahl der Wörter ein, an die Sie sich erinnern konnten.

2. Test des auditiven Gedächtnisses (Hören)
(Dauer: 2 Minuten)

Bitten Sie einen Helfer, Ihnen die folgenden 10 Wörter laut und deutlich im Abstand von zwei Sekunden vorzulesen. Danach machen Sie wieder 30 Sekunden lang Kopfrechenaufgaben und nehmen sich 20 Sekunden lang Zeit, sich an die gehörten Wörter zu erinnern.

Flasche	**Tinte**
Hausschuh	**Honig**
Bilderrahmen	**Bett**
Vase	**Regal**
Volleyball	**Hut**

Tragen Sie in den Auswertungskasten die Anzahl der Wörter ein, an die Sie sich erinnern konnten.

3. Test des visuellen Gedächtnisses (Sehen)
(Dauer: etwa 7 Minuten)

Bitten Sie Ihren Helfer, die 14 Gegenstände der folgenden Liste in einer Schüssel zu sammeln, und lassen Sie sich diese im Abstand von zwei Sekunden nacheinander auf einem Tisch vorlegen. Danach machen Sie wieder 30 Sekunden lang Kopfrechenaufgaben und lassen sich 25 Sekunden Zeit, sich an die gesehenen Gegenstände zu erinnern.

Geldstück	**Gabel**
Schwamm	**CD**
Handy	**Kugelschreiber**
Schreibblock	**Nähnadel**
Orange	**Fingerring**
Ball	**Haarspange**
Buch	**Zeitschrift**

Tragen Sie in den Auswertungskasten die Anzahl der Wörter ein, an die Sie sich erinnern konnten. Wenn Sie mit Ihrem Ergebnis unzufrieden sind, können Sie Ihren Helfer bitten, die Übung mit anderen Gegenständen zu wiederholen.

4. Test des haptischen Gedächtnisses (Anfassen)
(Dauer: etwa 7 Minuten)

Bitten Sie Ihren Helfer, die 14 Gegenstände der folgenden Liste einzusammeln, und verbinden Sie sich die Augen. Nun lassen Sie sich alle zwei Sekunden einen Gegenstand so in die Hand geben, dass Sie ihn durch kurzes Betasten erkennen können. Danach machen Sie wieder 30 Sekunden lang Kopfrechenaufgaben und lassen sich 25 Sekunden Zeit, sich an die ertasteten Gegenstände zu erinnern.

Sonnenbrille	**Korken**
Löffel	**Flasche**
Walkman	**Ohrring**
Tasse	**Taschenrechner**
Prospekt	**Schuhlöffel**
Handy	**Tischtennisball**
Buch	**Kissen**

Tragen Sie in den Auswertungskasten die Anzahl der Wörter ein, an die Sie sich erinnern konnten.

5. Test des kombinierten Gedächtnisses
(Dauer: etwa 7 Minuten)

Diesmal dürfen Sie die angegebenen 10 Gegenstände sehen, hören, anfassen und die entsprechenden Begriffe lesen. Bitten Sie Ihren Helfer, die 10 Gegenstände aus der folgenden Liste zu sammeln. Lassen Sie zusätzlich auf kleine Zettel die Namen dieser Gegenstände schreiben. Nun lassen Sie sich alle zwei Sekunden einen Gegenstand in die Hand geben, sich gleichzeitig den Zettel mit dessen Namen vorlegen und sprechen den Namen des jeweiligen Gegenstandes laut und deutlich aus.

Anschließend machen Sie wieder 30 Sekunden lang Kopfrechenaufgaben und lassen sich 25 Sekunden Zeit, sich an die Gegenstände zu erinnern.

Armreifen	**Kieselstein**
Deospray	**Handy**
Zange	**Bleistift**
Schlüsselbund	**Schüssel**
Apfel	**Brötchen**

Tragen Sie in den Auswertungskasten die Anzahl der Wörter ein, an die Sie sich erinnern konnten.

Auswertungskasten für alle fünf Tests:

Test 1	Test 2	Test 3	Test 4	Test 5

2.4 Lernstoff dauerhaft verankern

In diesem stark praxisorientierten Kapitel erfahren Sie, wie Sie mittels bestimmter Lernmethoden Ihre Wahrnehmungskanäle möglichst vollständig aktivieren können. Durch den Einsatz verschiedener Sinne können Sie Ihren Lernstoff schneller und einfacher verinnerlichen und werden ihn auch länger präsent haben bzw. rasch abrufen können. Die beschriebenen Techniken eignen sich besonders gut für Vokabeln, lassen sich aber auch für andere Lernstoffe (z. B. geschichtliche Daten und Ereignisse, mathematische Begriffe und Formeln) verwenden.

Vokabeln sind das A und O jeder Fremdsprache und somit ein Muss für jeden Sprachenschüler. Das ist den meisten Lernern durchaus bewusst. Doch vor dem Vokabelpauken drücken sich dennoch viele gern, denn das Lernen endloser Wortlisten verbinden sie mit purer Langeweile. Dabei muss das Vokabellernen nicht zwangsläufig langweilig sein, wenn Sie dabei Ihre Fantasie einsetzen.

Doch bevor Sie starten, sollten Sie sich zunächst realistische Ziele setzen. Nehmen Sie sich nie zu viel auf einmal vor, sondern teilen Sie sich die Wortliste in kleinere Portionen ein, also höchstens fünf bis zehn Vokabeln in einem Block. Gehen Sie folgendermaßen vor: Lernen Sie zuerst die einzelnen Portionen und gehen Sie dann alle Wörter auf einmal durch. Schreiben Sie alle Wörter, die Sie nicht behalten haben, auf eine Extra-Liste und gehen Sie sie nochmals durch. Pro Tag sollten Sie maximal 30 neue Vokabeln lernen. Mit dieser Menge ist das Gehirn normalerweise ausgelastet.

Den Gesichtssinn nutzen

Aktivieren Sie beim Vokabellernen alle Ihre Sinne – z. B. Ihren Gesichtssinn. Vokabeln prägen sich besonders gut in unserem Gedächtnis ein, wenn wir sie mit Bildern verbinden. Eine sehr nützliche Lernhilfe sind deshalb so genannte „Bildwörterbücher“ oder „Bildtafeln“, die zu jedem Begriff eine entsprechende Abbildung zeigen.

Sie können aber auch selbst eine Bildtafel gestalten. Schreiben Sie Vokabeln, die Sie lernen möchten, auf ein großes Blatt Papier. Zeichnen Sie entsprechende Abbildungen daneben und hängen Sie sich das Plakat an die Wand. Betrachten Sie Ihr Lernplakat so oft wie möglich.

Wenn Sie Wörter zu einem bestimmten Themenfeld lernen möchten, können Sie eine Lerncollage gestalten. Einmal angenommen, Sie wollen Vokabeln aus dem Bereich „Einkaufen“

lernen: Schneiden Sie dazu aus Magazinen die entsprechenden Bilder aus, kleben Sie diese auf ein großes Blatt Papier und schreiben Sie die dazugehörigen Wörter daneben. Betrachten Sie die Collage möglichst oft, um sich die Begriffe immer wieder einzuprägen. Anstelle einer Collage können Sie auch eine Gedankenlandkarte zu einem Wortfeld zusammenstellen. Schreiben Sie den Oberbegriff, z. B. *shopping*, in die Mitte des Blattes und sammeln Sie dazugehörige Begriffe rund um den Oberbegriff (vgl. Abschnitt „Mind-Mapping« in Kap. 3.6).

Eine Fremdsprache lässt sich auch ganz gut mithilfe von Comics lernen, denn der Sinn der (einfachen) Texte ist gut über Bilder zu erschließen, auch wenn man nicht jedes Wort in der Sprechblase versteht. Kaufen Sie sich ein Comic in einer Fremdsprache und schmökern Sie los.

Tipp

Der französische Comic „Asterix und Obelix“ wurde bereits in zahlreiche Fremdsprachen übersetzt.

Den Gehörsinn nutzen

Lernen Sie Vokabeln nicht nur über das geschriebene Wort, sondern auch über den Klang ihrer Aussprache. Üben Sie z. B. mithilfe eines Kassettenrekorders. Sprechen Sie zunächst das deutsche Wort auf Band, lassen Sie anschließend eine längere Pause und nehmen Sie dann das fremdsprachige Wort auf. Wenn Sie alle Vokabeln gesprochen haben, können Sie die Kassette abhören. Sie hören zunächst das deutsche Wort, liefern die Übersetzung und können dann kontrollieren, ob Sie richtig lagen. Der Vorteil dieser Methode ist, dass Sie mit einem Walkman praktisch überall Vokabeln lernen können, egal ob beim Spaziergang mit Ihrem Hund oder im Bus.

Umgeben Sie sich möglichst häufig mit dem Klang der Fremdsprache, die Sie lernen möchten. Gibt es in Ihrer Stadt ein Kino, das fremdsprachige Filme im Originalton mit Untertitel zeigt, dann nutzen Sie das Angebot. Eine bessere Möglichkeit, auf unterhaltsame Weise Vokabeln zu lernen, gibt es nicht. Statt ins Kino zu gehen, können Sie sich natürlich auch einen Video- oder DVD-Film im Original anschauen.

Eine weitere Möglichkeit, Vokabeln zu festigen, ist, die Sprache im Alltag anzuwenden. Verabreden Sie sich z. B. mit Freunden zur *Teatime* oder zum *Rendezvous* und unterhalten Sie sich dabei die ganze Zeit in der jeweiligen Fremdsprache – notfalls mit Händen und Füßen, denn das oberste Gebot lautet: Kein Wort deutsch! Sie werden sehen: Sie haben Spaß und können dabei auch noch etwas lernen.

Je mehr Sie sich mit dem Klang der Fremdsprache vertraut machen, desto leichter wird Ihnen das Vokabellernen fallen. Falls Sie die Möglichkeit haben, sollten Sie zwischendurch auch mal fremdsprachige Radiosender hören. Sie werden zu Beginn einiges nicht verstehen, doch diese Übung wird sich rasch für Sie lohnen.

Knifflige Fälle

Einige Vokabeln sind besonders widerspenstig und wollen einfach nicht in den Kopf hinein. In diesen Fällen sollten Sie Ihre Fantasie spielen lassen. Bei den folgenden Lerntechniken ist bildhaftes Vorstellungsvermögen gefragt.

Bilder zur deutschen Aussprache suchen
Sprechen Sie das fremdsprachige Wort zunächst einmal deutsch aus. So wird beispielsweise aus dem englischen Wort „dole“ (Arbeitslosengeld) das Wort „Dohle“, das im Deutschen eine Vogelart bezeichnet. Stellen Sie sich nun möglichst kon-

kret eine Dohle vor. Eine Dohle ist ein Rabenvogel, also ein schwarzer Vogel. Verbinden Sie nun das Bild der Dohle mit der Wortbedeutung *Arbeitslosengeld.* Überlegen Sie sich, wie sich jemand fühlen muss, der zum Arbeitsamt geht, um sein Arbeitslosengeld zu beantragen. Wahrscheinlich ist er nicht so besonders glücklich, was Sie mit der Farbe Schwarz in Zusammenhang bringen können. Sehen Sie z. B. vor Ihrem geistigen Auge, dass alle Menschen, die aus dem Arbeitsamt kommen, eine Dohle in der Hand tragen, die sich lautstark darüber beschwert nicht davonfliegen zu dürfen, weil sie an dem Handgelenk des Menschen angekettet ist. Prägen Sie sich die Verbindung von *dole – Dohle – Arbeitslosengeld* gut ein.
Von dem lateinischen Wort „cubare“ (dt.: liegen) können Sie die deutschen Wörter „Kuh“ und „Bahre“ ableiten. Stellen Sie sich die beiden Begriffe dazu bildlich vor. Verbinden Sie nun die Bilder „Kuh“ und „Bahre“ mit der Wortbedeutung „liegen“. Sehen Sie vor Ihrem geistigen Auge, wie eine Kuh auf einer Bahre liegt. Merken Sie sich dieses Bild, so werden Sie die Bedeutung des Wortes „cubare“ so schnell nicht wieder vergessen.

Übung 23:

Lernen Sie die folgenden Vokabeln nach dem oben beschriebenen Schema. Einen Lösungsvorschlag finden Sie im Anhang.

flash (engl.)	–	Blitz
brick (engl.)	–	Ziegel
retard (franz.)	–	Verspätung
glisser (franz.)	–	ausrutschen
turba (lat.)	–	Gedränge, große Menschenmenge
servus (lat.)	–	Sklave
capello (ital.)	–	Haar
riso (ital.)	–	Lachen
hermano (span.)	–	Bruder
bello (span.)	–	schön

Klangähnliche Wörter suchen

Oft kann man sich Vokabeln besonders gut über ihren Klang merken, z. B. bei Wörtern wie „lamp" und „Lampe". Hier klingt das fremdsprachige Wort fast genauso wie seine deutsche Übersetzung. In anderen Fällen ist mehr Fantasie gefragt. So klingt das englische Verb „to elevate" (dt.: erheben, erhöhen, hochheben) ähnlich wie das deutsche Wort „Elefant", bedeutet aber leider nicht „Elefant". Aus diesem Grund müssen Sie wieder einen kleinen Umweg gehen: Stellen Sie sich nun einen Elefanten vor, der mit seinem Rüssel einen Zweig hochhebt, und schon haben Sie eine Eselsbrücke geschaffen. Sie müssen sich nur noch die Verbindung von *elevate – Elefant – Rüssel – hochheben* einprägen.

Checkliste: schwierige Vokabeln lernen

- Sprechen Sie die Vokabeln zunächst deutsch aus.
- Leiten Sie deutsche Wörter ab.
- Stellen Sie sich die deutschen Wörter bildlich vor.
- Verbinden Sie die Bilder mit der Wortbedeutung.

Wiederholen mithilfe von Lernkarteien

Lernen Sie Vokabeln nicht nur vor den Klassenarbeiten. Wiederholen Sie sie stattdessen regelmäßig, z. B. mithilfe einer Lernkartei. Unser Gedächtnis funktioniert leider nicht wie ein Fotoapparat, der Eindrücke für ewige Zeiten auf einem Bild festhält, denn nur die wenigsten Menschen besitzen ein fotografisches Gedächtnis, das das Lernen enorm erleichtern könnte. Im Gegenteil: Begriffe, Zahlen und Zusammenhänge, die wir mühselig gelernt haben, sind uns oft schon wenige Tage später wieder entfallen.

Daher sollten Sie sich angewöhnen, wichtige Lerninhalte regelmäßig zu wiederholen, um Sie langfristig im Gedächtnis zu speichern. So können Sie sich diese für immer einprägen. Dabei kann z. B. eine persönliche Lernkartei sehr nützlich sein. Mit ihr ist es möglich, Vokabeln, Fachbegriffe oder die wichtigsten Punkte eines Themas so lange zu wiederholen, bis man sie zuverlässig beherrscht.

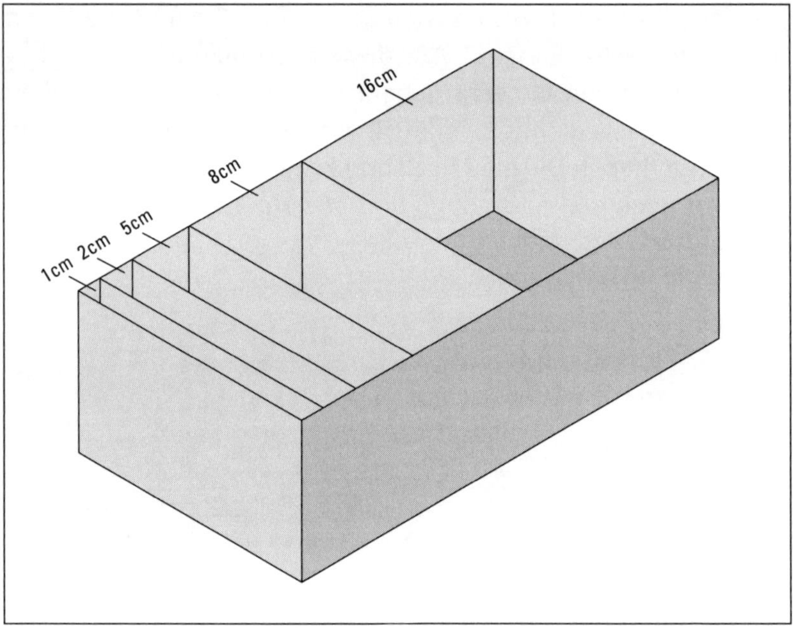

Persönlichen Karteikasten basteln

Eine Lernkartei besteht aus einer länglichen Kiste aus Pappe oder festem Papier mit fünf Fächern, in denen Karteikarten stecken. Mit wenigen Mitteln und geringem Zusatzaufwand zu Ihrer eigentlichen Lerntätigkeit können Sie sich Ihre Lernkartei selber bauen:

Kaufen Sie sich in einem Schreibwarenladen eine Kiste, die ungefähr 30 cm lang und 8 cm breit ist. Sie können auch eine alte Pappschachtel oder einen stabilen Schuhkarton mit einem ähnlichen Format benutzen. Schneiden Sie aus fester Pappe vier Trennwände und kleben Sie diese im Inneren Ihrer Kiste fest. Achten Sie darauf, dass die Fächer der Lernkartei unterschiedlich breit sind. Sie sollten vom ersten bis zum fünften Fach immer breiter werden, da Sie sich im Laufe der Zeit immer mehr Lernstoff eingeprägt haben und die Karten weiterwandern werden. Bewährt hat sich die folgende Einteilung:

- Fach 1: 1 cm
- Fach 2: 2 cm
- Fach 3: 5 cm
- Fach 4: 8 cm
- Fach 5: 16 cm

Die passenden Karteikarten können Sie entweder im Schreibwarenladen kaufen oder selbst aus Pappe basteln.

Karteikarten beschriften

Ist der Karteikasten fertig, so fängt die eigentliche Arbeit erst an. Schreiben Sie zunächst alles, was Sie lernen möchten, auf die Karteikarten. Dabei reduzieren Sie den Lernstoff auf Schlagwörter oder kurze Sätze, sodass jeder Punkt auf eine Karte passt und Sie sich ein Überblickswissen des Lernstoffs aneignen.

Auf die Vorderseite der Karteikarte kommt die Frage, auf die Rückseite die Antwort. Bei einem Karteikasten für Vokabeln schreibt man das fremdsprachige Wort auf die Vorderseite, die Übersetzung auf die Rückseite.

Tipp

Achten Sie darauf, dass Sie keine Rechtschreibfehler einbauen und diese dann mitlernen. Am besten lernen Sie mit Ihrer Lernkartei in einem Zweierteam. Dann können Sie sich gegenseitig abhören und mögliche Fehler korrigieren.

Funktionsweise der klassischen Lernkartei

Sie lernen mit den Karteikarten, indem Sie:

- je eine Karte nehmen,
- die Frage in Ruhe lesen,
- sich die Antwort überlegen,
- die Karte drehen und die Antwort überprüfen,
- die Karte ablegen.

Alle neuen Kärtchen kommen in das erste Fach. Dieses Fach gehen Sie täglich (und wirklich täglich) durch. Wenn Sie eine Frage aus Fach eins richtig beantworten, wandert sie in das zweite Fach. Beantworten Sie die Frage falsch, so stecken Sie sie in das erste Fach zurück. Wenn Sie sich eine Karte aus Fach zwei vornehmen, gehen Sie nach dem bereits bekannten Schema vor: Finden Sie die richtige Antwort, dann können Sie die Karte in Fach drei stecken, wissen Sie die Antwort nicht, so wandert die Karte zurück in das erste Fach.
Das erste Fach mit den neuen oder nicht mehr gewussten Themen wiederholen Sie, wie erwähnt, täglich. Alle anderen Fächer bearbeiten Sie erst dann, wenn sie voll sind. Da die Fächer immer breiter werden, wiederholen Sie den Stoff in immer größeren Abständen. Sie gehen die Themen also dann noch einmal durch, wenn Sie Gefahr laufen, sie zu vergessen.

Falls Sie Ihre Lernkartei zum Vokabellernen verwenden, denken Sie daran, zusätzlich zur Übersetzung des jeweiligen Wortes einen Beispielsatz auf die Karteikarte zu schreiben. Das wird Ihnen helfen, die Bedeutung und den Gebrauch der Vokabel genauer zu erfassen. Sollten Sie gleichzeitig in zwei oder mehr Fremdsprachen neue Wörter lernen müssen, ist es ratsam, für jede Sprache einen eigenen Kasten anzulegen und die Karteikarten in unterschiedlichen Farben zu gestalten. Damit können Sie vermeiden, dass sich in ihrem Gedächtnis die Vokabeln aus den verschiedenen Sprachen vermischen.

Tipp

Eine spielerische Alternative zur Lernkartei stellt das folgende Kartenspiel dar. Sie verteilen alle Vokabelkarten aus Ihrer Lernkartei auf einem Tisch oder auf dem Fußboden. Je nachdem, wie Sie die Vokabeln lernen möchten, legen Sie die deutschen oder die fremdsprachigen Wörter nach oben.
Anschließend suchen Sie sich eine Karte aus, heben Sie auf, sagen die Übersetzung und drehen die Karte um. War die Antwort richtig, so können Sie das Vokabelkärtchen zur Seite legen, war sie falsch, wandert die Karte wieder zurück ins Spiel.

Vorteile einer Lernkartei

- Sie wiederholen den Stoff so oft wie nötig. Vokabeln, die Sie sich gut merken können, werden problemlos durch die Lernkartei wandern. „Problemfälle" bleiben länger hängen, werden sich aber allmählich einprägen, wenn Sie sie regelmäßig üben.

- Sie können die Lerngeschwindigkeit selbst bestimmen und an die Vorgaben Ihres Zeitplans anpassen.

- Selbst wenn Sie für einige Tage eine Lernpause einlegen wollen oder müssen, können Sie anschließend sofort wieder einsteigen, denn das gesammelte Prüfungswissen bleibt im Zettelkasten in der Reihenfolge geordnet, in der Sie es wiederholen müssen.

Eine Variante – der Lernautomat

Neben dem üblichen Karteikasten können Sie sich auch eine Art Lernmaschine basteln, mit der Sie Ihren täglichen Lernerfolg sehr gut kontrollieren können und die nur wenig zusätzlichen Aufwand und Geld kostet.

Für Ihren Lernautomaten benötigen Sie:

- drei verschiedenfarbige (blau, gelb, grün) DIN-A3-Bögen aus Zeichenkarton,
- Schere,
- Klebstoff,
- Bleistift und Lineal.

Bauen Sie sich nun drei verschieden große Kästen. In den kleinsten Kasten (blau) sollten ungefähr 50 Karteikarten der Größe DIN A8 passen. Der mittlere Kasten (gelb) sollte 100 und der große Kasten (grün) 200 Karten fassen. Nummerieren Sie die Kästen der Größe nach durch. Diese Nummerierung wird später beim Lernen Ihren Lernstufen entsprechen.
Beginnen Sie nun mehrere Karteikarten zu Ihrem Lernthema zu erstellen und überlegen Sie sich einen genauen Zeitplan. Legen Sie dann eine Portion an Karten in den ersten, den blauen Kasten und wiederholen Sie diese über einen längeren Zeitraum. Wenn Sie sich alle eingeprägt haben, wandern die Karten in den nächsten, den gelben Kasten und Sie beginnen mit einer neuen Portion im blauen Kasten.

Diesen Vorgang wiederholen Sie, bis der gelbe Kasten ausgefüllt ist. Nun nehmen Sie sich die Karten des gelben Kastens erneut vor und stecken alle Karten, die Sie noch beantworten können, in den grünen Kasten.

Alle Karten, die Sie nicht mehr beantworten können, wandern wieder zurück in den blauen Kasten, wo Sie den Wanderungsprozess von Neuem beginnen.

Behalten Sie dabei immer die Ihnen zur Verfügung stehende Zeit im Blick. Es ist von Vorteil, wenn Sie, nachdem die Karten im grünen Kasten angekommen sind, alle noch einmal wiederholen und somit die Lernmaschine ein zweites Mal starten.

Checkliste: besser lernen

- Denken Sie an die Aufteilung des menschlichen Gehirns in zwei Hälften. Machen Sie sich bewußt, dass ihr Lernvermögen deutlich zunimmt, wenn Sie beide Gehirnhälften so ausgeglichen wie möglich nutzen.
- Wiederholen Sie das Gelernte regelmäßig, um die frisch aufgebauten Strukturen in Ihrem Gehirn zu festigen. Nur so können Sie neuen Lernstoff dauerhaft behalten. Als Faustregel gilt: Wiederholen Sie Gelerntes bereits nach kurzer Zeit (mehrere Stunden bis ein Tag) zum ersten Mal. Nach 3–5 Tagen legen Sie einen zweiten Durchgang ein. Innerhalb von ein bis zwei Wochen sollten Sie den Stoff ein drittes Mal wiederholen.
- Nehmen Sie sich ausreichend Zeit zum Lernen.
- Finden Sie heraus, welcher Lerntyp Sie sind und über welche Sinneskanäle Sie am schnellsten und effektivsten lernen. Aktivieren Sie aber zusätzlich auch die bisher von Ihnen weniger genutzten Kanäle, z. B. indem Sie sich fremdsprachige TV- oder Radioprogramme anhören.
- Lernen Sie Vokabeln portionsweise und mit allen Sinnen (über Bilder und Klänge).
- Nutzen Sie Karteikästen, um den Prüfungsstoff regelmäßig zu wiederholen und einen besseren Überblick über das bereits Gelernte zu behalten.
- Eine spielerische Alternative zur Lernkartei ist das folgende Kartenspiel: Verteilen Sie alle Vokabelkarten auf einem Tisch. Ziehen Sie nacheinander die Karten und decken Sie die Lösung immer erst auf, wenn Sie das Wort genannt haben.

3. Lernstrategien

Einfach, aber wahr: Auch Lernen will gelernt sein! Tatsächlich kommt es wesentlich darauf an, wie man an einen bestimmten Lernstoff herangeht, damit man ihn mit möglichst geringem Aufwand dauerhaft speichern kann. Je nachdem, um welche Thematik es sich handelt und auf welche Art von Prüfung Sie sich vorbereiten, sollten Sie Ihren Lernprozess individuell organisieren. Hierfür steht Ihnen eine Vielzahl von Lernstrategien zur Verfügung.

Einige dieser Techniken sind sehr alt. Ihre Wurzeln reichen bis in die Antike zurück. Andere verdanken wir den Erkenntnissen der modernen Psychologie. Allen ist aber gemeinsam, dass derjenige, der sie kennt und benutzt, einen eindeutigen Lernvorteil gegenüber anderen hat, die „einfach so dahinlernen" – egal mit wie viel Eifer und Zeiteinsatz! In diesem Kapitel sind zunächst Tipps und Übungen zusammengestellt, die zur bewussten Gestaltung von Lernprozessen führen und den Lernstoff zu organisieren helfen. Im Anschluss daran werden immer konkrete Techniken aufgezeigt, mit denen man den jeweiligen Stoff leichter und dauerhafter im Gehirn verankern kann.

Bevor Sie sich für eine bestimmte Technik entscheiden, sollten Sie sich ein paar ganz grundsätzliche Gedanken über die Gestaltung Ihres Lernprozesses machen. Hierbei wird Ihnen v. a. der erste Abschnitt dieses Kapitels helfen, in dem Sie z. B. eine ganze Menge über Lernprozesse in der Gruppe, die Bedeutung von Pausen, die Vorzüge des lauten Mitsprechens oder über das Lernen mithilfe von Checklisten erfahren.

3.1 Bewusste Gestaltung von Lernprozessen

Lernen findet auf viele verschiedene Arten statt. Man kann allein oder in der Gruppe büffeln, stumm auswendig lernen oder den Stoff laut vortragen, im Unterricht eifrig mitarbeiten und zu Hause eine sorgfältig angefertigte Mitschrift nachbearbeiten. Wichtig ist, dass Sie bei der Gestaltung des jeweiligen Lernprozesses immer die Art des Lernstoffes, den zeitlichen Rahmen, die Ausrichtung der Prüfung (vgl. Kap. 4.1) sowie Ihre persönlichen Stärken und Vorlieben berücksichtigen.

Allein oder in der Gruppe lernen

Es gibt Menschen, die besser zurechtkommen, wenn sie sich ihren Lernstoff ganz allein im stillen Kämmerchen aneignen; andere tun sich dagegen leichter, wenn sie sich dabei austauschen können. Für beide Ansätze gibt es gute Argumente. Kann man sich besser konzentrieren, wenn man sich ungestört seinem eigenen Gedankenrhythmus und dem individuellen Lerntempo hingibt, dann sollte man lieber allein an seinem Schreibtisch zu Hause arbeiten. Hilft einem dagegen der soziale Kontakt und wird man durch die Arbeitsdisziplin der anderen in besonderer Weise motiviert, dann liegt es nahe, Anschluss an eine Lerngruppe zu suchen.

Für welche Alternative man sich entscheidet, hängt allerdings auch von der Art des Lernstoffs ab. Ob man besser allein oder in der Gruppe lernt, wird schließlich auch dadurch entschieden, ob sich über den Inhalt überhaupt sprechen lässt. Zum Vokabelpauken, Formellernen oder zum Lesen umfangreicher Bücher oder Texte, zum Austüfteln neuer Lösungsansätze, Schreiben von Exzerpten usw. ist die Ruhe und Konzentration, die am ganz persönlichen Arbeitsplatz entsteht, ideal. Die Erwartungshaltung und die Gesprächsbereitschaft einer Gruppe würden hier eher störend wirken. Solche Aufgaben können in der Gruppe höchstens nachbereitet werden – sei es in Form des simplen Abfragens von Vokabeln und Formeln, das die eigenen Lücken deutlich vor Augen führen kann, oder in Form einer Diskussion über unterschiedliche Lösungsansätze zu ein und derselben Aufgabe. Auf diese Weise kann man zu einem viel tieferen Verständnis der jeweiligen Materie vordringen, als wenn man sich ausschließlich mit den eigenen Lösungsvarianten zufrieden gibt, die sich meist auf den Schienen eingefahrener Denkmuster bewegen. Auch wenn es um die Reflexion weit gespannter Zusammenhänge, das Zusammentragen verschiedenster Aspekte, die Durchleuchtung und Differenzierung komplexer Beziehungen geht, ist der Austausch mit anderen ohne Zweifel ein Gewinn.

In diesem Fall ist das Arbeiten in der Gruppe ein anregender und motivierender Prozess. Alle im Team haben dasselbe Ziel vor Augen und arbeiten gemeinsam auf die Vollendung einer Aufgabe hin. Neben dem konkreten Lernerfolg sind die Selbstbestätigung durch das Lob der anderen sowie die Befriedigung der sozialen Bedürfnisse als Vorteil zu werten. Durch die unterschiedlichen Vorkenntnisse, Arbeitstechniken und Problemlösungsstrategien erhält der Einzelne ständig neue Denkimpulse. Dabei werden Diskussions- und Argumentationstechniken eingeübt, die eigenen Kenntnisse strukturiert und Wissenslücken aufgedeckt. Wenn man alleine am Schreibtisch schon längst die Lust verloren hätte, kann man sich durch die soziale Unterstützung seitens der Arbeitsgruppe einen Motivationsschub holen und so das eigene Durchhaltevermögen steigern.

Nicht zuletzt bei Themen, die nur schwer zu bearbeiten sind, weil eine Menge Material (z. B. umfangreiche Literaturlisten) berücksichtigt werden muss, ist eine Arbeitsgruppe meist sehr effektiv. Wenn jedes Gruppenmitglied einen bestimmten Teil des Stoffes bearbeitet und der Gruppe vorstellt, kann das Material anschließend von allen gemeinsam ausgewertet und verarbeitet werden. Auf diese Weise spart man viel Zeit, die man gut in die Wiederholung der wesentlichen Zusammenhänge und Fakten investieren kann. So lässt sich bei gleichem Zeitaufwand ein wesentlich größerer Lernerfolg erzielen.

Tipp

Lassen Sie sich durch Gruppenarbeit zum ausdauernden und effektiven Lernen motivieren. In einer Lerngruppe haben alle dasselbe Ziel vor Augen und arbeiten gemeinsam auf die Vollendung der Aufgabe hin. Droht einer aufzugeben, wird er von den anderen Gruppenmitgliedern mitgezogen.

Im Folgenden erfahren Sie, welche Voraussetzungen nötig sind, um den Lernprozess in einer Gruppe besonders effektiv gestalten zu können. Im Anschluss daran lernen Sie einige spezielle Techniken kennen, die sich für das Lernen in Gruppen anbieten.

Die richtigen Voraussetzungen in der Gruppe schaffen

- Die Gruppengröße sollte fünf Mitglieder nicht überschreiten. Je mehr Mitglieder eine Gruppe hat, desto schwerer ist es, die gemeinsame Arbeit zu koordinieren.

- Wenn man ein gemeinsames Ziel definiert, schafft man dadurch die Bereitschaft zur Kooperation – die Grundvoraussetzung zur erfolgreichen Gruppenarbeit.

- Alle sollten dieselben Chancen haben. Daher sollten die einzelnen Mitglieder der Gruppe in ihrer Leistungsfähigkeit ungefähr gleich sein. Andernfalls gibt es unter Umständen eine dominierende Person, die die anderen in die Passivität zwingt.

- Eine Lerngruppe ist kein Kaffeekränzchen. Die intensive Auseinandersetzung mit dem Lernstoff muss deutlich im Vordergrund stehen. Nur so kann eine ausreichende Informationsverarbeitung stattfinden.

- Die Aufgaben in der Gruppe müssen von Sitzung zu Sitzung klar verteilt werden: Wer macht was bis wann und wie?

- Ab und zu sollte das Gruppengeschehen thematisiert und analysiert werden: Was haben wir erreicht? Wer hat was wie gemacht? Welcher Schritt hat nicht stattgefunden? So ist gewährleistet, dass keiner zum passiven Mitläufer wird und keiner seine Dominanz zu Ungunsten anderer ausbaut. Diese Form der Gruppenpflege ist für den Erhalt der sozialen Einheit wichtig.

- Wenn die Motivation nachlässt, können ein paar aufmunternde Worte Wunder wirken. Eine Aufmunterung für alle ist es z. B., wenn man sich das Ziel erneut vor Augen führt und auch den Istzustand kurz betrachtet.

Problematische Situationen in einer Lerngruppe
Durch die Gruppenarbeit können Sie neuen Mut schöpfen. Schwierigkeiten, die Ihnen unlösbar erscheinen, können in der Gruppe besprochen werden. Sie erhalten ein Feedback, das Ihnen Sicherheit gibt. Darüber hinaus kann die Rücksprache mit der Gruppe dabei helfen, Denkfehler zu vermeiden. Sie werden Ihren Lernstoff aus einer ganz anderen Perspektive betrachten und das Gefühl haben, Ihren Lernprozess aktiv zu gestalten. Gruppenarbeit wirkt sich aber leider nicht immer nur positiv auf die Leistung aus. Oft kann es aufgrund von Rivalitäten zwischen den Lernenden oder der Unfähigkeit, auf andere einzugehen zum Streit kommen.

Gruppenmitglieder mit einem gewissen Wissensvorsprung oder höherer Motivation neigen oft dazu, vor der scheinbaren Unfähigkeit anderer zu resignieren und sich zu sagen: „Ach, dann mach ich es doch gleich selbst." Auf diese Weise bleiben andere aber noch weiter zurück, weil ihnen die Hauptarbeit abgenommen wird. In solchen Fällen muss daher die Arbeitsteilung gemeinsam neu durchdacht, die Motivation für die schwächeren Glieder verstärkt und im schlimmsten Fall über eine neue Gruppenzusammensetzung nachgedacht werden.

Viele Menschen neigen auch dazu, immer wieder diejenigen Aufgaben zu übernehmen, die sie sowieso schon recht gut beherrschen. Ein wirklicher Lernfortschritt kann dadurch nicht erreicht werden. Man sollte deshalb immer darauf achten, dass in der Gruppe eine entspannte und offene Atmosphäre herrscht, in der es nicht weh tut, eine Aufgabe einmal nicht perfekt gelöst zu haben und dafür Kritik einstecken zu müssen. Die Gruppe sollte den Einzelnen immer dazu motivieren, sich neuen Herausforderungen zu stellen.

Häufig kommt es auch vor, dass man sich sofort entspannt zurücklehnt, sobald man den eigenen Arbeitsauftrag erledigt hat und nun mehr oder weniger unbeteiligt zuhört, wie der Nächste seine Ergebnisse vorträgt. Solch eine Haltung ist jedoch Gift für den Arbeitsprozess in einer Gruppe, da dieser die Impulse und Reaktionen aller Beteiligten benötigt, um am Leben gehalten zu werden.

Tipp

Versuchen Sie unbedingt, Streit innerhalb der Gruppe zu vermeiden. Schaffen Sie eine positive Lernatmosphäre, teilen Sie die Arbeit untereinander auf und motivieren Sie sich gegenseitig.

Diskussionen führen

Regen Sie eine Diskussion zum neuen Lernstoff innerhalb Ihrer Arbeitsgruppe an. Eine Gruppendiskussion kann alle Teilnehmer herausfordern. Sie werden dabei herausfinden, ob Sie den Stoff verstanden haben und können sich einen besseren Gesamtüberblick verschaffen. Außerdem werden Sie Ihrem Wissen neue Aspekte hinzufügen können, da jeder Gruppenteilnehmer die Lerninhalte auf andere Art verarbeitet und somit verschiedene Sichtweisen und Zugangsarten zu einem Thema aufgezeigt werden.

Versuchen Sie, während der Diskussion Ihre Haltung klar und deutlich zu formulieren und auf alle Fälle sachlich zu bleiben. Sehr wichtig ist auch, dass allen Teilnehmern die Möglichkeit gegeben wird, sich an der Diskussion aktiv zu beteiligen. Wortführer könnten das Gespräch sonst an sich reißen und den anderen Teilnehmern der Lerngruppe dadurch das Gefühl vermitteln, dass eine andere Meinung nicht gefragt ist. Gerade das darf aber nicht passieren! Jeder sollte seine Meinung ohne Vorbehalte äußern dürfen. Um diesem Problem vorzubeugen, sollten Sie vor Beginn Ihrer Diskussionsrunde Regeln zur Diskussionsführung aufstellen, z. B.: Jeder muss mindestens ein Mal zu Wort kommen; alle müssen sich kurz fassen und beim abgesprochenen Thema bleiben; alle Meinungen müssen akzeptiert werden. Hilfreich könnte es auch sein, ein Protokoll zu führen, um alle Meinungen festzuhalten und diese auch nach der Diskussion nicht zu vergessen.

Brainstorming

Eine der zumindest namentlich bekanntesten Lernstrategien ist das so genannte „Brainstorming". Es hat – fast als einzige Denktrainingsmethode überhaupt – sogar Eingang in unsere Alltagssprache gefunden. Sobald jemand intensiv über etwas nachdenken möchte oder sich eine Gruppe von Leuten zur Ideenfindung zurückzieht, so wird gleich von „Brainstorming" gesprochen. Die wenigsten wissen aber, wie die Technik des „Gehirnsturmes" wirklich funktioniert. Das Brainstorming wurde in den 1950er-Jahren von dem amerikanischen Werbeprofi Alex F. Osborn (1888–1966) entwickelt und wird bis heute erfolgreich in Unternehmen aller Art eingesetzt. Es basiert zum Teil auf einer alten Technik indischer Hindu-Lehrer namens

„Prai-Barshana" („Prai" bedeutet „außerhalb von dir selbst" und „Barshana" heißt „Frage").

Die Methode des Brainstormings kennt zwei Phasen, die unbedingt getrennt voneinander ablaufen müssen. Es handelt sich um die Phase der Ideenfindung und um die Phase der Kritik. Der Erfinder dieser Lerntechnik ging davon aus, dass bei einer Besprechung, in der jemand eine Idee äußert, eine sofortige Kritik von jemand anderem den Fluss der spontanen Ideen behindern oder sogar zum Versiegen bringen würde. Er meinte, wenn man heißes Wasser (= Ideen) und kaltes Wasser (= Kritik) gleichzeitig durch einen Hahn fließen ließe, so wäre das Ergebnis immer lau.

Brainstorming ist eine spezielle Methode der Ideenfindung in der Gruppe. Alle Teilnehmer setzen sich gemeinsam hin und jeder erhält ausreichend Papier und einen Stift. Es kann aber vorher auch eine Person bestimmt werden, die die Ideen der anderen Teilnehmer protokolliert. Am Anfang wird das Problem präsentiert, dann geht es los. Jeder darf und soll möglichst viele Ideen spontan und ungeordnet äußern. Alles, was gesagt wird, egal ob genial, banal oder scheinbar dumm, wird mitgeschrieben. Im Anschluss daran wird ein Protokoll erstellt, gute Ideen werden von schlechten getrennt, Verbindungen zwischen Ideen und Vorschlägen werden hergestellt. Nun kann das Material auch eine Struktur bekommen, indem Sie die einzelnen Aspekte thematisch anordnen oder in eine Mind-Map (vgl. Kap. 3.6) übertragen. Mithilfe dieser Vorarbeiten lässt sich leicht eine Gliederung erstellen, und dann kann man schon loslegen, sich ein Thema systematisch zu erschließen.

Wenn Sie z. B. eine Hausarbeit über die Besonderheiten der Figuren in den Harry-Potter-Romanen verfassen möchten, versuchen Sie sich zuerst einmal klar zu machen, was diese Helden des 21. Jahrhunderts jeweils Typisches haben und überlegen sich dann, wie sie zueinander in Beziehung stehen. Alles, was den einzelnen Gruppenmitgliedern dazu einfällt, schreiben sie auf kleine Zettel. Diese werden dann in Häufchen zu inhaltlichen Themen angeordnet. Es könnte z. B. Stapel geben, die alles über Hermine, alles über Ron, alles über Harrys Eltern usw. beinhalten. Zum Schluss wird man vielleicht feststellen, dass man die Stapel gruppieren kann, in eine Gruppe „freundliche Personen", eine Gruppe „Feinde", eine Gruppe „Aufgaben und Herausforderungen" usw. Die Figurenkonstellation hat eine Struktur bekommen, über die sich leicht schreiben lässt.

Checkliste: Brainstorming

Im Einzelnen beinhaltet die Methode des Brainstormings vier wichtige Regeln:

- **Kritik ist verboten. Negative Stellungnahmen zu Ideen werden für später zurückgehalten.**
- **Hemmungslosigkeit wird eingefordert: Jeder soll alles äußern, was ihm einfällt, egal wie absurd oder scheinbar unmöglich es klingt.**
- **Quantität geht vor Qualität: Es sollen möglichst viele Ideen geäußert werden. Man soll alles sagen, was einem einfällt.**
- **Kombinationen und Verbesserungen sind in jeder Phase erwünscht: Man darf und soll schon auch die Ideen anderer mit eigenen kombinieren und Vorschläge zur Optimierung machen – nur eben ohne dabei Kritik anzubringen.**

Methode 635

Die Methode 635 ist eine spezielle Form des Brainstormings, die ganz bestimmten Vorgaben folgt. Es sollen sechs Personen je drei Ideen in fünf Minuten entwickeln. Besonderes Augenmerk wird dabei auf das Aufgreifen und Weiterentwickeln von Ideen der anderen Teilnehmer gelegt. Eine Sitzung nach der Methode 635 dauert 40 Minuten. Die Teilnehmer sitzen dabei am besten um einen Tisch. Der genaue Ablauf richtet sich nach folgenden Punkten:

a) Ideenfindung

- Jeder Teilnehmer bekommt ein leeres Blatt Papier, auf dem er sich nun eine Blattnummer und die Namen der Beteiligten notiert.
- Das Thema wird vom Gruppenleiter kurz definiert. Diese Definition notieren sich ebenfalls alle Teilnehmer auf ihr nummeriertes Blatt.
- Nun notiert sich jeder drei Ideen zum Thema. Diese Etappe sollte innerhalb von ca. fünf Minuten abgeschlossen sein.
- Nach Ablauf dieser Zeit wird der Notizzettel an den rechts sitzenden Tischnachbarn weitergereicht.
- Nun hat jeder das Formular eines anderen Teilnehmers vor sich. Auf diesem befinden sich bereits drei Lösungsideen bzw. -ansätze. Nun muss jeder, wiederum innerhalb von fünf Minuten, drei weitere Ideen auf den Zettel schreiben. Diese können die darüber stehenden Notizen ergänzen, dürfen aber auch eigene, ganz neue Ideen sein, die mit den darüber stehenden nichts zu tun haben.
- Nach fünf Minuten werden die Zettel wiederum einen Sitzplatz weitergereicht. Das geht so lange, bis jeder Teilnehmer jeden Zettel einmal vor sich hatte.

b) Bewertung

Mithilfe der ausgefüllten Formulare lässt sich nun eine Gruppenbewertung der Ideen anschließen. Bis zu diesem Zeitpunkt ist – genau wie beim Brainstorming – jede Kritik untersagt. Die Bewertungsphase läuft folgendermaßen ab:

- Die Zettel oder Formulare werden noch einmal reihum gereicht.
- Nun hat jeder die Aufgabe, auf jedem Zettel drei Ideen oder Vorschläge anzukreuzen, die er selbst für die besten hält. Man kann dabei natürlich auch Ideen ankreuzen, die schon ein anderer vor einem angekreuzt hat. So bekommt jeder Zettel am Ende jeweils 18 Bewertungskreuze. Der Leiter der Sitzung präsentiert schließlich jene Ideen, die am meisten

Kreuze erhalten haben! So bekommt man einen ersten Überblick über die Ideen, die von den meisten Anwesenden für gut und zielführend befunden wurden. Darüber hinaus kann man anschließend über diese Vorschläge in der Gruppe diskutieren.

Die Methode 635 bringt sehr effektive Ergebnisse in verhältnismäßig kurzer Zeit. Natürlich kann man sie, je nach Notwendigkeit, auch variieren, etwa als 734, 375 oder 922 Methode.

Tipp

Man kann aber auch auf einen gemeinsamen Ideenpool zurückgreifen: Sollten einzelne Teilnehmer in den fünf Minuten mehr als drei Ideen haben, müssen sie nicht auf das nächste Formular warten, sondern können ihre überschüssigen Ideen auf ein leeres Blatt notieren. Diese Blätter sollten in der Mitte des Tisches liegen. Teilnehmer, die gerade eine kleine Denkblockade haben, dürfen sich aus diesem Ideenpool bedienen und sich so zu weiteren eigenen Ideen anregen lassen. Die genauen Regeln für dieses Nebenverfahren sollten vorher in der Gruppe ausgemacht werden. Es darf nie vergessen werden, dass das gemeinsame Ergebnis im Vordergrund steht und nicht die kreative Einzelleistung eines Teilnehmers.

Übung 24:

Sie können die Methode 635 auch alleine anwenden und trainieren. Bereiten Sie dazu mehrere (z. B. drei) Formulare vor. Überlegen Sie sich drei Lösungsmöglichkeiten zu einem bestimmten Problem und schreiben Sie diese auf das erste Formular. Nach 5 Minuten nehmen Sie ein neues Blatt und tragen wieder drei Ideen ein. Nach dem dritten Formular nehmen Sie wieder das erste und lassen sich von den eigenen früheren Ideen zu neuen inspirieren, die Sie anschließend darunterschreiben. Alternativ können Sie sich auch zwei verschiedene

Probleme stellen und Formulare mit Problem A und Problem B abwechseln. Dieses Wechseln von Thema zu Thema wird Ihre Kreativität ebenfalls ankurbeln!

Brainwriting

Das Brainwriting oder der so genannte „Brainwriting-Pool" ist eine weitere schriftliche Form des Brainstorming. Brainwriting ist etwas ungeordneter und spontaner als die Methode 635, kann aber ebenso kreative Lösungen für die gestellte Aufgabe einbringen: Vier bis acht Personen setzen sich dazu um einen Tisch, auf dem einzelne Blätter Papier und Schreibutensilien liegen. Der Gruppenleiter stellt das Problem vor und legt ein oder zwei Blätter in die Mitte des Tisches, auf denen schon ein paar mögliche Lösungsansätze notiert sind. Jeder Teilnehmer nimmt nun ein leeres Blatt Papier und notiert seine eigenen Ideen zur Problemlösung, ohne dass eine bestimmte Zeit dafür vorgegeben ist. Wenn jemandem nichts mehr einfällt, legt er sein Blatt in die Mitte des Tisches und nimmt ein anderes, bereits beschriebenes heraus und lässt sich von dem dort Geschriebenen zu weiteren Ideen anregen.

Kreativitätsspiele

Bei der Arbeit in einer Lerngruppe kann es schnell passieren, dass man keine neuen Aspekte zu einem bestimmten Sachverhalt mehr findet und auf der Stelle tritt. Um den Kopf für neue Ideen frei zu bekommen, können Kreativitätsspiele hilfreich sein. Sie müssen nur aufpassen, dass die Spiele nicht, weil sie so viel Spaß machen, zu viel der Zeit beanspruchen.

Tipp

Am besten legt man eine bestimmte Zeitspanne, z. B. eine halbe Stunde, fest, in der Spiele zur Kreativitätsförderung gemacht werden dürfen. Ist die Stoppuhr abgelaufen, wird sofort aufgehört.

Übung 25:

Eine beliebte Methode zur Kreativitätsförderung oder auch nur zur geistigen Auflockerung in der Gruppe ist die Technik des Kissen- oder Ballzuwerfens. Sie wird v. a. dann genutzt, wenn sich Blockaden aufgebaut und die Teilnehmer ihre Lockerheit verloren haben. Die Gruppe stellt sich im Kreis auf. Zuerst wird definiert, worum es geht, z. B.: „Was brauche ich für eine Urlaubsreise?“ Nun wird ein Kissen genommen und ein Spieler wirft es einem anderen Spieler zu. Werfen Sie das Kissen aber nicht reihum, sonst geht der Überraschungseffekt verloren, durch den ja gerade die Kreativität angekurbelt werden soll. Wer das Kissen auffängt, muss etwas sagen, das zum Thema passt und keine Wiederholung früherer Anmerkungen darstellt. Anschließend wirft er das Kissen weiter. Antäuschen und Verzögern hilft, alle in einer angeregten Spannung zu halten.

Tipp

Eine besonders anregende Variante kommt dadurch zustande, dass der jeweilige Fänger an einen bestimmten Satz ein Wort anfügen muss, sodass schließlich eine möglichst sinnvolle Geschichte herauskommt.

Übung 26:

Dieses Spiel sorgt dafür, dass für kurze Zeit vom Lernstoff abgelenkt wird. Gleichzeitig wird der Geist auf sanfte Weise gefordert. Alle stellen sich reihum auf oder setzen sich in einen Kreis. Jemand sagt eine Farbe. Sein rechter Nachbar muss nun alle möglichen Dinge nennen, die diese Farbe haben. Ab hier kann man verschiedene Spielregeln variieren:

- Der Spieler sagt alle möglichen Dinge, die ihm einfallen. Gerät er ins Stocken, sagt er „Weiter!“, und der nächste Spieler rechts von ihm muss übernehmen, bis niemandem mehr etwas Neues einfällt.

- Der Spieler sagt zehn Dinge (oder hat 30 Sekunden Zeit), bevor der Spielleiter „Weiter!" sagt.
- Der Spieler assoziiert, solange er kann, und sagt dann statt „Weiter!" eine neue Farbe.
- Man kann auch ein Spiel mit Punktevergabe daraus machen (pro genannten Gegenstand gibt es einen Punkt), aber in erster Linie geht es um das laute Assoziieren.

Übung 27:

Eine weitere beliebte Übung ist das Wortkettenspiel. Auch damit kann eine Gruppenarbeit unterbrochen werden, wenn sie einmal stockt. Der Effekt ist wie bei einer Auflockerungsübung beim Sport. Die bisher intensiv genutzten Muskelgruppen haben Pause bzw. werden nur noch spielerisch leicht beansprucht.

Hier geht es darum, aus dem Ende des vorherigen Wortes den Beginn eines neuen Wortes zu kreieren. Auch dabei gibt es Variationsmöglichkeiten. Man kann das Spiel mit einzelnen Buchstaben oder mit ganzen Wörtern spielen.

Beispiele:

Buchstaben: *SonnE, EseL, LiegestuhL, LampE, ErzürnT, TauB ...*

Wörter: *Seilbahn, Bahnhof, Hofbeamter, Beamtenpension, Pensionsschock ...*

Richtig schwierig und kreativ wird dieses Spiel aber erst, wenn die Wortkette zu einem bestimmten Thema gebaut werden muss!

Beispiele:

a) Schule: *Tafel, Lehrer, Rektor, Rechnen, Naturkunde, Erdkunde, Eins, Sitzbank ...*

b) Urlaub: *Meeresstrand, Strandburg, Burgbesichtigung, Besichtigungstour, Tourbus, Busreise ...*

Checkliste: Lerngruppe

- Öffnen Sie sich dem Gedanken, mit anderen zusammenzuarbeiten. Bei vielen Arbeitsprozessen wird dadurch der Erfolg gesteigert.
- Bereiten Sie sich gut auf die Gruppe vor. Arbeitsteiliges Zusammentragen und gemeinsames Verarbeiten und Analysieren ist Zeit sparend.
- Definieren Sie das Gruppenziel von vornherein klar und deutlich.
- Versuchen Sie eine ausgewogene Gruppe zu schaffen.
- Analysieren Sie ab und zu das Gruppengeschehen.
- Istzustand-Abfrage und Arbeitsplanbesprechung sind motivationsfördernd.
- Nutzen Sie spezielle Lerntechniken für die Gruppenarbeit: geordnete Diskussionsrunden, Brainstorming, Methode 635, Brainwriting, Kreativitätsspiele.

Aktives und „passives“ Lernen

Streng genommen ist Lernen natürlich immer ein aktiver Vorgang – egal, ob allein oder in der Gruppe, mithilfe von ausgeklügelten Techniken oder durch pures Büffeln. Immer werden Daten im Gehirn gespeichert. Trotzdem kann man formal zwischen aktivem und passivem Lernen unterscheiden. Es ist nämlich durchaus ein Unterschied, ob Sie mit Ihrem Lernstoff aktiv umgehen, ihn strukturieren, in größere Zusammenhänge einordnen und aus verschiedenen Perspektiven betrachten, um ihn sich so einzuprägen und ihn zu verstehen. Oder ob Sie passiven Methoden wie dem „Superlearning“ den Vorrang geben, die Sie bei einem Höchstmaß an Entspannung dazu befähigen, die Dinge gewissermaßen „nebenbei“ aufzunehmen.

Aktives Lernen

Fast jeder hat schon einmal die Situation erlebt, dass er für ein Referat gebüffelt, seitenweise Notizen angefertigt und am

Tag X vor der Gruppe der Zuhörer gestanden hat und am liebsten vor Scham im Boden versunken wäre: Es kam ihm einfach nichts über die Lippen. Der Vortrag geriet immer wieder ins Stocken, die Übergänge fehlten, ständig musste er auf seine Notizen schauen, um den Faden wiederzufinden. Aus diesem Grund sollten Sie Ihren Vortrag gezielt üben! Am besten Sie erzählen schon während der Vorbereitungsphase einem guten Freund, was Sie bisher geplant haben, vor Publikum zu sagen. Nur dann merken Sie, ob Sie zur Veranschaulichung der Zusammenhänge ein Modell basteln, die wichtigsten Punkte auf eine ganz bestimmte Art grafisch darstellen oder einfach nur langsamer sprechen müssen. Bei solchen „Proben" können die noch ganz frischen Inhalte in Ihrem Kopf Vernetzungen finden, die im Ernstfall jederzeit abrufbar sind. Idealerweise stellt Ihr Gegenüber Ihnen auch Fragen und hakt an bestimmten Punkten nach. Die Antworten, die Sie darauf finden müssen, produzieren wiederum neue Verbindungen zwischen den gelernten Inhalten. Dabei werden Lücken gefüllt.

Übung 28:
Lesen Sie folgenden Text und versuchen Sie sich nach dem ersten Lesen so detailgetreu wie möglich zu erinnern. Verdeutlichen Sie sich dabei v. a. die Zusammenhänge. Notieren Sie sich das Ergebnis. Versuchen Sie anschließend einer anderen Person den Textzusammenhang zu schildern. Überlegen Sie danach, welche Vorgehensweise für Sie effektiver war. Wann haben Sie mehr Einzelheiten in den Gesamtzusammenhang eingebracht, bei der einsamen Niederschrift oder bei der Schilderung vor „Publikum"?

Die Goldenen Zwanziger
Ein sehr wichtiger Faktor war die Politik von Außenminister *Gustav Stresemann.* Ihm gelang es, Deutschland aus der Isolation zu befreien, in die das Land nach dem 1. Weltkrieg geraten war. Mit Russland unterschrieb er 1922 beispielsweise den

Rapallovertrag, in dem sich beide Seiten zum gegenseitigen Schuldverzicht und zur Wiederaufnahme von Handelsbeziehungen bereit erklärten. Mit den *Verträgen von Locarno* wurden die Beziehungen zu Frankreich verbessert. Ein weiterer wichtiger Faktor war der 1924 angenommene *Dawesplan.* Er regulierte die im *Versailler Vertrag* festgelegten Reparationszahlungen und folgte dabei dem Grundsatz, dass sich Deutschland zuerst wirtschaftlich stabilisieren sollte, bevor weitere Reparationen zu leisten seien. Diese politischen Faktoren waren Grundvoraussetzung dafür, dass sich Deutschland wieder in das europäische Leben eingliedern konnte.
Mit dem Dawesplan wurden Deutschland auch Auslandskredite in Millionenhöhe gewährt. Mit der Währungsreform und der Einführung der Rentenmark wurde die Geldentwertung gestoppt. 1924 wurde schließlich die *Reichsmark* eingeführt. Durch diese Maßnahmen, insbesondere durch die Kredite, wurden wieder Investitionen in die Industrie möglich. Die *Wirtschaft* wurde angekurbelt und blühte auf. Es begann der Siegeszug des Automobils. Zeitgleich wurde die erste *Autobahn* von Köln nach Bonn gebaut. In sämtlichen Bereichen der Industrie wurden Modernisierungen vorgenommen, so wurde nun in vielen Betrieben am *Fließband* gearbeitet. Dies wiederum ermöglichte *Massenproduktion* zu niedrigen Preisen. Gleichzeitig entstanden neue Industriezweige und die alten blühten durch bessere Qualität auf. *Rundfunk und Telefon* gewannen immer mehr an Bedeutung. [...] Ab 1924 stiegen die Einkommen und damit die *Kaufkraft.* Ab 1924 setzte auch die staatliche Fürsorge ein. *Gesundheits-* und *Arbeitslosenversicherung* wurden eingeführt. Die Arbeitsbedingungen wurden immer mehr an die Bedürfnisse der Arbeiter angepasst. So wurde der 8-Stunden-Tag eingeführt und ab 1927 gab es sogar Überstundenzuschläge. Des Weiteren verbesserte sich die Lebensqualität der meisten Menschen. Es wurden kleinere, günstigere Wohnungen mit einer besseren Wohnaufteilung gebaut.

(Text entnommen aus: Hillenbrand, Mike: Die Bausteine des Wissens. Allgemeinbildung Geschichte & Politik. Von der Vorzeit bis zur Gegenwart. 2002 Compact Verlag München, S. 338–339.)

a) Emotionales Lernen

Wer sich dabei ertappt, irgendetwas noch immer nicht zu wissen, obwohl er es schon zigmal in den Fingern hatte, der hat sicher mit Wut oder Enttäuschung zu kämpfen. Lassen Sie Ihren Emotionen freien Lauf und machen Sie Ihre Verzweiflung an genau dem Inhalt fest, der nicht in Ihren Kopf will. Die emotionale Aufladung des Lernstoffes an dieser Stelle wird Ihnen dazu verhelfen, dass Sie sich in Zukunft daran erinnern, denn die Emotionalisierung des Lernens ist eine Methode, die das Erinnerungsvermögen deutlich steigert. Zudem verhindern Gefühle im Lernprozess auch Eintönigkeit und Langeweile.

Wenn Ihr Freund (der sich den geprobten Vortrag anhören musste) schon gegangen ist, könnte etwa die Person auf einem Bild an der Wand diejenige sein, die Ihrem Gefühlsausbruch standhält. Malen Sie sich ein sympathisches Gesicht, das Ihnen geduldig, freundlich und ausdauernd zuhört und auch nicht böse wird, wenn Sie mal ausrasten. Schreien Sie es an, wenn es sein muss, flüstern Sie ihm die Neuigkeiten ins Ohr, dozieren Sie, lächeln Sie es bei Ihrem Vortrag an. Es wird Ihnen verzeihen und Sie es ihm danken, wenn Sie sich nach diesem gefühlvollen Intermezzo an sämtliche Einzelheiten erinnern, weil Sie mit Haut und Haaren dabei waren.

Tipp

Emotionalisieren Sie Ihren Lernstoff. Gerade besonders trockene Fakten, die sich schwer einprägen, werden Sie auf diese Weise nicht so schnell wieder vergessen.

b) Assoziationen zulassen

Finden Sie eine Verbindung des Lernstoffs mit Ihrer Lebenswelt, wann immer es möglich ist. Neue Inhalte aus einem anonymen Buch im eigenen Wissensfundus zu verankern, kann einen schon auf die Probe stellen. Warum z. B. sollte ich mich dafür interessieren, wie die Grubenschächte in Kohlebergwerken im Rheinland gebaut wurden? Wer das Glück hat, dass der eigene Großvater Minenarbeiter war und täglich durch solche dunklen Gänge gehen musste, der wird sich leichter tun.

Die Verknüpfung mit persönlichen Erfahrungen macht den Stoff lebendig und wesentlich besser erinnerbar. Lesen Sie also nicht einfach eine Seite von oben bis unten, sondern erwecken Sie sie zum Leben, indem Sie sie mit bekannten Menschen bevölkern, in Gegenden versetzen, die Sie kennen usw.

Tipp

Überlegen Sie sich bei abstrakten Inhalten möglichst anschauliche Beispiele. So wird der Stoff lebendiger und gerät nicht wieder in Vergessenheit.

Checkliste: aktives Lernen

- Sie sollten den neuen Stoff so bald wie möglich jemandem erzählen, darstellen oder erklären.
- Lassen Sie alle Gefühle zu, die beim Lernen entstehen.
- Versuchen Sie, Verknüpfungen zum eigenen Leben zu finden.

„Passives“ Lernen – die Methode des Superlearning

Die Lernforschung hat herausgefunden, dass man neue Informationen und Inhalte in einer entspannten und von Wohlgefühl geprägten Umgebung am besten in seinem Gedächtnis verarbeiten und verankern kann. Darüber hinaus können im

Zustand vollständiger körperlicher und geistiger Entspannung bestehende Lernhemmungen und Einstiegsschwierigkeiten wesentlich leichter überwunden werden.

Sie sollten also in Zukunft dafür Sorge tragen, dass Sie die geistige Arbeit so entspannt wie möglich angehen und das Lernen als einen angenehmen, selbst gewählten Prozess wahrnehmen. Dabei helfen können Ihnen neben allgemeinen Entspannungsübungen u. a. auch das Autogene Training und die Progressive Muskelentspannung. Nähere Informationen und praktische Übungen hierzu haben Sie ja bereits in Kapitel 1.6 kennen gelernt. Natürlich spielt auch die Raumgestaltung beim passiven Lernen eine immens wichtige Rolle. Denn nur wenn der Ort des Lernens positive Energien erzeugt, kann entspannt und völlig ohne Angst gelernt werden. Achten Sie auf Lichtquellen, Farbgebung, Raumtemperatur, Pflanzen und die Anordnung der Möbel am Lernort.

Tipp

Wenn Sie das Gefühl haben, sich an Ihrem derzeitigen Arbeits- bzw. Lernplatz nicht wohl zu fühlen, können Sie nochmals die in Kapitel 1.2 erläuterten Hinweise zur optimalen Raumgestaltung nachlesen.

Eine Methode, die eine entspannte Lernumgebung gezielt einsetzt, um eine optimistische Einstellung der Schüler bzw. Studenten zu erzeugen und damit die Lernergebnisse stressfrei zu verbessern, ist das so genannte „Superlearning". Inhalte werden hierbei v. a. suggestiv aufgenommen.

In den 60er-Jahren untersuchte der bulgarische Psychiater und Arzt Georgi Lozanov Personen mit überdurchschnittlichen kognitiven Fähigkeiten. Genau gesagt, ging er dem Phänomen auf den Grund, warum einige Menschen innerhalb kurzer Zeit etwas ganz Neues, wie z. B. eine Sprache, besonders schnell und präzise erlernen können, während andere sich damit schwer tun und länger brauchen. Er entwickelte so genannte suggestive Lerntechniken.

Die Psychologie versteht unter „Suggestion“ die gezielte Beeinflussung des Fühlens, Denkens und Handelns. Oft wird dies als negativ empfunden, denn es besteht die Befürchtung, dass Dinge und Sachverhalte nicht mehr bewusst kontrollierbar sind. Das stimmt jedoch nicht. Superlearning als suggestive Lerntechnik schaltet vielmehr die Blockaden aus, die im Unbewussten das Aufnehmen des Lernstoffs verhindern. Superlearning läuft in drei Phasen ab.

1. Entspannungsphase: Körper und Geist sollen sich entspannen. In dieser Phase nüssen die Lernenden mittels Konzentrations- und Entspannungsübungen in den so genannten „Alphazustand“ gelangen. In diesem Zustand herrscht eine optimale Lernbereitschaft, da die Gedanken ruhig und in geordneten Bahnen fließen.

2. Lernphase: Nun wird der Lernstoff von einem Lehrer langsam und ruhig vorgetragen. Sollten Sie keinen Lehrer oder Partner haben, der Ihnen die Lerninhalte vorspricht, können Sie diese für das Selbststudium auf einen Tonträger aufnehmen. Sprechen Sie Vokabeln, mathematische Formeln, geschichtliche Daten oder auch ein ganzes Referat auf eine Kassette oder ein Diktiergerät und hören Sie sich die Inhalte in entspannter Umgebung an. Sie sollten am besten zwei Durchgänge von je 15–25 Minuten für den Stoff einplanen: In der ersten Runde lesen Sie den Text oder die Formeln selbst mit, in der zweiten schließen Sie die Augen und hören dem Vortrag konzentriert zu. Stellen Sie sich dabei den Text, die Vokabeln oder die Daten in geschriebener Form vor Ihrem geistigen Auge vor. Nach diesen zwei Durchgängen sollten Sie eine längere Pause einlegen und sich, wenn möglich, körperlich betätigen, z. B. gemeinsam mit den anderen Mitgliedern der Lerngruppe ein kleines Ballspiel spielen, sich dehnen oder einen kurzen Spaziergang machen. Erst danach beginnen Sie mit der dritten Phase des Superlearning – der Aktivierungsphase.

Tipp

Auch wenn die Wirkung von Musik in Lernprozessen durchaus umstritten ist, können beim Superlearning Klassik- und Barockkonzerte oder auch New-Age-Musik gezielt zur Steigerung des Wohlbefindens eingesetzt werden. Dazu sollte die Musik leise im Hintergrund abgespielt werden und rhythmisch mit dem Vortrag des Lernstoffes in Einklang stehen. Dadurch entsteht so etwas wie ein „Lernkonzert", das alle Ihre Sinne ansprechen wird.

Diese Form der Informationsvermittlung setzt also gezielt auf die Erzeugung positiver Gefühle, die dem Lernenden helfen, Wissen leicht und dauerhaft aufzunehmen und das Gelernte in guter Erinnerung zu behalten.

Tipp

Zur Lernphase gehört streng genommen auch die abendliche Wiederholung. So können Sie den Text vor dem Zu-Bett-Gehen erneut überfliegen oder Sie hören sich in der Einschlafphase eine während des Tages durchgearbeitete Lektion noch einmal liegend und mit geschlossenen Augen an.

3. Aktivierungsphase: In dieser dritten Phase wird das Gelernte aktiv angewendet und eingeübt. Erst dadurch wird der Lernstoff vom passiven ins aktive Gedächtnis übertragen und somit dauerhaft abgespeichert. Eine solche Übung zur Aktivierung des aufgenommenen Lernstoffs könnte es beispielsweise sein, aus den soeben gelernten Vokabeln kurze Sätze zu bilden. Oder Sie setzen Zahlen in die einstudierten Matheformeln ein und rechnen die Ergebnisse im Kopf oder auf dem Papier aus.

Festzuhalten bleibt, dass man sich beim Superlearning keinesfalls in eine Art Trancezustand versetzt, irgendwann wieder erwacht und dann die gewünschten Informationen gespeichert und verinnerlicht hat. Der Unterschied zu herkömmlichen Lernmethoden ist dennoch klar erkennbar: Die angenehme Umgebung, die guten Gefühle und ein Höchstmaß an Entspannung sorgen dafür, dass alle Ebenen des menschlichen Bewusstseins in den Lernprozess einbezogen sind und das Lernen dadurch zu einer natürlichen, fast spielerischen Handlung wird.

Checkliste: passives Lernen

- Sorgen Sie für eine entspannte Lernumgebung, da es Ihnen dann leichter fallen wird, Lernstoff aufzunehmen und zu verarbeiten.
- Nutzen Sie Entspannungsübungen um den Alphazustand zu erreichen.
- Erstellen Sie sich Ihr persönliches „Lernkonzert".
- Wiederholen Sie den Lernstoff durch Überfliegen des Textes oder durch Anhören des Lernstoffs in der Einschlafphase.
- Überführen Sie den passiv gelernten Stoff durch Übung und Anwendung in Ihr aktives Gedächtnis.

Laut oder leise lernen?

Es ist ratsam, die Dinge immer so zu lernen wie man sie später anwenden muss. Wenn Sie etwas schriftlich wiedergeben müssen, sollten Sie die Inhalte, die Ihnen neu sind, auch schriftlich festhalten. Dabei können Sie ebenso gut Notizen machen, Skizzen zeichnen, eine Mind-Map anfertigen o. Ä. Müssen Sie dagegen einen Vortrag halten, dann sollten Sie auch beim Lernen schon laut sprechen. Der Vortrag simuliert die Zielsituation, und Sie können im Ernstfall das so trainierte Wissen automatisch abspulen. Generell kann lautes Sprechen beim Lernen die spätere Erinnerung erleichtern, weil Sie nicht nur die Augen, sondern auch die Ohren als Sinnesorgane am Lernprozess beteiligen. Je mehr Sinne Sie einschalten, desto besser ist neues Wissen später abrufbar (vgl. Kap. 2.4).

Checkliste: lautes und leises Lernen

- Leises Lernen eignet sich für die schriftliche Wiedergabe zu einem späteren Zeitpunkt.
- Lautes Lernen bietet sich dann an, wenn der Stoff später auch mündlich gebraucht wird (Vortrag, Diskussion usw.).

Pausen einplanen

Wenn Sie Ihre Arbeitsplanung an Ihrer biologischen Leistungskurve orientieren, werden Sie Ihre Produktivität erheblich steigern (vgl. Kap. 1.4). Zu langes intensives Arbeiten macht sich nicht bezahlt, da Konzentration und Leistungsfähigkeit nachlassen und sich Fehler einschleichen. Betrachten Sie Pausen nicht als Zeitverschwendung, sondern als erholsames Auftanken von Energie. Um so lange wie möglich bei der Sache bleiben zu können, sollte man zwischendurch mehrere Ein-Minuten-Pausen einlegen. Bei kurzen Lernblöcken von 10 bis 40 Minuten ist der Leistungsabfall minimal. Nach einem Lernblock, also nach ca. 30–45 Minuten, ist eine Pause von mindestens fünf Minuten nötig. Wenn unser Kopf zwei Stunden gearbeitet hat, dann braucht er eine ganze Stunde oder mehr, um sich vollständig zu erholen.

Als Pausenfüller eignen sich Beschäftigungen, die ganz anderer Art sind als die Konzentrationsarbeit unseres Gehirns. Man kann z. B. beim Blumengießen den Geist baumeln lassen, sich durch Musikhören in positive Stimmung versetzen, und auch Gymnastik ist eine gute Abwechslung. Sie versorgt unser Gehirn wieder mit Sauerstoff. Noch besser leistet das ein kurzer Spaziergang an der frischen Luft. Natürlich ist auch jede Entspannungsübung geeignet, um sich kurz zu erholen. Schließen Sie Ihre Augen, lassen Sie die Arme baumeln, setzen Sie sich aufrecht hin und atmen Sie tief ein und aus.
Je stärker sich die Beschäftigung, der Sie in der Pause nachgehen, von Ihrer eigentlichen Arbeit unterscheidet, desto besser kann sich Ihr Gehirn danach wieder dem Lernstoff widmen und neue Inhalte aufnehmen und verarbeiten.

Checkliste: Pausen

- Bilden Sie kurze Lernblöcke, um sich nicht zu überfordern.
- Legen Sie nach 30–45 Minuten mindestens fünf Minuten Pause ein.
- Nach zwei Stunden geistiger Arbeit ist eine Unterbrechung von einer Stunde oder mehr anzuraten.
- Machen Sie in Ihren Pausen Entspannungsübungen oder abwechslungsreiche Beschäftigungen zur Erholung.

Checklisten als Planungshilfe

Um einen Lernprozess bewusst zu gestalten, können Checklisten sehr hilfreich sein. Insbesondere dann, wenn Sie viel Lernmaterial zu bewältigen haben und sich Ihr Arbeitsprozess über einen längeren Zeitraum erstrecken soll, wenn Sie allgemein unter hoher Arbeitsbelastung stehen oder wenn Sie insgesamt kein Profi in Sachen Zeiteinteilung sind. Nach einer gewissen Zeit wird sich Ihre Arbeitsweise auf routiniertes und systematisches Arbeiten eingestellt haben und Sie können mehr und mehr darauf verzichten, solche Hilfsmittel als Orientierungshilfen zu verwenden. Probieren Sie es einfach aus!

In einer Checkliste ist jeder geplante Arbeitsschritt festgehalten. Außerdem notiert man sich, welche Verfahrensweise man jeweils wählt und welche Hilfsmittel dazu nötig sind. Auch die genaue Zeiteinteilung wird festgehalten. Dabei sollten Sie Ihren individuellen Rhythmus berücksichtigen und nicht vergessen, Pausen zur Entspannung einzuplanen.

Sobald Sie die nötigen Hilfsmittel auf Ihrer Liste festgehalten haben, sollten Sie überprüfen, ob Sie die entsprechenden Materialien auch tatsächlich im Haus haben, nicht dass ein fehlender Textmarker am Ende daran schuld ist, dass Sie Ihren Zeitplan nicht einhalten konnten.
Machen Sie sich vor dem eigentlichen Lernbeginn erneut Gedanken, welche Hilfsmittel Sie brauchen werden und vermeiden Sie, dass Sie durch die Beschaffung zum aktuellen Zeitpunkt in Ihrer Konzentration gestört werden.

Tipp

Checklisten sind nicht nur hilfreich, wenn Sie Ihre Lernphasen organisieren wollen. Auch im Alltag können Sie eine Unterstützung sein, z. B. wenn Sie viele Termine oder Erledigungen an einem Tag unter einen Hut bringen müssen.

Die erstellten Checklisten werden Ihnen helfen, Ihren Lernprozess organisatorisch und inhaltlich zu strukturieren. Damit können Sie die Entstehung von Zeit und Nerven raubendem Chaos in Ihrem Gehirn vermeiden und das Lernen so wesentlich effektiver gestalten. Nachfolgend finden Sie ein Beispiel für eine Checkliste, mit deren Hilfe die Bearbeitung eines Textes organisiert werden soll.

Arbeitsschritte/ Verfahrensweise	Lesen	Absätze markieren	Stichwörter heraussuchen	mündliche Zusammenfassung
Hilfsmittel	Text, Notizzettel, Wörterbuch	Textmarker	Textmarker, Karteikarten	Karteikarten
Zeitplan	ca. 15 Minuten	während des Lesens	10–15 Minuten	5–8 Minuten
Pausen	keine	keine	5 Minuten	keine
Ergebnis	ok	Absätze markiert	15 Stichwörter	ok

Nachdem Sie die vorangehenden Abschnitte durchgearbeitet haben, sollten Sie wissen, wie Sie die bevorstehenden Lernprozesse je nach thematischer Ausrichtung am besten organisieren. Auch beherrschen Sie nun schon einige Lerntechniken, die Ihnen das Lernen enorm erleichtern können.
Ausreichend lange Pausen zum richtigen Zeitpunkt sind wichtig, um die Konzentration aufrecht zu erhalten. Lerngruppen können durch Austausch und Diskussionen mit anderen eine Bereicherung sein und neue Erkenntnisse vermitteln. Aktives und emotionales Lernen festigt die neuen Inhalte im Gehirn. Durch Superlearning finden Sie die nötige Ruhe, um wirklich aufnahmebereit zu sein. Wenn Sie sich bemühen, einige dieser Techniken anzuwenden, wird Ihnen das Lernen schon bald sehr viel leichter fallen.

Lernen durch aktive Unterrichtsbeteiligung

Eigentlich liegt es auf der Hand: Sich aktiv am Unterrichtsgeschehen zu beteiligen, bringt viele Vorteile. Meistens wird nämlich aktive Mitarbeit auch gut benotet. Es wird belohnt, wenn man qualifizierte Antworten auf die Fragen des Lehrers gibt und aufmerksam zuhört. Doch nicht nur dieser gewissermaßen „materielle Lohn" macht rege Mitarbeit zu einer effektiven Lernstrategie. Die aufmerksame Beteiligung am Unterrichtsgeschehen dient sowohl der Wissenserweiterung als auch der kritischen Auseinandersetzung mit diesen neuen Informationen. Sie sollten sich dabei immer wieder vor Augen halten, dass das Lernen ein aktiver Prozess ist, den Sie mitgestalten müssen, um neue Informationen zu gewinnen und zu verarbeiten. Und das gilt nicht nur in der Schule. Überall haben Sie die Gelegenheit, sich durch aktive Teilnahme Wissen anzueignen: bei einer Stadtführung, bei einem Vortrag der Volkshochschule, in einem Museum. Scheuen Sie sich daher nicht, immer wieder Fragen zu stellen oder Ihre Meinung kundzutun. Haben Sie keine Angst, sich durch Unwissenheit zu blamieren. Nutzen Sie lieber die Chance, Wissenslücken an allen erdenklichen Orten zu schließen.

Ein Beispiel: Sie sind Kunststudent und pauken gerade die Unterschiede verschiedener Malereistile. Sie haben Vorlesungen gehört und Bücher gewälzt. Nun gehen Sie in das örtliche Museum, wo Sie nicht nur ein paar Studienobjekte intensiv betrachten, sondern auch dem Personal Fragen stellen können. Dort wird man Ihnen – mit etwas Glück auf sehr lebendige Art – Informationen geben, die Sie in dieser Form noch nicht gehört haben bzw. die sich auf diese Weise festsetzen. Vielleicht können Sie dort eine Frage stellen, die in der Vorlesung bisher unbeantwortet blieb. Erinnern Sie sich immer an den Ausspruch: Es gibt keine dummen Fragen! Außerdem fördert die aktive Mitarbeit Ihre Konzentration. Sie verhindert, dass Ihre Gedanken bei einer längeren Seminarsitzung mit sehr abstraktem Inhalt abschweifen.

Tipp

Beteiligen Sie sich so oft wie möglich aktiv am Unterrichtsgeschehen, so erhalten Sie ein Feedback und können besser einschätzen, ob Sie die Zusammenhänge des Lernstoffs verstanden haben.

Obwohl die Vorteile förmlich auf der Hand liegen, fällt es trotzdem den meisten Menschen schwer, sich aktiv am Unterrichtsgeschehen zu beteiligen. Falsche Zurückhaltung und eine innere Abwehr gegen den Lernstoff , der einem nicht interessant genug erscheint, sind die häufigsten Gründe. Um die Schüchternheit zu überwinden und eine andere Einstellung zum Unterricht zu bekommen, ist die TQ3L-Methode entwickelt worden.

Die TQ3L-Methode

In erster Linie ist diese Arbeitsmethode für Schüler gedacht, die nicht gern zur Schule gehen und sich normalerweise wenig am Unterricht beteiligen. Allerdings können auch Erwachsene von dieser Anleitung zur gezielten Unterrichtsbeteiligung profitieren, da sie z. T. mit denselben Problemen zu kämpfen haben wie manch unmotivierter Jugendliche – nämlich dann, wenn sie an der Uni oder bei der beruflichen Fortbildung neben ihren eigentlichen Interessensgebieten Fächer wählen müssen, die ihnen weniger liegen.

Wenn Sie also das nächste Mal merken, dass Sie in Ihrem ungeliebten Nebenfach schon wieder beteiligungslos im Stuhl lümmeln, dann rufen Sie sich die folgenden Punkte ins Gedächtnis.

- *Tune-In:* Die englische Vokabel wird z. B. genutzt, wenn man ein Radio einschaltet. Diese lässt sich einfach übertragen, sodass Sie sagen können: Ich schalte mich jetzt ein, aktiviere meinen Geist und bin bereit für das kommende Thema. Ganz wichtig dabei ist es, eine positive Einstellung gegenüber dem Unterrichtsstoff aufzubauen. Versuchen Sie, irgendetwas Positives an dem Thema zu finden, worauf Sie sich freuen können.

- *Question:* Sie sollten sich schon im Vorfeld der Unterrichtsstunde Fragen ausdenken, die zum bevorstehenden Thema passen. So geht man nicht nur besser vorbereitet in den Unterricht, sondern es wächst gleichzeitig das eigene Interesse am Lernstoff. Einer aktiven Mitarbeit steht somit nichts mehr im Wege.

- *Look at the speaker:* Schauen Sie Ihren Lehrer aufmerksam an. Zum einen schweifen die Gedanken dann weniger leicht ab. Zum anderen nimmt man nicht nur die Worte, sondern auch seine Gesten wahr. An der Körpersprache lässt sich meist ablesen, wenn eine wichtige Aussage bevorsteht. Augenkontakt hat den zusätzlichen Vorteil, dass der Vortragende bemerkt, dass man bei der Sache ist, auch wenn man einmal nichts sagt. Das ist v. a . dann wichtig, wenn das Verhalten im Unterricht benotet wird. Und noch ein Vorteil des Blickkontakts: Man hat nicht mehr das Gefühl, einfach nur Teil eines Unterrichts zu sein, sondern hat plötzlich die Empfindung, sich mit dem Lehrer im Zwiegespräch zu befinden. Wer sich vor einer Gruppe nicht äußern mag, wird möglicherweise plötzlich wie von selbst mit der Lehrkraft ins Gespräch kommen.

- *Listen:* Selbstverständlich ist es sehr wichtig, immer ganz genau zuzuhören. Durch den Blickkontakt fällt es Ihnen leichter, sich nicht ablenken zu lassen. Sollten Ihre Gedanken dennoch abschweifen und sich vielleicht mit der Frisur des Lehrers beschäftigen, kehren Sie bewusst zum Zuhören zurück. Achten Sie auch darauf, wie etwas gesagt wird. Ein ironischer Unterton kann darauf hindeuten, dass Sie etwas nicht für bare Münze nehmen sollten. Eine große stimmliche Intensität kann dagegen wichtige Lerninhalte betonen.

- *Look over:* Ab und zu ist es wichtig, sich einen Überblick zu verschaffen. Überprüfen Sie, ob Sie den roten Faden des Vortrags noch im Blick haben. Und vergewissern Sie sich, ob Sie die Zusammenhänge noch verstehen. Wenn der Stoff nicht besonders interessant aufbereitet ist und Sie sich zu langweilen beginnen, dann überlegen Sie sich Hintergrundfragen. Steigen Sie nicht aus, sondern versuchen Sie, zur interessanteren Aufbereitung des Stoffs selbst etwas beizutragen. Das kann auch durch Widerspruch passieren – möglicherweise haben Sie eine andere Meinung. Winken Sie dann nicht einfach im Geiste ab, weil Sie finden, es werde Ihnen Unfug erzählt. Arbeiten Sie aktiv mit, indem Sie Gegenargumente präsentieren. Sollten Sie, während Sie sich kurz einen Überblick verschaffen, feststellen, dass Sie etwas nicht verstanden haben, dann fragen Sie unbedingt direkt nach.

Checkliste: Mitarbeit im Unterricht

- Bereiten Sie sich möglichst gewissenhaft auf die einzelnen Unterrichtsstunden vor (Wiederholen bisheriger Kenntnisse und Lerninhalte, Lesen von Fachliteratur und der entsprechenden Kapitel in Ihren Lehrbüchern usw.).
- Denken Sie mit und versuchen Sie, die neuen Informationen mit Ihrem bisherigen Wissen in Beziehung zu setzen.
- Haken Sie immer nach, wenn Sie etwas nicht verstanden haben!
- Überlegen Sie sich, wenn möglich, Beispiele für die praktische Anwendung des Stoffes.
- Gehen Sie den Lernstoff nochmals durch (Mitschriften überprüfen, Literatur zum Thema durchlesen etc.) und notieren Sie sich alle offenen Fragen.
- Räumen Sie durch gezielte Fragen alle Unklarheiten so schnell wie möglich aus dem Weg, sonst häufen sich die Probleme, und das kann sich negativ auf ihre Motivation auswirken.

3.2 Organisation von Lernstoff

Ganz egal, für welche Technik Sie sich letztlich entscheiden, wichtig ist, dass Sie zunächst eine gewisse Struktur in Ihren Lernstoff bringen. Das gilt übrigens auch für alle anderen Arbeiten, die im Alltag anfallen. Versuchen Sie einmal ein Mehr-Gänge-Menü zu kochen, wenn der Abwasch noch nicht erledigt und der Einkauf nicht getätigt ist. Sie werden scheitern, denn Ihnen fehlt neben den Lebensmitteln und den notwendigen Geräten v. a. der Überblick. Auch wenn so mancher glaubt, er beherrsche die Unordnung und von „kreativem Chaos" spricht, überträgt sich in Wahrheit das Durcheinander auf dem Schreibtisch oft auf das Denken. Überlegen Sie außerdem, wie viel Zeit Sie mit Suchen verschwenden, wenn Bücher sich ungeordnet an verschiedenen Stellen stapeln, Unterlagen unsortiert in Ablagekörben liegen und ein Datenträger irgendwo zwischen Zeitungen und Heften im Umkreis von zehn Metern um den Computer gesucht werden muss. Hinzu kommt, dass Unordnung ablenkt. Während Sie nämlich nach einer Mitschrift suchen, entdecken Sie einen persönlichen Brief, den Sie noch beantworten müssen. Bestenfalls lesen Sie ihn nur noch einmal durch, schlimmstenfalls schreiben Sie einen langen Brief an den Absender und Ihre Arbeit ist vergessen.

Die Ordnung auf dem Schreibtisch

Bevor Sie sich also mit dem Lernstoff selbst befassen, sollten Sie Ihr Arbeitsumfeld in Ordnung bringen. Am besten gewöhnen Sie sich an, Ihren Schreibtisch jeden Abend leer zu räumen, wie es in Büros üblich ist. Warum sollte man dies zu Hause anders handhaben, nur weil die Unordnung niemand zu Gesicht bekommt. Tatsächlich besteht die Gefahr, dass ein chaotisches Arbeitsumfeld das strukturierte Arbeiten erschwert. Ordnung schaffen bedeutet jedoch nicht, dass Sie alle Bücher, die Sie am nächsten Tag wieder brauchen werden, zurück ins Regal stellen. Es genügt, wenn Sie diese sauber auf einen Stapel legen und lose Blätter wieder in den jeweiligen Ordner oder den passenden Ablagekorb stecken. Herrscht zu dem Zeitpunkt, an dem Ihre geistige Arbeit beginnen soll, trotzdem einmal noch ein heilloses Durcheinander auf Ihrem

Schreibtisch, weil Sie keine Zeit mehr hatten, gründlich aufzuräumen, hilft das folgende Notprogramm:

- Legen Sie alle Gegenstände, die sich auf Ihrem Schreibtisch befinden, auf einen freien Platz auf dem Fußboden.

- Wischen Sie die Tischplatte ab, damit Sie an einem sauberen Arbeitsplatz starten können.

- Nehmen Sie nun von den Gegenständen auf dem Fußboden ein Teil nach dem anderen in die Hand und entscheiden Sie jeweils blitzschnell, in welche Kategorie es gehört. Folgende Kategorien stehen Ihnen zur Verfügung: Müll, Ablage privat, Ablage Lernen, Erledigung für den Lernprozess erforderlich.

- Nachdem Sie auf diese Weise sortiert haben, verfahren Sie folgendermaßen:
  - Der Müll wird sofort entsorgt.
  - Die private Ablage legen Sie an einen Ort weit weg von Ihrem Arbeitsplatz.
  - Dinge, die Sie irgendwann zum Lernen oder Arbeiten benötigen, zunächst aber abgelegt werden sollen, wandern am besten in einen Ordner. Wenn es schnell gehen muss, bietet sich ein Hängeordner an, in dem das Material zwar unvollständig, aber gesammelt ist.
  - In der Kategorie „Erledigung“ können Sie noch unterscheiden, was eilig ist und was Zeit hat. Den Stapel deponieren Sie entweder auf einer Ecke Ihres Schreibtisches oder auf einer Beistellfläche, die Sie immer im Blick haben.

Es gehört also nur das auf Ihren Schreibtisch, was für den Lernprozess erforderlich ist; neben Stiften, Textmarkern, verschiedenen Nachschlagewerken und wahrscheinlich dem Computer sind das alle Unterlagen, die mit dem Lernstoff zu tun haben.

Tipp

Konzentrieren Sie sich auf das Wesentliche. Schaffen Sie eine ruhige, entspannte Lernumgebung – wenn möglich ohne Telefon.

Das beschriebene Notprogramm geht rasch von der Hand und gibt Ihnen das gute Gefühl, geordnet an die Arbeit gehen zu können. Sie können sicher sein, dass nicht irgendwo eine unbezahlte Rechnung schlummert, die Sie übersehen haben. Das Lernmaterial kann während der Bearbeitung nach Herzenslust ausgebreitet werden, so können Sie nichts übersehen.

Tipp

Dämmen Sie die Informationsflut ein! Mehr denn je werden wir mit Werbebriefen, E-Mails, Faxen und Anrufen belastet. Entscheiden Sie nach Möglichkeit sofort, wie Sie mit der jeweiligen Information umgehen müssen; lassen Sie nichts liegen! Unwichtige Schreiben wandern direkt in den Papierkorb, Sinnvolles wird so abgelegt, dass man es bei Bedarf sofort wiederfindet. Für die Beantwortung von Briefen und E-Mails sollten Sie feste Zeiten einplanen, um Ihren Lernprozess nicht unterbrechen zu müssen.

Die Ordnung im Kopf

Das menschliche Gehirn wird manchmal mit zwei verschiedenen Bibliotheken verglichen. In der ersten (das ist der Kurzzeitspeicher; vgl. Kap. 2.2) stehen maximal sieben Bücher. Werden sie nicht innerhalb kürzester Zeit wieder in die Hand genommen, räumt sie jemand anderes einfach wieder weg. Für weitere Bücher ist kein Platz. Erst wenn ein Stellplatz frei geworden ist, können neue Bücher eingestellt werden. In der zweiten Bibliothek ist unendlich viel Platz. Das ist wunderbar, weil man immer wieder Neues dazustellen kann, aber auch gefährlich, weil man unter Umständen Ewigkeiten suchen muss, um ein bestimmtes Buch zu finden. Da hilft nur Ordnung. Bibliothekare gruppieren die Bücher nach thematischen Gesichtspunkten erst ganz grob, dann immer feiner. Und wenn man beim Suchen genau nach dieser Systematik vorgeht, kann man sicher sein, das zu finden, was man gesucht hat.

Manchmal geht ein Buch verloren. Dann kann man es nicht wieder finden. Ob das darauf zurückzuführen ist, dass sich das Papier inzwischen aufgelöst hat und man es nicht mehr lesen kann, oder ob es jemand verstellt hat, lässt sich nicht immer sagen. Ebenso wenig ist klar, ob sich die Spur des Gelernten in unserem Gehirn bei Nichtgebrauch mit der Zeit verwischt oder ob das Gelernte so weit in die Tiefen verschoben ist, dass es immer schwieriger wird, passende Assoziationen zu entwickeln, mit denen es sich wieder erinnern lässt.
Manchmal hat man ein Wort auf der Zunge und kann es doch nicht aussprechen. Dann existiert diese Sache zwar noch und unser Geist erinnert sich – aber leider nur vage. In jedem Fall sind Gruppierung, Strukturierung und Zusammenfassung der abzuspeichernden Inhalte für die Behaltensleistung förderlich und verhindern so das Abrutschen des Gelernten in die unbekannten Grauzonen unseres Gehirns.

Im Folgenden finden Sie einen kleinen Test, der bereits in den 50er-Jahren zum Nachweis dieser Behauptung durchgeführt wurde. Er sollte aufzeigen, in welche Ordnung Probanden unbekanntes Material bringen und wie es am besten erinnert wird. Testen Sie sich selbst und lesen Sie anschließend die verschiedenen Theorien zur Erinnerungsleistung unseres Gehirns.

Übung 29:
Prägen Sie sich die Wörter der folgenden vier Spalten (60 Substantive) ein und versuchen Sie sich nach fünf Minuten an so

viele wie möglich zu erinnern – ohne dabei auf die Reihenfolge zu achten. Sammeln Sie die erinnerten Substantive auf einem Notizblock.

Joseph	Rübe	Bisamratte	Murmeltier
Friedrich	Eichhörnchen	Heinz	Richard
Erich	Panter	Drucker	Kellner
Aubergine	Gerhard	Bäcker	Norbert
Rentier	Martin	Pirol	Rabe
Radieschen	Soldat	Karotte	Drogist
Salat	Kraftfahrer	Physiker	Werner
Leo	Otter	Wolfram	Wiesel
Karl	Giraffe	Melone	Kürbis
Spinat	Franz	Chemiker	Peter
Zahnarzt	Petersilie	Kamel	Milchmann
Pavian	Gurke	Kohl	Schlosser
Rettich	Florist	Wildkatze	Kohlrabi
Pilz	Pilot	Bohnen	Otto
Fuchs	Dreher	Leopard	Löwe

Nun können Sie zählen, wie viel Wörter der Liste sich auf ihrem Notizzettel wiederfinden. Im Normalfall sollten Sie sich an 12 bis 36 Wörter erinnert haben.

Bei dem ursprünglichen Versuch ging man von vier Hypothesen aus:

1. Es besteht die Tendenz, dass man sich an Wörter mit ähnlichem Klangbild häufig zusammen erinnert.
2. Wörter mit gleicher Buchstabenanzahl werden meist zusammen erinnert.
3. Es besteht die Tendenz, die Wörter genau in der vorgegebenen Reihenfolge wiederzugeben.
4. Wörter mit ähnlicher Bedeutung werden häufig zusammen aufgeschrieben.

Hiervon ließ sich die vierte Hypothese an verschiedenen Beispielen beweisen: Es zeigte sich, dass z. B. einem Tiernamen sofort andere Tiernamen folgten, einer Gemüsesorte mindestens eine weitere usw. Vielleicht ist es Ihnen aber auch passiert, dass Sie statt „Kellner" „Ober" aufgeschrieben haben? Oder Sie haben statt „Karotte" „Mohrrübe" notiert? Auch die Typologie dieser Fehler beweist, dass der Kopf sich automatisch ein Ordnungssystem zurechtlegt, indem er Inhalte semantisch (der Bedeutung nach) ordnet. Unbedeutend dabei waren in diesem Fall z. B. die Form (Länge, Kürze des Wortes), die Struktur oder die Phonologie (Klang des Wortes).

Begriffe bündeln

Die beschriebene Form des Strukturierens ist sinnvoll und funktioniert meist perfekt, wenn es darum geht, sich ganz rasch einige konkrete Fakten einzuprägen. Wenn Sie sich die Arbeitsweise Ihres Gehirns bewusst gemacht haben, können Sie diese gezielt ausnutzen, indem Sie Ihren Lernstoff schon vor dem eigentlichen „Einpauken" inhaltlich ordnen. Dieses Prinzip lässt sich auch auf eine etwas chaotisch geratene Mitschrift anwenden.

Wie oben erwähnt, stehen im Kurzzeitgedächtnis nur sieben Speicherplätze zur Verfügung. Egal, wie sehr man trainiert, man kann diesen Speicher nicht erweitern. Man kann die einzelnen Plätze aber geschickter nutzen. Stellen Sie sich z. B. ein Kind vor, das gerade erst die Buchstaben in der Schule lernt. Es bekommt einen Zettel, auf dem das Wort „Kaktus" steht und soll sich dieses Wort merken. Das Kind kann noch nicht lesen, die Bedeutung des Wortes also auch nicht erfassen. Es wird versuchen, sich die einzelnen Buchstaben einzuprägen. Sechs Buchstaben kann es in seinem Kurzzeitgedächtnis speichern und erbringt damit bereits eine großartige Leistung. Sie dagegen benötigen lediglich einen Speicherplatz, denn das Wort ist Ihnen geläufig. Gleichzeitig haben Sie sich natürlich auch, genau wie das Kind, die sechs Buchstaben gemerkt, denn Sie sind in der Lage den kleinen Datenblock wieder in seine Einzelteile zu zerlegen.

Um mehr als sieben Informationen gleichzeitig in das Kurzzeitgedächtnis zu bringen, müssen Sie diese strukturieren und Blöcke bilden. Bei Zahlen tun Sie das wahrscheinlich automatisch. Statt der 2 3 7 1 6 0 9 6 0 8 merken Sie sich vermutlich 23 71 60 96 08. Oder Sie fassen sogar 2371, 6096 und 08 zusammen. Was mit Zahlen funktioniert, geht auch mit Wörtern. In dem Beispiel der 60 Substantive haben Sie es gesehen.

Übung 30:
Bilden Sie bewusst Zweier-Blöcke aus den folgenden zehn Begriffen:

Rose – Haus – Hund – Reise – Beet – Tür – Koffer – Futter – Mantel – Hut

Vielleicht werden Sie feststellen, dass Sie andere Paare gebildet haben, als in der Lösung angegeben sind. Das macht nichts. Es geht vielmehr darum, die Paare zu bilden, die einem im ersten Moment als passend erscheinen, denn an sie wird man sich später auch erinnern.

Methoden zur Strukturierung komplexer Inhalte

Sie haben nun ganz konkret feststellen können, wie wichtig es ist, den Lernstoff zu strukturieren. Das gilt besonders für komplexe und inhaltlich eher abstrakte Sachverhalte. Wie Sie das am geschicktesten erreichen, erfahren Sie auf den nächsten Seiten.

Titel finden

Wie eben schon herausgestellt wurde, kann man sich einen Berg von Fakten am schnellsten und zuverlässigsten einprägen, wenn man diese bündelt. Machen Sie also aus Ihrem Material kleine, gut überschaubare Portionen. Suchen Sie dann für jede Portion einen Titel oder eine Schlagzeile. Wenn die Aufgabe lautet, ein Referat über das menschliche Auge zu halten, wird sich vermutlich Material zu folgenden Themen finden: Aufbau des Auges, Spiegelung, Funktionsweise des Sehens, optische Täuschung, Augenkrankheiten usw. Die einzelnen Portionen sollten nicht zu groß sein und eine leicht überschaubare Menge an Einzelinformationen beinhalten.

Übung 31:
Stellen Sie sich vor, auf Ihrem Tisch stapelt sich Arbeitsmaterial zum Thema „Berggorillas“. Finden Sie mindestens zehn Titel für einzelne, klar abgrenzbare Lernportionen.

Gesamtzusammenhang herstellen
Wenn Sie nur einen Teilbereich eines größeren Themas bearbeiten, kann es schnell passieren, dass Sie den Überblick verlieren. Zusätzlich besteht die Gefahr, dass der Stoff, wenn er aus dem Zusammenhang gerissen wurde, sehr abstrakt wirkt. Was Sie nicht wirklich gedanklich durchdringen und sich plastisch vorstellen können, geht schwerer in den Kopf. Auch wenn es zunächst den Anschein hat, dies würde mehr Zeit kosten, sollten Sie in Gedanken unbedingt den Zusammenhang zwischen den einzelnen Punkten eines komplexen Themas herstellen. Ihr Kopf macht dann die passenden Schubladen auf und Sie haben auf diese Weise auch die Chance, die Informationen später besser wiederzufinden.

Bleiben wir bei dem Beispiel des menschlichen Auges. Gehen Sie einmal davon aus, Sie müssten ausschließlich über mögliche Erkrankungen des menschlichen Auges referieren. Eine Erkrankung ist beispielsweise die Thrombose im Auge. Je mehr Sie gedanklich den Bogen zur Funktionsweise und zum Aufbau eines gesunden Auges schlagen, desto leichter wird es Ihnen fallen, diese Krankheit detailliert und präzise zu erfassen und entsprechend darüber zu referieren.

Tipp

Wenn Sie sich für mehr Lernstoff als eigentlich nötig öffnen, wird auch bereits gespeichertes Wissen neu aktiviert und steht Ihnen auf diese Weise leichter zur Verfügung. Außerdem können Sie dadurch Probleme von mehreren Seiten beleuchten und gelangen damit zu einem viel differenzierteren Verständnis des Themas.

Vorwissen aktivieren

Bevor Sie damit beginnen, sich neue Inhalte einzuprägen, sollten Sie gründlich überlegen, was Sie über das betreffende Thema bereits wissen. Damit stellen Sie Anknüpfungspunkte zu bereits fest verankerten Kenntnissen her. Der neue Stoff sortiert sich somit automatisch in die bestehenden Strukturen Ihres Gehirns ein und das bisherige Netzwerk wird erweitert. Diese Querverbindungen sind nicht zuletzt deshalb so wichtig, weil vorhandenes Wissen immer erst dann abgerufen werden kann, wenn es mit den neuen Inhalten in Verbindung gebracht wurde. Auf welche Weise Sie die Zusammenhänge herstellen, ist Ihnen überlassen. Probieren Sie aus, wie es für Sie am leichtesten geht. Das hängt sicher zum einen davon ab, welcher Lerntyp Sie sind. Zum anderen kommt es aber auch auf die Problemstellung an. Im Folgenden lernen Sie einige Methoden kennen, die Ihnen helfen, Ihr Vorwissen zu aktivieren.

a) Vorher-Nachher-Vergleich

Nehmen Sie das von einer Thrombose befallene Auge. Wenn Sie es mit den entsprechenden Hilfsmitteln betrachten, wird Ihnen die Veränderung auffallen. Automatisch rekonstruiert Ihr Gehirn das Bild eines gesunden Auges. Diese Methode eignet sich sowohl für den medizinischen als auch für den technischen Bereich. Immer, wenn es um Objekte geht, die sich verändern, kann man mit dem Vorher-Nachher-Vergleich vorhandenes Wissen über die Vergegenwärtigung des ursprünglichen Zustands abrufen. Auch hinsichtlich bestimmter Verhaltensweisen funktioniert dieses Prinzip! Beschäftigen Sie sich beispielsweise mit auffallend aggressiven Kindern, werden Sie diese in verschiedenen Situationen beobachten. Vergleichen Sie jetzt, wie sich ein gesundes Kind in diesen Situationen verhält, werden Sie auf eine Flut von Informationen stoßen, die zu diesem Thema in Ihrem Gehirn gespeichert sind.

b) Fragen

„Wieso, weshalb, warum? Wer nicht fragt, bleibt dumm!" Das wissen wir schon seit Kindertagen. Und es stimmt auch im Greisenalter noch. Aber Fragen dient nicht nur dazu, sein Wissen zu vergrößern und Lücken zu schließen, es hilft auch dabei, das Vorwissen zu aktivieren. Notieren Sie deshalb alle Fragen, die Ihnen zu Ihrem Lernthema einfallen. Dabei sind durchaus nicht nur die hochintelligenten erlaubt. Im Gegenteil: Gerade sehr simple Fragen, auf die Sie sofort eine Antwort wissen, bringen Sie zum Ziel. Schließlich ist die Antwort, die sich Ihnen geradezu aufdrängt, genau das, was Sie suchen: Vorwissen, das aktiviert werden soll.

Wenn Sie sich beispielsweise auf das Thema „der Elektromotor" vorbereiten müssen, könnten Sie hierzu folgende Fragen an sich selbst richten:

- Wie sieht er aus?
- Wozu braucht man ihn?
- Wer hat ihn erfunden?
- Wann wurde er erfunden?
- Wie ist er aufgebaut?
- Wie funktioniert er?
- Welche Vor- und welche Nachteile hat er?

Versuchen Sie einmal, diese Fragen zu beantworten. Vielleicht können Sie sich nur grob vorstellen, wie ein Elektromotor aussieht und haben auf die weiteren Fragen keine Antwort. Vielleicht können Sie aber auch alle beantworten und wissen nur nicht, wann er genau entwickelt wurde. Dabei wird ein großer Vorteil dieser Methode klar. Einerseits rufen Sie sich bereits gespeicherte Informationen ins Gedächtnis. Andererseits erhalten Sie automatisch eine Liste von Fragen, die Ihnen Wissenslücken aufzeigen. Sie werden damit zu den Bereichen hingeleitet, in denen Sie sich noch Fakten aneignen müssen.

c) Persönliche Erfahrungen und Meinungen

Manchmal neigt man dazu, auf der Suche nach vorhandenem Vorwissen gedanklich den Lernstoff aus der Schulzeit bzw. aus früheren Klassenstufen durchzugehen. Vorwissen wird automatisch als etwas Hochwissenschaftliches oder zumindest im Unterricht Erlerntes betrachtet. Dabei gehört viel mehr dazu, z. B. persönliche Erfahrungen. Geht es um exotische Früchte und Gewürze, dürfte die Vorbildung, die in der Schule vermittelt wurde, eher spärlich ausfallen. Dagegen ist es gut möglich, dass Sie schon einmal auf eine Chilischote gebissen haben und sich diese Erfahrung lebhaft in Ihrer Erinnerung befindet. Unterschätzen Sie persönliche Eindrücke und Erfahrungen nicht. Erstens runden sie das Wissen über eine bestimmte Sache ab und weisen auf weitere dazugehörige Aspekte hin. Zweitens prägt sich das besonders gut ein, wozu man einen persönlichen Bezug hat (vgl. „aktives Lernen: Assoziationen" in Kap. 3.1). Mit persönlichen Meinungen ist es ähnlich. Vielleicht wissen Sie nicht viel über Berggorillas. Sie haben nur gehört, dass diese Tiere vom Aussterben bedroht sind. Ihre Meinung ist, dass der Artenerhalt ausgesprochen wichtig ist. Während Sie darüber nachdenken oder Ihre Meinung mit Argumenten untermauern, fallen Ihnen mit großer Wahrscheinlichkeit Details ein, die als Vorwissen in Ihrem Kopf gespeichert sind und durchaus zum Thema passen. An diese Informationen hätten Sie vermutlich nie mehr gedacht, wenn Sie sich weiterhin nur über Berggorillas den Kopf zerbrochen hätten.

Übung 32:
Aktivieren Sie das Vorwissen, das Sie zu Ihrem aktuellen Lernstoff parat haben, indem Sie alle genannten Methoden nacheinander anwenden. Vergleichen Sie einmal, mit welcher Methode Ihnen am meisten einfällt. Noch besser ist es, wenn Sie zu mehreren Lernportionen, die Sie mit Titeln versehen haben, jeweils mithilfe einer anderen Methode Ihr abgespeichertes Wissen hervorholen. Sie vermeiden dadurch, dass Ihnen Wissenshäppchen, die Sie bereits beim Vorher-Nachher-Vergleich aktiviert haben, als Antworten bei der Frage-Methode erneut in den Sinn kommen, zusätzliches Vorwissen aber verschüttet bleibt.

Mitschriften anfertigen und nachbearbeiten

Wie oben erwähnt, ist es oft nötig, die Notizen, die man während des Unterrichts bzw. einer Vorlesung oder eines Vortrags angefertigt hat, nachträglich gründlich zu überarbeiten, um ein Skript zu erhalten, anhand dessen man sich gezielt auf eine Prüfung vorbereiten kann.
Beim Strukturieren der skizzierten Inhalte können Sie die eben erläuterten Methoden anwenden. Auf diese Weise wird es Ihnen gelingen, den jeweiligen Lernstoff übersichtlich zu gliedern und in einen größeren Zusammenhang zu stellen. Zeitsparender ist es, wenn Sie die Richtlinien zur Strukturierung von Lernstoff bereits während des Mitschreibens selbst im Hinterkopf haben, dann werden Sie bereits mit einem recht übersichtlichen Skript nach Hause gehen. Im Folgenden erhalten Sie ein paar ganz konkrete Tipps, wie Sie die nicht immer ganz einfache Situation des Mitschreibens perfektionieren können. Eine Nachbearbeitung ist zwar weiterhin nötig, gestaltet sich aber wesentlich einfacher.

In einer 45 Minuten dauernden Unterrichtsstunde wird der Schüler mit 2.500 bis 4.500 Wörtern konfrontiert. Diese transportieren neue Fakten und grundlegende Gedanken, liefern aber auch sehr viele Wiederholungen und Veranschaulichungen von bereits bekannten Inhalten. Ziel des Mitschreibens ist es in erster Linie, die Informationen, die Sie im Unterricht erhalten, dauerhaft zu fixieren. Dabei sollten Sie Ihre eigene Methode entwickeln. Bedenken Sie dabei: Eine übersichtliche, gut leserliche Mitschrift kann wesentlich zu Ihrem Lernerfolg beitragen und erleichtert die Nachbereitung in hohem Maße.

Ein häufiger Fehler ist der Versuch, alles mitschreiben zu wollen, ohne darüber nachzudenken, ob man überhaupt verstanden hat, was man notiert. Dabei kann es passieren, dass wichtige Informationen verloren gehen, weil man so beschäftigt ist alles genau aufzuschreiben und unter Umständen an unwichtigen Details hängen bleibt. Sie sollten stets bemüht sein, während des Aufschreibens weiterhin zuzuhören und auch aktiv am Unterricht mitzuwirken (vgl. Kap. 3.1).
Folgende Hinweise sollen Ihnen dabei helfen, Ihre Mitschriften übersichtlich zu gestalten und effektiv nachzubearbeiten.

- Legen Sie sich Schnellhefter bzw. Ordner zu den einzelnen Fachgebieten an.
- Ordnen Sie die Mitschriften sofort in diese Ordnungshilfen ein. Sie können Zeit sparen, indem Sie bereits gelochtes Papier benutzen oder leere Blätter einheften – so entfällt das Einsortieren ganz und alles hat von Anfang an seinen festen Platz.
- Lassen Sie einen Rand von 2–3 cm frei, um nachträglich Informationen einfügen zu können.
- Für Hand-outs oder andere Skripte können Sie Klarsichtfolien in Ihre Ordner einheften. So verhindern Sie, dass Sie eine lose Blättersammlung anhäufen, die irgendwann im Papierkorb landet.

- Versehen Sie die Hand-outs mit Datum und Namen des Referenten – so können Sie im Zweifelsfall nachfragen, wenn Ihnen etwas unklar ist.
- Heben Sie elementare Informationen (z. B. Überschriften oder Jahreszahlen) farblich hervor. Es ist außerordentlich wichtig, dass Ihre Mitschriften übersichtlich angelegt sind. Machen Sie Absätze, lassen Sie Platz zwischen den einzelnen Abschnitten, beginnen Sie bei jedem neuen Kapitel eine neue Seite.

Verwenden von Abkürzungen

Sicher kennen Sie folgendes Problem: Sie erhalten vom Referenten wieder einmal viel zu viele Informationen gleichzeitig, die Ihnen alle so wichtig erscheinen, dass Sie sie unbedingt mitschreiben möchten, doch Sie kommen kaum mit dem Schreiben nach. Sie schreiben immer schneller und fürchten, Ihre Hieroglyphen später nicht mehr entziffern zu können.

Diesem Problem können Sie leicht abhelfen. Überlegen Sie sich einige gängige Abkürzungen oder Symbole, die Sie ab sofort in Ihre Aufzeichnungen einbauen. Legen Sie sich eine Übersicht an, in der Sie alle Abkürzungen notieren und neue hinzufügen. Denn um die Mitschrift zu Hause nachvollziehen zu können, ist es wichtig, dass Sie immer dieselben Abkürzungszeichen verwenden – ansonsten gleicht die Nachbereitung einem Rätselspiel und Sie haben unnötige Zeitverluste. Heften Sie diese Übersicht in Ihrem Ordner ab, um sie immer griffbereit vor sich zu haben.

Vorschlag für ein Abkürzungsverzeichnis:

Abk.	Abkürzung
allg.	allgemein
bes.	besonders
Bez.	Bezeichnung →

bzw.	beziehungsweise
Def.	Definition
dt.	deutsch
eigtl.	eigentlich
Ew.	Einwohner
fam.	familiär
Ggs.	Gegensatz
hist.	historisch
Jh.	Jahrhundert
Jmd.	Jemand
Kap.	Kapitel
Lit.	Literatur
o. Ä.	oder Ähnliches
od.	oder
Tab.	Tabelle
u.	und
u. a.	und anderem
ugs.	umgangssprachlich
u. U.	unter Umständen
vgl.	vergleiche
z. B.	zum Beispiel
Zus.	Zusammensetzung
z. T.	zum Teil
zw.	zwischen

Lineare Mitschriften

Die meisten Menschen fertigen lineare Mitschriften an, wenn sie die Informationen einer Unterrichtsstunde oder eines Vortrags schriftlich festhalten wollen. „Linear" bedeutet, dass von oben nach unten aufgeschrieben wird, was der Reihe nach vorgetragen wurde. Natürlich wird nicht wortwörtlich alles mitgeschrieben, sondern es werden nur die Kernaussagen herausgefiltert und stichwortartig übernommen. Die Unterscheidung zwischen neuen Informationen, wichtigen Kernaussagen und prägnanten Beispielen auf der einen Seite und ausschmückenden Erläuterungen, Wiederholungen und Randbemerkungen auf der anderen Seite ist freilich oft nicht ganz einfach. Man kommt aber relativ schnell in Übung, wenn man bewusst die obigen Tipps und Hinweise berücksichtigt. Hilfreich ist es freilich auch, wenn man in dem betreffenden Fachbereich immer am Ball bleibt, nach Möglichkeit keine Unterrichtsstunde versäumt und die Mitschrift von Mal zu Mal nachbereitet. Ist man nämlich gut mit dem Thema vertraut, über das gerade referiert wird, weiß man meist sehr schnell, worauf der Referent hinaus will, wenn er einen Satz beginnt, und kann auf diese Weise rascher selektieren, welche Informationen festgehalten werden müssen.

Äußere Form linearer Mitschriften

Damit man seine gesammelten Mitschriften tatsächlich als Prüfungsskript verwenden kann, muss man unbedingt einige formale Regeln beachten. Die folgenden Elemente sollten demnach niemals fehlen:

- Datum der Aufzeichnung
- Thema des Lernstoffs
- Kernaussagen und neue Fakten
- Wörtliche Mitschrift bzw. Diktat
- To-do-Liste
- Rand für Notizen

Es ist davon auszugehen, dass Sie einen Ordner für Ihre Mitschriften und Hand-outs angelegt haben. Das Datum der Aufzeichnung hilft Ihnen, entnommene Unterlagen wieder an ihrem alten Platz abzuheften. Wenn Sie sich auf eine Prüfung vorbereiten, haben Sie dank des notierten Datums auch einen Überblick über eine bestimmte Lernperiode und damit über den Stoff, den Sie für die Prüfung berücksichtigen müssen.

Selbstverständlich müssen Sie sich das Thema notieren, das in der Unterrichtsstunde oder Vorlesung behandelt wurde. Wenn Sie später nach einer Detailinformation suchen, helfen Ihnen diese Überschriften, sie leichter zu finden. Ein Beispiel verdeutlicht dies: Sie suchen nach der Information, wie viele Babys ein Gorilla-Weibchen durchschnittlich bekommt und wie lange sie diese austrägt. Die Mitschriften mit den Titeln „Verhaltensunterschiede zwischen Hund und Katze“ und „Der Koala-Bär – Lebensgewohnheiten und Ernährung“ können Sie getrost überblättern. Steht unter dem Datum aber „Gorillas, Sexualverhalten und Fortpflanzung“, lohnt es sich, die Mitschrift zu lesen.

Das Wichtigste überhaupt sind die Kernaussagen und neuen Fakten des Vortrags. Halten Sie diese stichwortartig fest. Notieren Sie Beispiele, die Ihnen besonders einleuchtend oder einprägsam erscheinen oder beim Zuhören einen Aha-Effekt auslösen. Halten Sie auch Hinweise auf verwandten Lernstoff fest, dann wird es Ihnen bei der Nachbearbeitung leichter fallen, die nötigen Querverbindungen zu ziehen und die neuen Informationen mit dem bestehenden Wissen zu verknüpfen. Versuchen Sie, so schnell wie möglich besonders wichtige Punkte zu verdeutlichen, indem Sie unterstreichen, einkreisen oder in unterschiedlichen Farben und Größen schreiben.

Wörtliche Mitschriften bzw. Diktate kommen eher selten vor. Fordert Sie ein Lehrer oder Dozent dennoch dazu auf, die nächsten Sätze wörtlich zu notieren, so sollten Sie das auch tun, da es sich wahrscheinlich um Prüfungsstoff handelt, bei dem es zudem genau auf die Art der Formulierung ankommt. Meist sind dies präzise Definitionen oder Formeln, die schon durch das Ersetzen eines einzigen Begriffs verschwommen, missverständlich oder gar falsch werden. Machen Sie am besten den entsprechenden Abschnitt als Diktat kenntlich. Ähnlich ist es, wenn mit Folien gearbeitet wird. Sehen Sie eine Folie, die Ihnen besonders gut gelungen erscheint, deren Inhalt Sie gern vollständig übernehmen möchten, dann schreiben Sie diesen einfach ab und kennzeichnen ihn als Abschrift.

Eine To-Do-Liste sollte jede Mitschrift abrunden. Schüler notieren sich an dieser Stelle die Hausaufgaben. Genauso gut kann hier aber auch vermerkt werden, dass man sich ein bestimmtes Lehrbuch besorgen, ein Museum besuchen oder eine weiter führende Frage recherchieren soll. Diese Liste, oft besteht sie nur aus einem einzigen Punkt, macht selbstverständlich nur dann Sinn, wenn man sich angewöhnt hat, die Mitschrift regelmäßig nachzubearbeiten.

Lassen Sie neben jeder Mitschrift unbedingt einen großzügigen Rand für Notizen. Das erleichtert die Nachbereitung. Außerdem sollten Sie mit Symbolen – z. B. ein Fragezeichen für unklare Punkte, ein Ausrufezeichen für besonders wichtige Aussagen – arbeiten. Auf diese Weise gewinnen Sie schon beim ersten Durchlesen Ihrer Notizen einen Überblick darüber, was besonders wichtig ist, was zusammengehört und was noch geklärt werden muss.

Als Mind-Map gestaltete Mitschrift

Viele Fachleute schwören inzwischen darauf, Mitschriften mithilfe des so genannten Mind-Mappings (vgl. Kap. 3.6) anzufertigen. Das hat den Vorteil, dass der Kern des jeweiligen Lerninhalts auch optisch im Mittelpunkt steht und nicht gesucht werden muss. In einer Mind-Map notierte Informationen sind stark strukturiert, prägen sich dadurch besser ein und können in der Nachbearbeitung leichter ergänzt werden.

Nachbearbeitung

Eine sinnvolle Nachbearbeitung besteht aus den im Folgenden aufgeführten drei Elementen. Das gilt für lineare Mitschriften genauso wie für solche, die als Mind-Map gestaltet sind:

- *Erledigung der To-Do-Liste*
- *Lücken füllen,* indem man andere Kursteilnehmer um Hilfe bittet, sich vom Referenten eine knappe Erläuterung des entsprechenden Teilaspekts einholt oder in den gängigen Lehrbüchern recherchiert.
- *Fragen formulieren,* durch die das vorhandene Vorwissen zu dem betreffenden Themengebiet aktiviert wird und Querverbindungen gezogen werden können (vgl. den Punkt „Vorwissen aktivieren“ in diesem Kapitel).

Checkliste: Lernstoff strukturieren

- Bringen Sie Ordnung in Ihren Lernstoff und an Ihren Arbeitsplatz.
- Teilen Sie den Lernstoff in Portionen ein.
- Benennen Sie die Portionen.
- Stellen Sie einen Gesamtzusammenhang her.
- Aktivieren Sie Ihr Vorwissen.
- Fertigen Sie so oft wie möglich Mitschriften an und bearbeiten Sie diese immer nach.

3.3 Mnemotechniken

Eine der ältesten Erinnerungstechniken, die in der Moderne wiederentdeckt wurde und die eigentlich aus mehreren Methoden besteht, nennt man „Mnemotechnik“. „Mneme“ ist ein altgriechisches Wort und bedeutet wörtlich übersetzt nichts anderes als „Gedächtnis“ oder „Erinnerung“.
Wie funktioniert die Mnemotechnik nun grundsätzlich? Das Prinzip basiert auf der Erkenntnis, dass Erinnerungen in uns oft durch andere Erinnerungen oder spontane Ereignisse abgerufen werden. Das bedeutet, dass alles, was wir wissen und was uns als Menschen ausmacht, irgendwo im Gehirn gespeichert ist und von Fall zu Fall durch bestimmte Auslöser aktiviert

wird. Wenn man etwa das Wort „klein“ liest, fällt einem dabei zumeist automatisch auch das Wort „groß“ ein, denn viele Dinge, wie Gegensatzpaare (schwarz – weiß, schwer – leicht) oder fixe Assoziationen (Himmel – blau, Wasser – nass), sind ganz fest in uns verankert. Man kann das eine praktisch nicht aktivieren, ohne auch das andere mitzudenken.
Diese natürliche Fähigkeit des Gehirns kann man nun sehr gut dazu einsetzen, um eigene Assoziationen zu schaffen und bewusst zu kontrollieren. Es geht darum, Informationen auf eine Weise aufzubereiten, die es uns leichter macht, sie bei Bedarf jederzeit abzurufen. Dabei verknüpft man gedanklich zwei Dinge, die zunächst einmal nichts miteinander zu tun haben müssen, auf eine Weise, die dazu führt, dass die Erinnerung an das eine automatisch die Erinnerung an das andere hervorruft.

Die Mnemotechnik zielt dabei, im Gegensatz zu vielen Tipps und Übungen der vorangegangenen Seiten, nicht auf das Verständnis des Lernstoffs ab. Sicherlich ist es für die meisten Prüfungen wichtig, sein erlerntes Wissen in Transferfragen auch aktiv anzuwenden. Manchmal kommt man aber um das reine Auswendiglernen nicht herum: Denken Sie bloß an Vokabeln, mathematische Formeln oder schwierige Zahlenkombinationen. Mnemotechnik hilft dabei, abstrakte Inhalte dauerhaft abzuspeichern und auf fast spielerische Art und Weise abrufbar zu machen.

In der Mnemotechnik spricht man auch von „Ankern“, die man im Gehirn anlegt, um gewisse Informationen an einem Platz zu fixieren. Zunächst schafft man eine Art Grundstruktur, in der diese Anker angebracht und später mit bestimmten willkürlich gewählten Informationen verknüpft werden. Auf diese Art kann man sich in kürzester Zeit Unmengen von Informationen und Daten merken, die dann auch in beliebiger Reihenfolge wiedergegeben werden können. Das System lässt sich auch erweitern und funktioniert deshalb so gut, weil es der natürlichen Ordnung im Gehirn entspricht. Angewandt wurden solche Methoden bereits in der Antike, da es damals aus Kosten- und Verfügbarkeitsgründen oft wichtig war, lange Texte oder sogar ganze Bücher auswendig zu lernen. Im Folgenden lernen Sie einzelne Mnemotechniken kennen.

Loci-Technik

Die Loci-Technik wird auch „Methode der Orte“ genannt, weil das lateinische Wort „locus“ soviel bedeutet wie „Ort“ bzw. „Platz“. Sie ist ideal, um sich eine Reihe von Begriffen, wie beispielsweise die wichtigsten Eckpunkte für lange Reden, zu merken.

Die Erfindung der Loci-Technik wird historisch gerne mit einer schauerlichen Geschichte verbunden. Der antike Dichter Simonides von Keos hatte die Aufgabe, vor einer festlichen Tafel einen Lobgesang auf den damals berühmten Faustkämpfer Skopas vorzutragen. Allerdings mischte Simonides in seinen Gesang auch Lob auf die ebenfalls als Kämpfer berühmten Söhne des Zeus, Castor und Pollux. Skopas, der Auftraggeber des Lobliedes, wollte daraufhin nicht den gesamten vereinbarten Lohn zahlen. Der Legende nach zürnten ihm daher die Götter und ließen den Palast, in dem das Festmahl abgehalten wurde, einstürzen. Alle Anwesenden außer Simonides kamen dabei ums Leben. Schlimmer noch: Alle waren von den herabstürzenden Trümmern so übel zugerichtet worden, dass man sie nicht mehr identifizieren konnte. Simonides aber, der als Meister des Gedächtnisses bekannt war, hatte sich die Sitzordnung der Gäste so gut eingeprägt, dass er die Leichen nach dem Ort, an dem sie lagen, korrekt identifizieren konnte, so dass jeder der Toten ein angemessenes und würdiges Begräbnis erhalten konnte.
Wahr oder nur gut erfunden: Die Geschichte ist auf alle Fälle eine interessante Erklärung für die Entstehung der Loci-Technik.

Wie diese Methode im Einzelnen funktioniert und was dahinter steckt, erfahren Sie nun: Zunächst überlegt man sich einen Weg, den man gut kennt, wie z. B. den täglichen Weg zur Arbeit, zur Schule oder einen Spaziergang, den man öfter unternimmt. Wichtig ist dabei, dass an dieser Strecke besonders markante Orte oder Punkte liegen. Man verbindet nun geistig die wichtigen zu lernenden Begriffe mit den markanten Punkten dieser Strecke. Wichtig ist, dass man sich das nicht etwa nur aufschreibt (z. B. „Supermarkt = Karl der Große"), sondern die Dinge bildlich vor seinem inneren Auge entstehen lässt. Denn nur wenn man die Information auf diese Weise verankert, kann man sie, wenn man den Weg im Geiste erneut geht, richtig verbinden und abrufen.

Die Loci-Technik macht sich die assoziativ-bildliche Art zunutze, mit der unser Gehirn Informationen abspeichert. Besonders geeignet ist sie natürlich für lange Aufzählungen, wie z. B. für eine endlose Reihe geschichtlicher Daten oder für die Reihenfolge der chemischen Elemente. Gedächtnisakrobaten nutzen sie etwa, um sich damit lange Reihen willkürlicher Ziffern zu merken – der Weltrekord liegt dabei bei 316 Ziffern in fünf Minuten. Doch nicht nur Denksportprofis, sondern auch jeder durchschnittlich begabte Mensch kann diese Technik mit etwas Übung erlernen. Auch Anfängern gelingt es oft, sich nach einer kurzen Einführung innerhalb von fünf Minuten 40-stellige Zahlen zu merken.
Das Geheimnis liegt u. a. in der effizienten Nutzung beider Gehirnhälften (vgl. Kap. 2.1). Seit ein paar Jahren kann man die Vorgänge, die beim Lernen und Wiedergeben von Gelerntem ablaufen, per Scan mit einer Positronen-Emissions-Tomografie (PET) auch sichtbar machen.
Daher weiß man, dass die Hirnrinde analytisch-logische Aufgaben übernimmt. Dagegen ist das sog. Limbische System für Kreativität, Gefühle und Fantasie zuständig. Wenn man nun mit der Loci-Methode Zahlen, Daten oder Fakten geistig mit

Bildern verknüpft, sorgt man dafür, dass beide Gehirnhälften zusammenarbeiten. Dadurch erhöht sich die Leistung des Gedächtnisses enorm. Der Mensch lernt nämlich immer dann am intensivsten und v. a. am effektivsten, wenn alle Sinne an diesem Vorgang beteiligt sind. Dabei ist der Gesichtssinn des Menschen bekanntlich am weitaus stärksten ausgeprägt, weshalb ihm zur Verarbeitung der einströmenden Bilder auch besonders viel Leistungskraft zur Verfügung gestellt wird.

Übung 33:

Stellen Sie sich einen kurzen Weg, den Sie gut kennen, möglichst genau vor. Etwa den Weg von Ihrer Wohnung zum nächsten Supermarkt. Suchen Sie zehn markante Punkte, an denen Sie immer wieder in derselben Reihenfolge vorbeikommen. Wiederholen Sie diesen geistigen Weg ein paar Mal und heben Sie die zehn Punkte gedanklich und verbal dabei hervor. Wenn Sie die Punkte gut beherrschen, verbinden Sie die folgenden zehn Wörter bzw. Vorgänge möglichst rasch mit ihnen.

1. **Rosenstrauch**
2. **Schuhe binden**
3. **Papas Geburtstag**
4. **Stefan Raab**
5. **Honigglas**
6. **Quadratwurzel**
7. **Computerabsturz**
8. **Onkel Fritz kommt zu Besuch**
9. **Simbabwe**
10. **Rissige Fingernägel**

Wiederholen Sie nun den Spaziergang so lange, bis Sie die Begriffe problemlos mit den verschiedenen Orten verbinden und fehlerfrei wiedergeben können.

Übung 34:
Wenn Sie sich die oben stehende Liste gut gemerkt haben, dann versuchen Sie, den Spaziergang in umgekehrter Reihenfolge zu machen! Verbinden Sie wieder die zehn Wörter mit ihren Eckpunkten.

Übung 35:
Ordnen Sie folgende acht Begriffe im Uhrzeigersinn in acht Himmelsrichtungen (Nord, Nordost, Ost, Südost ...) zu, nehmen Sie dazu die vier Ecken und die vier Wände Ihres Zimmers. Wenn Sie nicht genau wissen wo Norden ist, dann definieren Sie einfach eine Ecke oder Wand als Norden.

N – Hagebuttenmarmelade
NO – Delphin
O – Murmeltier
SO – Computer-Tastatur
S – Gabelstapler
SW – Rauhaardackel
W – Armbrust
NW – Murmel

Verbinden Sie diese Begriffe so lange fix mit den Orten, bis Sie bei einer realen oder eingebildeten Hinwendung zu einer beliebigen Ecke oder Wand sofort sagen können, welcher Begriff dort stehen muss.

Ketten-Technik

Geschichten können wir uns oft besser merken als einzelne Begriffe, Zahlen und Formeln. Deshalb kann es nützlich sein, Lerninhalte in kleine Erzählungen zu verpacken. Nehmen wir einmal an, Sie möchten sich völlig unzusammenhängende Begriffe in einer bestimmten Reihenfolge merken. Das können sowohl Fachbegriffe als auch Wörter aus dem Alltag sein, wie:

Apfel – Fahrkarte – Hund – Freundschaft – Café – Zug

Versuchen Sie nun, die Wörter miteinander zu verketten, indem Sie sich eine Geschichte einfallen lassen. Bringen Sie alle Stichworte in Ihrer Erzählung unter. Lassen Sie dabei Ihrer Fantasie freien Lauf. Die Geschichte kann ruhig verrückt klingen, dann behalten Sie sie umso besser. Sie könnte z. B. folgendermaßen lauten:

*Als Herr M. am Obststand einen **Apfel** kaufen wollte, sprach ihn ein älterer Herr an. Dieser fragte Herrn M., ob er ihm etwas Geld für eine **Fahrkarte** nach L. leihen könnte. Er selbst habe seine Geldbörse zu Hause liegen lassen und wüsste sich keinen anderen Rat, obwohl ihm das sehr peinlich sei. Herr M. griff in seine Manteltasche und stellte fest, dass er selbst sein Portemonnaie daheim vergessen hatte. Herr M. schlug vor, dass sie gemeinsam zu ihm nach Hause gingen, um das Portemonnaie zu holen. Gesagt, getan. Als sie in der Wohnung ankamen, begrüßte sie der **Hund** von Herr M. mit lautem Gebell und sprang übermütig auf den älteren Herrn zu. Im Laufe des Nachmittags schlossen auch die beiden Herren **Freundschaft**. Sie unterhielten sich lange, gingen gemeinsam in ein **Café** und verlebten eine angenehme Zeit, bis es für den älteren Herrn Zeit war, seinen **Zug** zu nehmen. Die beiden verabschiedeten sich voneinander und beschlossen, sich bald wiederzusehen.*

Tipp

Schreiben Sie sich Ihre Geschichte auf und merken Sie sich den Ablauf. Auf diese Weise werden Sie auch die einzelnen Begriffe in der richtigen Reihenfolge behalten.

Übung 36:
Prägen Sie sich die folgenden Begriffe mithilfe der Ketten-Technik ein. Eine mögliche Lösung finden Sie im Anhang.

Bahnhof – Kenia – Eis – Büro

Vielleicht erinnern Sie sich noch an die Show „Am laufenden Band". Der Höhepunkt war stets, wenn an dem Gewinner des Abends auf einem Fließband 20 Gegenstände vorbeizogen. Alle Dinge, die anschließend in einem bestimmten Zeitraum aufgezählt werden konnten, durfte der Sieger behalten. Tatsächlich soll es Kandidaten gegeben haben, die mithilfe der Ketten-Technik sehr schnell eine Geschichte entwickelten, um möglichst viele der Gegenstände mit nach Hause nehmen zu dürfen. Der Rekord lag bei 18 gemerkten Objekten. Schaffen Sie das auch?

Übung 37:
Sie sind Kandidat bei „Am laufenden Band". Folgende 20 Artikel laufen auf einem Fließband an Ihnen vorbei. Denken Sie sich schnell eine Geschichte dazu aus, decken Sie die Begriffe ab und versuchen Sie, diese anschließend auswendig aufzuschreiben. Übrigens: Die Reihenfolge, in der die Objekte in Ihrer Geschichte vorkommen, spielt in diesem Fall keine Rolle. Einen Lösungsvorschlag finden Sie im Anhang.
Sie können diese Übung jetzt auch noch einmal mit der Loci-Technik wiederholen. So finden Sie schnell heraus, welche Methode am besten zu Ihrem Lerntyp passt.

Fernseher – Modelleisenbahn – Kaffee-Service – Fußball – Lexikon – Stehlampe – Stereoanlage – Kaffeemaschine – Tennisschläger – Hosenanzug – Badetuch – Buchpaket – Computer – Malkasten – Picknickkorb – Heimtrainer – Koffer – Palme – Tischdecke – Zelt

Bildergeschichten-Methode

Zahlen und Formeln lassen sich meist deshalb so schwer auswendig lernen, weil sie sehr abstrakt sind. Doch oft kommen Sie nicht umhin, sich eine Zahlenkombination einzuprägen oder eine mathematische Formel zu lernen. Die Bildergeschichten-Methode hilft unserem Denkvermögen auf die Sprünge. Sie setzen dabei die abstrakten Zeichen zunächst in Bilder um und verketten diese anschließend zu einer Geschichte. Auf diese Weise können Sie selbst längere Zahlen- und Zeichenkombinationen lernen und langfristig behalten.
Das Prinzip kennen wir seit der Grundschule. Die meisten Erstklässler lernen das Alphabet, indem sie Buchstaben mit kleinen Bildern verbinden. „A“ steht z. B. für „Apfel“, „B“ für „Bär“ u.s.w. Diese Methode lässt sich auch auf Zahlen anwenden.

Übung 38:

Versuchen Sie sich die folgende Zahl zunächst auf herkömmliche Art zu merken. Betrachten Sie sie ca. 1 Minute lang, decken Sie sie dann ab und schreiben Sie sie auf. Wie viele Ziffern sind Ihnen im Gedächtnis geblieben?

47195116224823100705

Vielleicht haben Sie bereits versucht, die Ziffern zu bündeln (vgl. S. 160 f.). Hilfreich und ein Schritt in Richtung Bildergeschichten-Methode ist es, wenn Sie die einzelnen Bündel versinnbildlichen. Probieren Sie es einfach aus! Eine mögliche Lösung finden Sie im Anhang.
Wenn Sie nun weiterlesen, lernen Sie die Bildergeschichten-Methode kennen, eine Technik die das Zahlenmerken noch einfacher macht.

Beispiel für die Bildergeschichten-Methode

Nehmen Sie sich die Ziffern 0 bis 9 vor und überlegen Sie sich für jede einzelne ein Symbol, das möglichst gut ihre jeweilige Form widerspiegelt.

Etwa für die **0** ein **Ei,** für die **1** einen **Wanderstab,** für die **2** einen **Schwan,** für die **3** eine **Brezel,** für die **4** ein **Schiff,** für die **5** eine **schwangere Frau,** für die **6** einen **Elefantenrüssel,** für die **7** eine **Sense,** für die **8** eine **Sanduhr** und für die **9 neun Kegel** („alle Neune").

Prägen Sie sich die Kombinationen aus Bild und Zahl gut ein. Sie können sie z. B. auf Karteikarten malen und wie Vokabeln lernen. Künftig werden Sie jede einstellige Zahl automatisch mit einem bestimmten Bild in Verbindung bringen. Mehrstellige Zahlen setzen sich demnach aus mehreren Bildern, d. h. einer ganz bestimmten Bilderfolge zusammen. Nehmen Sie z. B. das Geburtsdatum Karls des Großen: 747 n. Chr.
Nach den obigen Vorgaben entspricht die Zahlenkombination 7 – 4 – 7 den Symbolen Sense – Schiff – Sense. Mit einem einfachen Trick können Sie diese Bilderfolge, und damit die dazugehörige Jahreszahl, dauerhaft in Ihrem Gedächtnis verankern und jederzeit abrufen:

Denken Sie sich eine kleine Geschichte aus, in der Karl der Große die Hauptrolle spielt und in der die drei Symbole *Sense – Schiff – Sense* der Reihe nach vorkommen. Die Handlung kann ruhig weit hergeholt sein. Je ausgefallener die von Ihnen erfundene Geschichte ist, desto besser werden Sie sie sich einprägen. Wichtig ist v. a., dass Sie die Geschichte lebhaft ausschmücken und sie mehrfach vor Ihrem inneren Auge ablaufen lassen. Auf diese Weise werden Sie sie so schnell nicht wieder vergessen. Wenn Sie sich später an das Geburtsdatum Karls des Großen erinnern wollen, müssen Sie sich einfach Ihre Geschichte ins Gedächtnis rufen.

Übung 39:

Bestimmt gibt es eine Zahl, die Sie sich noch nie richtig merken konnten. Lernen Sie sie nun mithilfe der Bildergeschichten-Methode.

Es kann sich dabei auch um chemische Formeln handeln, die Sie viel länger behalten, wenn Sie sie als fantasievolle Bildergeschichte in Ihrem Gedächtnis abspeichern. Wollen Sie sich beispielsweise die Formel für Ammoniak (NH3) merken, überlegen Sie sich zunächst anschauliche Bilder für die Buchstaben N und H sowie für die Zahl 3, z. B.:

N = Nase
H = Hase
3 = Brezel

Prägen Sie sich nun die Kombination aus Bildern und Buchstaben sowie der Zahl ein. Erfinden Sie dann eine Geschichte, in der das Wort „Ammoniak" vorkommt und die Symbole Nase, Hase und Brezel nacheinander auftauchen. Diese Geschichte muss nicht unbedingt auf logischen Zusammenhängen basieren. Wichtig ist allerdings, dass die Begriffe, die die Bilder bezeichnen, sowie der Stoff für den die Formel steht, in irgendeiner Weise in Ihrem Text vorkommen. Dabei gilt wieder: Je mehr Einfallsreichtum Sie beweisen, desto einprägsamer ist die Geschichte.

Stellen Sie sich die Geschichte mehrmals hintereinander vor und versuchen Sie, diese zu verinnerlichen. Wenn Sie wollen, können Sie die Geschichte auch aufschreiben oder laut vortragen. Auf diese Weise verknüpfen Sie den Begriff „Ammoniak" mit der in Bilder übersetzten Formel in Ihrem Gedächtnis.

Übung 40:
Lernen Sie diese Formeln mit der Bildergeschichten-Methode. Eine mögliche Vorgehensweise finden Sie im Anhang.

HCl = Salzsäure
NH_4Cl = Salmiak

Außer über Bilder, die mithilfe eines Begriffs bezeichnet werden, kann man sich schwierige Ziffern- und Buchstabenfolgen auch über Farben einprägen. Entweder stellt man sich die Bestandteile einer Formel in der entsprechenden Farbe vor oder man nimmt Dinge, die fest mit einer Farbe verbunden werden, wie z. B. Grün = Wiese, Weiß = Wolke, Blau = Himmel. Diese kann man dann in seine Merkgeschichte einbauen.

Allerdings hat die Bildergeschichten-Methode auch Nachteile. Benutzt man die Symbolreihen zu häufig, beispielsweise dann, wenn man sich ähnliche Dinge wie tägliche Einkaufszettel merken will, dann vermischen sich die verschiedenen Geschichten leicht im Kopf und man weiß nicht mehr, ob das Bild zu einer aktuellen oder zu einer schon überholten Reihe gehört. Auch für Dinge, die man sich über einen längeren Zeitraum hinweg merken muss, ist diese Methode weniger geeignet. Das Problem der Verwechslung lässt sich zwar eindämmen, indem man sich gleich mehrere unterschiedliche Bildsymbolreihen zurechtlegt (6 = Elefant, Handtasche, Rollstuhl), aber das erfordert wesentlich mehr Übung und ist eher etwas für fortgeschrittene und geübte Nutzer dieser Lerntechnik.

Bildergeschichten-Methode für Fortgeschrittene

Wenn man sich sowohl eine Zahlen- als auch eine Buchstabenreihe mit bestimmten Bildern zurechtgelegt hat, kann man sich damit auch abstrakte Kombinationen, wie etwa die Position von Figuren auf einem Schachbrett oder von Karten bei einem Memory-Spiel, leicht merken. Dabei verknüpft man drei Symbole zu einer kurzen Szene oder Geschichte.

Beispiel:

1. In der linken oberen Ecke des Memory-Spiels (Position A1) liegt eine Karte mit einem Wal. Sie haben nun die drei Symbole **Auto** (für „A“) – **Kerze** (für „1“) – **Wal** zur Hand. Dazu könnte man sich folgende Geschichte ausdenken:

*Der **Wal** hat ein **Auto** verschluckt und der Besitzer geht jetzt mit einer **Kerze** um sein Auto, um einen Ausweg zu finden!*

2. Auf Position D5 liegt das Bild eines Hasen. Die drei Symbole **Delfin** (für „D") – **Hand** (für „5") – **Hase** finden Sie etwa in dieser Geschichte:

*Jemand versucht, in einem Zoo einen **Hasen** auf einem **Delfin** reiten zu lassen und hält ihn dabei mit beiden **Händen** fest!*

Übung 41:

Lernen Sie die auf S. 182 angegebenen Zahlensymbole oder schaffen Sie sich Ihre eigenen. Wenn Sie die Liste von 1–10 gut gelernt haben, dann verbinden Sie die Symbole mit folgenden zehn Dingen, die Sie im Baumarkt besorgen wollen. Noch besser: Erfinden Sie mithilfe dieser Symbole eine Geschichte, um sich die zehn Dinge zu merken.

1. **Blumenerde**
2. **Dübel**
3. **Maurerkelle**
4. **Fischfutter**
5. **Besenstiel**
6. **Superkleber**
7. **destilliertes Wasser**
8. **Holzbrett**
9. **Batterien**
10. **Glasschneider**

Testen Sie in verschiedenen Zeitabständen, wie gut Sie sich noch an die Einkaufsliste erinnern!

Übung 42:

Schreiben Sie sich für jeden Buchstaben des Alphabets nach oben stehender Anleitung ein Symbolwort auf. Lernen Sie diese Liste auswendig oder lesen Sie sich die Liste mehrmals aufmerksam durch. Verbinden Sie nun folgende Begriffe aus dem Bereich „Erdkunde“ mit Ihren Symbolwörtern, indem Sie den Anfangsbuchstaben als Richtlinie nehmen („Ural“ wird mit Bild zum Buchstaben „U“ verbunden). Bauen Sie kleine Szenen aus den Begriffen in Kombination mit Ihren Symbolwörtern und machen Sie aus all dem eine kleine Geschichte. Achtung: Manche Anfangsbuchstaben gibt es doppelt oder dreifach – hier ist Ihre Fantasie gefragt!

Ural
Nordpol
Kongo
Atlas-Gebirge
Gelbes Meer
Monsun
Karpaten
Israel
Paris
Amazonas
Golfstrom
Kap der Guten Hoffnung
Himalaja
South Dakota
Riesengebirge
Pyrenäen
Totes Meer
Wüste Gobi
Atlantik
Südpol
Äquator
Amazonas

Testen Sie in verschiedenen Zeitabständen, wie gut Sie sich noch an die Geografiebegriffe erinnern!

3.4 Visualisierung

Die Bedeutung der bildlichen Vorstellungskraft

Sicher kennen Sie diese Situation: Sie möchten in einem Buch eine ganz bestimmte Stelle nachlesen, wissen aber nicht mehr genau, auf welcher Seite sich diese befindet. Gleichzeitig sehen Sie die betreffende Seite aber noch genau vor sich und sind sicher, dass die Stelle im oberen Drittel einer rechten Seite über einer Tabelle angeordnet sein muss. Sie blättern also das ganze Buch noch einmal durch und lenken Ihren Blick immer nach rechts oben, bis dort eine Tabelle auftaucht.

Das Erinnerungsvermögen der meisten Menschen hat eine Vorliebe für Bilder. Man erkennt etwa eine bestimmte Route, sobald man durch die entsprechenden Straßen läuft, hätte sie aber vorher nicht aus dem Kopf beschreiben können. Oder man weiß noch ganz genau den Platz, an dem etwas an der Tafel gestanden hat, auch wenn man sich nicht mehr richtig an den Inhalt erinnert. Untersuchungen hinsichtlich der Behaltensleistungen von Menschen haben für die einzelnen Wahrnehmungskanäle ganz unterschiedliche Ergebnisse geliefert. Wir behalten das,

was wir (nur) hören:	zu 20 %,
was wir (nur) sehen:	zu 30 %,
was wir hören und sehen:	zu 50 %,
worüber wir reden:	zu 70 %,
und was wir tun:	zu 90 %.

Wenn man bestimmte Inhalte also sowohl über das Ohr als auch über das Auge aufnimmt, dann ist einem ein beträchtlicher Lernerfolg sicher, wobei der Aufnahme über das Auge der Löwenanteil zufällt. Machen Sie sich diese Erkenntnis zu Nutze. Verwandeln Sie den Stoff, den Sie lernen und sich merken müssen, in Ihrem Kopf in bildliche Darstellungen.

Enthält Ihr Lernmaterial beispielsweise eine Grafik, dann machen Sie sich diese in allen Einzelheiten bewusst. Versuchen Sie – nach einer Phase des Betrachtens – die Grafik nachzuzeichnen. Sie sind dabei in doppelter Weise aktiv: Sie sehen und Sie führen etwas mit den Händen aus. Damit steigern Sie Ihre Behaltensleistung auf über 90 %. Wenn Sie jetzt noch jemanden finden, dem Sie das, was Sie gelernt haben, erzählen können, haben Sie die größtmögliche Ausnutzung Ihres Speichervermögens erreicht.

Wenn Sie nur Text oder Zahlen als Grundlage haben, dann fertigen Sie am besten von dem, was Sie speichern wollen oder müssen, ein Bild an. Je nachdem, wie die Lerninhalte geartet sind und welche Strukturierungsmerkmale Ihnen mehr liegen, bieten sich dazu folgende Möglichkeiten an:

Sie zeichnen ein herkömmliches **Linien-, Säulen-** oder **Tortendiagramm.** Das eignet sich besonders gut zur Darstellung von Zahlenwerten und Verhältnissen. So wird mithilfe des unten stehenden Säulendiagramms verdeutlicht, wie viel eine be-

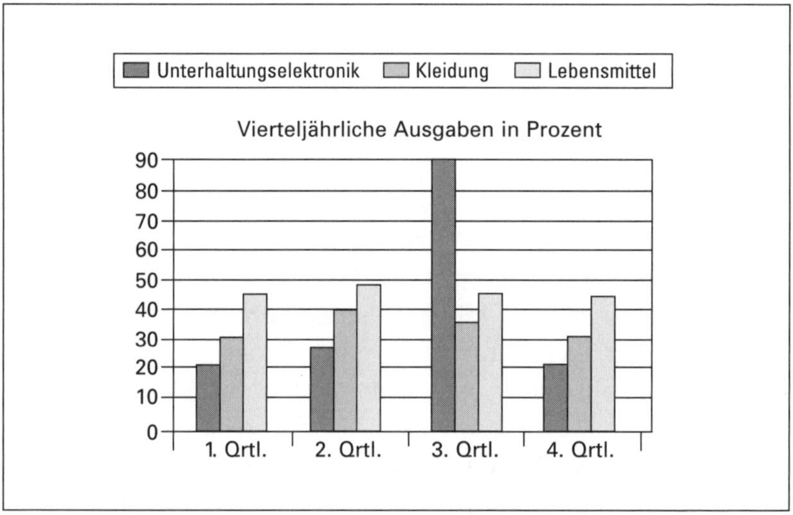

stimmte Personengruppe in den vier Quartalen eines Jahres prozentual für Unterhaltungselektronik, Kleidung und Lebensmittel ausgibt.

Zeitliche Abläufe und historische Daten lassen sich besonders gut mithilfe eines **Zahlenstrahls** darstellen und einprägen. So können Sie unten auf einen Blick die Abfolge der unterschiedlichen Kanzlerschaften seit der Gründung der Bundesrepublik Deutschland erkennen.

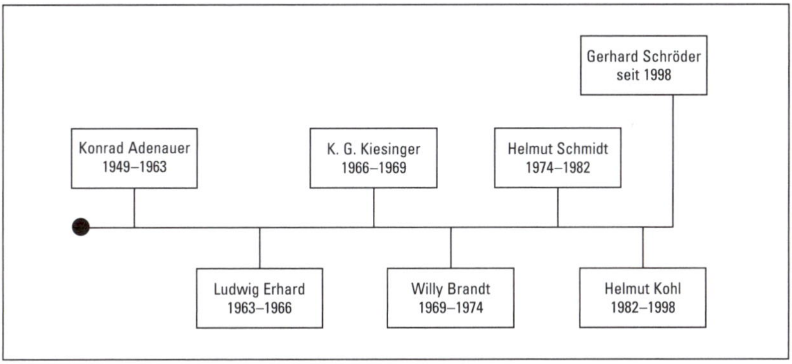

Mithilfe einer **Mind-Map** lassen sich hierarchisch gestaffelte Inhalte übersichtlich darstellen und zu gedanklichen Einheiten bündeln (vgl. Kap. 3.6).

Sie können aber auch ein **Bild** zeichnen, das den Inhalt Ihres Lernstoffes überblicksartig wiedergibt und bringen darin all die Einzelheiten unter, an die Sie sich erinnern wollen.

Beispiele für Informationen in Bilderform

- Was ein christlicher Ritter in der Minnezeit zu leisten hatte, lässt sich z. B. gut anhand eines Bildes darstellen, auf dem ein Ritter in verschiedenen Lebenslagen zu sehen ist, die jeweils möglichst prägnant dargestellt werden. Die einzelnen Szenen stehen für die ritterlichen Ideale: Ein Ständchen für eine züchtige Dame steht für die *minne* (Liebe), der Kampf gegen einen Drachen für den *muot* (Mut), ein Gebet vor einem Kruzifix symbolisiert den *Dienst an der Kirche,* ein Geschenk an Kinder ist die *milte* (Milde).

- Solch ein Bild kann auch ein inneres Bild sein. Der Fantasie sind hier keine Grenzen gesetzt. Wichtig ist, dass man das Bild in Gedanken leicht herstellen kann und immer wieder findet. Man legt z. B. die Akkorde verschiedener Tonarten im Geiste in die einzelnen Schubladen einer häufig verwendeten und dadurch sehr vertrauten Kommode, die man immer in der gleichen Reihenfolge aufzieht, um die Akkorde abzurufen.

- Auch ein Haus mit mehreren Zimmern und vielen Einrichtungsgegenständen ist geeignet, um größere Datenmengen im Kopf unterzubringen. Durch die konkrete Vorstellung eines Tisches, auf dem z. B. das Wort *cenare* liegt, oder eines Stuhls, auf dem sich gut *sedare* unterbringen lässt, ist der Erinnerungsaufwand geringer, aber die Leistung höher.

Wie kann man seine bildliche Vorstellungskraft verbessern?

Da unser Gehirn vorwiegend mit Bildern und bildlichen Assoziationen arbeitet, empfiehlt es sich, das bildliche Denken und Visualisieren gezielt zu schulen und zu trainieren. Denn einerseits kann man dieses bildhafte Denken nutzen, um das Gedächtnis zu verbessern, andererseits ist spielerisches Visualisieren auch eine wichtige Voraussetzung, um kreativ zu arbeiten. Unser Gehirn speichert Informationen nun einmal meist bildlich (oder in einer Kombinationen aus Bildern, Geräuschen, Gerüchen, Emotionen ...) ab und findet daher auch neue kreative Verbindungen leichter, wenn es auf einen Vorrat an gut abgespeicherten Bildinformationen zurückgreifen kann. Das bedeutet, wenn Sie sich etwas bewusst bildlich vorstellen, schlagen Sie damit fast automatisch Brücken zu anderen, ebenfalls über Bilder abgespeicherte, Informationen und geben so den Weg frei für neue, innovative Verknüpfungen.

Sie werden nun damit beginnen, sich beliebige Begriffe und Dinge vor Ihrem inneren Auge vorzustellen. Betrachten Sie dies als ein erstes Aufwärmtraining. Mit den beiden weiter unten stehenden Lerntechniken – der Kettenwort-Technik und der Schlüsselwort-Technik – lernen Sie dann ganz konkrete Methoden kennen, mit denen Sie sich komplexe Inhalte über die Visualisierung leicht merken können. Und wenn Sie sich mit dieser ganz speziellen Vorgehensweise ein wenig vertraut gemacht haben, werden Sie verschiedenste Inhalte auch viel rascher abspeichern als bisher.

Übung 43:

Stellen Sie sich folgende zehn Wortpaare jeweils in einem gemeinsamen Bild vor, das Sie in Ihrem Kopf gestalten. Auf welche Weise Sie die Begriffe verbinden, ist egal, aber es sollten unbedingt immer beide im selben Bild vorkommen. Lassen Sie sich bei dieser Übung ruhig etwas Zeit. Erst wenn Sie ein festes Bild gefunden haben, gehen Sie zum nächsten Paar über, bis Sie meinen, alles verinnerlicht zu haben.

Pferd – Strohhalm
Mauer – Rose
Bikini – Elefant
Eisenbahn – Bleistift
Computer – Hot Dog
Ehering – Autoreifen
Bach – Schraubenzieher
Fernseher – Grießbrei
Klavier – Hose
Buch – Mücke

Schreiben Sie nun jeweils den zugehörigen Begriff auf die Linie:

Autoreifen – ____________________

Bach – ____________________

Bikini – ____________________

Bleistift – ____________________

Buch – ____________________

Computer – ____________________

Grießbrei – ____________________

Hose – ____________________

Pferd – ____________________

Rose – ____________________

Und? Ist es Ihnen gelungen? Kein Problem, wenn Sie nicht alle Paare ergänzen konnten. Das ist besonders zu Beginn des Visualisierungstrainings ganz normal. Am besten versuchen Sie es gleich noch einmal.

Tipp

Aber Achtung: Es geht nicht darum, die Begriffspaare auswendig zu lernen. Zwar ist das Visualisieren und die bildhafte Methode eine effektive Lernhilfe, aber momentan geht es hier darum, Ihr inneres Auge zu schulen. Ein Auswendiglernen ohne Visualisierung, nur um →

möglichst viele Paare zu behalten und nachher richtig aufschreiben zu können, ist nicht das Ziel. Sie sitzen ja noch nicht in einer Prüfung, niemand gibt Ihnen Noten. Nur wenn Sie den einen Begriff beim Erinnern wieder deutlich in Verbindung mit dem zweiten Begriff vor Augen haben, war die Übung erfolgreich. Im Folgenden können Sie es noch einmal versuchen.

Übung 44:
Stellen Sie sich die folgenden fünfzehn Wortpaare jeweils in einem einzigen Bild vor. Wie Sie die Begriffe verbinden, ist egal, aber es sollten unbedingt beide im selben Bild vorkommen.

Tastatur – Tennisball
Skulptur – Lenkrad
Gitarre – Weinflasche
Sand – Ohrläppchen
Brille – Skischuh
Handtuch – Buchstabe
Laterne – Gummiball
Nasenspitze – Müllwagen
Telefonbuch – Rechtsanwalt
Küchenwaage – Sonnencreme
Bluse – Wohnwagen
Augenbinde – Kartoffelknödel
Roulette – Golfschläger
Sanduhr – Pinsel
Flugzeug – Abflussrohr

Und nun geht es wieder an die Überprüfung der Wortpaare:

Bluse – ______________________

Brille – ______________________

Buchstabe – ____________________

Flugzeug – ____________________

Gitarre – ____________________

Kartoffelknödel – ____________________

Laterne – ____________________

Lenkrad – ____________________

Müllwagen – ____________________

Ohrläppchen – ____________________

Pinsel – ____________________

Roulette – ____________________

Sonnencreme – ____________________

Tastatur – ____________________

Telefonbuch – ____________________

Wie ist es Ihnen diesmal ergangen? Wie viele Wortpaare haben Sie korrekt gebildet? Wenn Sie regelmäßig üben, wird Ihr Gedächtnis immer besser werden! Sie können nach einer Weile noch einmal mit denselben Listen trainieren und damit Ihre Bilder weiter festigen oder neue Listen schreiben. Sie werden sehen, es macht richtig Spaß, wenn Sie merken, dass Sie immer leistungsfähiger werden und v. a. wenn Sie eine der Visualisierungstechniken in einer für Sie wichtigen Situation erfolgreich nutzen können.

Lerntechniken auf der Grundlage der Visualisierung

Kettenwort-Technik

Auch hier gilt es, sich Begriffe bildlich vorzustellen – allerdings in Form einer Kette, um genau zu sein: kreisförmig. Das bedeutet, Sie beginnen irgendwo innerhalb der Wortliste – es muss gar nicht unbedingt oben sein – und stellen sich den Begriff möglichst genau und detailreich vor. Dann gehen Sie zum nächsten Begriff auf der Liste und verfahren ebenso. Damit Sie sich die gesamte Liste merken können, ist es wichtig, dass Sie jeweils die beiden benachbarten Begriffe optisch miteinander verknüpfen. Das bedeutet, Sie suchen für jedes Bild gleich zwei Verbindungen, erst zum vorhergehenden Bild, dann zum nachfolgenden! Nach dem letzten Begriff stoßen Sie wieder an den Anfang und schließen die letzte Verbindung. Im Idealfall gelingt es Ihnen, sich alle Begriffe tatsächlich im Kreis angeordnet vorzustellen – Sie haben dann gewissermaßen eine eigene innere Landschaft erschaffen. Am Anfang ist das allerdings noch recht schwer. Zur ersten Unterstützung können Sie sich daher die Begriffe auch kreisförmig angeordnet auf einen Zettel schreiben. Wichtig ist aber, dass Sie dabei das jeweilige Bild vor Ihrem inneren Auge wachrufen und schließlich sowohl die gesamte Kette als auch deren Einzelbestandteile mit ihren jeweiligen Verbindungen nach links und nach rechts wiedergeben zu können.

Beispiel:

Sie wollen sich die folgenden fünf Begriffe einprägen.

Strand – Hut – Jahrmarkt – Bratwurst – Supermarkt

Stellen Sie sich einen Strand vor. Das Meer glitzert blau, die Wellen rollen sanft auf den goldenen Sand zu. Es riecht leicht nach Salz und Algen. An der Wasserlinie steht eine Frau mit einem riesigen Hut, der sie vor der Sonne schützt. Stellen Sie sich nun vor, wie diese Frau über einen Jahrmarkt schlendert. Dort zwischen all den bunten Karussells fällt sie sehr auf mit ihrem großen Strohhut. Sehen Sie sich auf dem Jahrmarkt um. Natürlich gibt es dort auch Imbissbuden. Lassen Sie einen Mann auftreten, der eine riesige dampfende Bratwurst vor sich hat. Verlassen Sie nun den Jahrmarkt und stellen Sie sich die Wurst in einem Supermarkt vor. Dort liegt sie wahrscheinlich hinter einem Glastresen und wartet auf Käufer. Malen Sie sich den Supermarkt bildlich aus. Da sind Regale mit Getränken und allen möglichen Lebensmitteln. Auch Kosmetikartikel, wie z. B. Sonnencreme, sind dabei. Nun stellen Sie sich jene kleinen Supermärkte vor, die es beispielsweise auf Mallorca direkt an der Strandpromenade gibt. Damit bringen Sie diese beiden atmosphärisch völlig unterschiedlichen Plätze – ein Strand und ein Supermarkt – in einem gemeinsamen Bild unter, und der Kreis schließt sich.

Schlüsselwort-Technik

Ganz ähnlich wie die Kettenwort-Technik funktioniert auch die Schlüsselwort-Technik. Dabei geht es wieder darum, sich eine Reihe von Begriffen zu merken, indem man sie sich intensiv mit allen Details und möglichst vielen Assoziationen zu ihrem Umfeld vorstellt. Nun gehen Sie aber noch einen Schritt weiter: Versuchen Sie, zu dem jeweiligen Begriff im Geiste ein eigenes, sehr detailreich ausgeschmücktes Bild zu „malen".
Sollen Sie etwa das Wort „Hase" visualisieren, dann stellen Sie sich einen wachsamen Hasen in einer Frühjahrswiese vor. Er schnuppert, stellt die Löffel auf, knabbert an einem Löwenzahn. In der Nähe plätschert ein Bach vorbei, in der Ferne ruft ein Kuckuck. Rund um den Hasen tollen viele kleine verspielte Hasenkinder, während langsam weiße Wolken über den blauen Himmel ziehen.

Diese Technik hat den Vorteil, dass sie sowohl Ihre Vorstellungskraft als auch Ihre Assoziationsfähigkeit trainiert. Nebenbei können Sie die Schlüsselwort-Technik, wenn Sie einmal darin geübt sind, auch dazu verwenden, sich wichtige Dinge zu merken, wenn Sie gerade keine Chance haben, sie sich zu notieren. Während Sie gerade mit dem Fahrrad losfahren, ruft Ihnen z. B. ein Kollege zu, dass morgen früh ein wichtiger neuer Kunde namens „Müller" zu Ihnen kommen wird. Assoziieren und malen Sie schnell ein Bild zum Thema „Müller". Die Vielzahl an Verbindungen, die Sie damit schaffen, garantiert, dass Sie sich zumindest bis zum nächsten Morgen an den Namen erinnern werden.

Tipp

Übrigens funktioniert das auch mit komplizierteren Begriffen oder Namen, wie z. B. „Eichgraber". Hier muss man nur ein bisschen kreativ denken und dann kommt man beispielsweise auf die Verbindung „jemand gräbt bei einer Eiche". Auch Vokabeln kann man auf diese Weise lernen: „to float" bedeutet „schwimmen" oder auch „treiben". Es klingt ähnlich wie das deutsche Wort „Fluten". Mann kann sich also vorstellen, wie ein Wasserbecken geflutet wird und ein Schwimmer in dieser Flut treibt. Auch hier ist die Intensität der bildlichen Vorstellung entscheidend.

Lernposter gestalten

Gestalten Sie selbst eine Bildtafel. Schreiben Sie z. B. die Vokabeln zu einem Themenfeld auf ein leeres Blatt Papier. Nun versehen Sie jedes Wort mit einer kleinen Zeichnung, die die Bedeutung des Begriffs möglichst plastisch darstellt. Hängen Sie das Plakat an die Wand und betrachten Sie es so oft wie möglich. Wenn Sie nicht selbst zeichnen wollen, können Sie auch eine Lerncollage erstellen. Angenommen, Sie wollen Vokabeln aus dem Bereich „Sportgeräte" lernen, dann schneiden Sie dazu aus einem entsprechenden Katalog Bilder aus, kleben diese auf ein großes Blatt Papier und schreiben die dazugehörigen Wörter daneben. Betrachten Sie die Collage möglichst oft, um sich die Begriffe immer wieder einzuprägen. Natürlich kann man mit Lernpostern nicht nur Vokabeln lernen. Diese Methode eignet sich für praktisch alle Lernstoffe. Gehen Sie immer nach folgendem Ablauf vor:

1. Das Thema oder auch die Überschrift gehören in sehr großer Schrift in die Mitte des Plakats. Achten Sie darauf, dass das Plakat wirklich groß ist. Heben Sie das Thema durch eine auffallende Farbe oder Großbuchstaben deutlich hervor.

2. Notieren Sie die wichtigsten Stichpunkte um die Überschrift herum. Auch sie sollten gut ins Auge fallen.

3. Schreiben Sie nun unter die jeweiligen Stichpunkte Unterpunkte, Beispiele oder Erklärungen.

4. Mit Illustrationen, Symbolen, farbigen Rahmen oder Unterstreichungen können Sie zum Schluss bestimmte Dinge ausschmücken und die Wichtigkeit der einzelnen Punkte festlegen.

Tipp

Gestalten Sie ein Lernplakat, um die Bildergeschichten-Methode (vgl. Kap. 3.3) schneller zu lernen. Malen Sie Buchstaben und Zahlen mit den entsprechenden Symbolen auf ein großes Blatt Papier. Dieses Plakat hängen Sie gut sichtbar an die Wand. Betrachten Sie es so oft wie möglich.

Texte farbig auszeichnen

Beim Lesen längerer Texte besteht die Gefahr, dass die Zusammenhänge verloren gehen. Besonders schwierig wird es, wenn es sich um Erzählungen handelt, in denen viele Personen auftauchen, die zueinander in Beziehung stehen. Aber auch in Sachtexten werden oft vielfältige Bezüge zwischen den einzelnen Aussagen hergestellt, sodass es manchmal schwer fällt, den Überblick zu behalten. Im Folgenden lernen Sie eine Methode kennen, die Ihnen hilft, durch Mittel der Visualisierung die Struktur komplizierter Texte deutlich zu machen.

a) Hervorhebung wichtiger Stellen

Die gewünschte Vereinfachung gelingt meist besonders gut durch optische Mittel. Man kann mit farbigen Stiften (Textmarkern) die Schlüsselwörter markieren und ganze Passagen durch lange Striche am Rand kennzeichnen. Auch Linien zwischen einzelnen Wörtern oder Textstellen sind eine gut sichtbare Verbindung zwischen zusammengehörigen Inhalten. Durch Randbemerkungen lassen sich zudem Informationen bündeln. Man kann auch am Ende jedes Sinnabschnitts eine kurze Zusammenfassungen in Stichwörtern aufschreiben und das Textende mit einer Gesamtzusammenfassung versehen. Auf diese Weise braucht man bei einer Wiederholung nicht den gesamten Text noch einmal zu lesen, sondern kann sich mittels der eigenen Zusammenfassungen das Wesentliche ins Gedächtnis rufen und die markierten Textstellen nochmals überfliegen.

Unmittelbar nach dem Lesen empfiehlt es sich auch, das Wichtigste in Form einer Mind-Map festzuhalten. Auch das erleichtert den Zugang, wenn man später noch einmal auf den Stoff zurückgreifen möchte. Außerdem werden so die Zusammenhänge besser veranschaulicht. Wenn Sie wichtige Informationen oder ganze Textstellen für einen Vortrag zur Verfügung haben, ist es sinnvoll diese auf Karteikarten zu notieren.

b) Informationsreduktion

Viele Dinge kann man sich nie oder nur mit gehörigem Aufwand merken, wenn man etwa Schritt für Schritt jedes Detail auswendig lernt. Meist ist dieses Wissen aber auch nicht von großer Dauer, da es mehr oder weniger isoliert im Gehirn abgespeichert wurde. Vielfach stellt sich später auch heraus, dass solches Detailwissen gar nicht notwendig ist und eher Zusammenhänge gefragt sind. Stellen Sie sich vor, Sie müssen für eine Geografieprüfung den geologischen Aufbau der Eifel lernen. Es wäre sinnlos oder sogar kontraproduktiv, den ganzen Lerntext auswendig zu lernen, da der Prüfer von Ihnen nur den wesentlichen Inhalt hören möchte. Ähnliches gilt für das Lernen auf die Führerscheinprüfung. Auch wenn Sie die wichtigsten Merkmethoden dieses Kapitels gut behalten wollen, brauchen Sie nicht alle Absätze und alle Beispiele mitzulernen. Um für sich selbst festzuhalten, was grundsätzlich wichtig ist und was weniger Bedeutung hat bzw. was inhaltlich zusammengehört, sollte man sich am besten ein System fester Markierungen zurechtlegen, das man auf alle Texte anwendet.

Möglichkeiten zur Informationsreduktion bei längeren Texten:

Unterstreichen/ mit Leuchtschrift hervorheben	Die wichtigsten Teile eines Absatzes oder wichtige Konzepte
Durchstreichen	Unwesentliches, Füllsätze, Verweise auf Irrelevantes
Herausschreiben	Die wichtigsten Punkte und zentrale Begriffe
Kursorisches Lesen	Beim Lesen bereits das Wichtige vom Unwichtigen unterscheiden und nur das Wichtige behalten. Dabei kann man auch schon durchstreichen oder unterstreichen.

→

Selektives Lesen/ informatives Lesen	Rasches Überfliegen langer Texte. Man liest nicht den ganzen Text Wort für Wort, sondern sucht bereits während des Lesens mit den Augen nach wesentlichen Stichworten und springt von Wichtigem zu Wichtigem. Die Stichworte kann man markieren.
Eigene Überschriften erstellen	Den Text so strukturieren, dass er für einen selbst in die richtigen Portionen mit den passenden Überschriften aufgeteilt wird.
In eigenen Worten formulieren und zusammenfassen	Den Text nach dem Lesen selbst neu zusammenfassen.

Besonders wichtig ist es, den Lerntext auf die wesentlichen Inhalte zu reduzieren und sich nur auf diese zu konzentrieren. Am besten kombiniert man einige der oben stehenden Methoden miteinander, wobei man sich beispielsweise erst einen allgemeinen Überblick verschafft, dabei schon einmal die wichtigen Punkte unterstreicht und dann die einzelnen Textteile neu gliedert, indem man sich Überschriften überlegt. Eine Zusammenfassung der wesentlichen Inhalte kann auch mündlich erfolgen.

Merkverse und andere Eselsbrücken

Eselsbrücken sind Merkhilfen, die meist von Generation zu Generation oder von Lehrer zum Schüler weitergegeben werden. Wie gut sie funktionieren, stellt so mancher erstaunt fest, wenn er noch 40 oder 50 Jahre nach seiner Schulzeit Sprüche im Kopf hat, wie: *„Gar nicht* wird gar nicht zusammengeschrieben", „Wer *nämlich* mit *h* schreibt, ist dämlich" oder „753 – Rom schlüpft aus dem Ei". Ob eine Eselsbrücke allerdings wirklich etwas taugt, weiß man erst, wenn nicht nur die Eselsbrücke selbst, sondern auch das mit ihr verknüpfte Wissen im Kopf bleibt. Der allseits bekannte Merkvers „333 bei Issos Keilerei“ ist mit Sicherheit in vielen Gehirnen gespeichert. Doch wissen deren Besitzer auch noch alle, dass im Jahr 333 Alexander der Große in der Schlacht bei Issos den Perserkönig Darius III. besiegte?

Die Assoziationsmethode

Logisch verknüpfte Dinge prägen sich besser ein als zusammenhangslose Daten. Wegen dieser Tatsache sollte man auf die Methode des Assoziierens zurückgreifen, die sich gut bei ähnlich klingenden Wörtern anwenden lässt. Wortpaare wie *Stala**g**miten* (Tropfsteine, die in Höhlen vom Boden nach oben wachsen) und *Stala**k**titen* (Tropfsteine, die von der Höhlendecke nach unten wachsen) werden immer wieder verwechselt. Wenn Sie jedoch das ***g*** mit dem ***G*** in „Grund“ assoziieren und das ***k*** mit dem ***K*** in „Kopf“, dann werden Sie sich immer daran erinnern, dass Stalagmiten auf dem Grund stehen, Stalaktiten jedoch auf dem Kopf, d. h. von der Decke herunterhängen.

Ähnliche Hilfen lassen sich durch bildhafte Assoziationen finden, z. B. bei den berüchtigten Ohren der indischen und der afrikanischen Elefanten. Die großen Ohren der afrikanischen Elefanten erinnern bildlich an den afrikanischen Kontinent. Die winzigen Ohren der indischen Elefanten zeigen ebenfalls eine Parallele: der Buchstabe „i“ kommt in den Begriffen „winzig“ und „indisch“ zweimal vor.

Wenn Sie sich schwierige fremdsprachige Wörter einzuprägen versuchen, dann bemühen Sie sich, eine geeignete Assoziation zu finden – egal ob zum Klang des Wortes, zur Form, zur Bedeutung oder zu Ihren eigenen Erfahrungen. Sie können sich z. B. ein Bild vorstellen oder einen einprägsamen Satz bilden.

Tipp

Eselsbrücken und auch die Fantasiegeschichten anderer Lernmethoden mögen peinlich oder dumm wirken. Das soll Ihnen aber egal sein. Es kommt ja darauf an, die Dinge im Gedächtnis behalten zu können. Im Übrigen müssen Sie ja nicht unbedingt jedem verraten, wie Sie sich dabei helfen, schwierigen Lernstoff zu verinnerlichen.

Übung 45:
Suchen Sie eine geeignete Assoziation zu den häufig verwechselten Ländern Estland, Lettland und Litauen und ordnen Sie ihnen die Hauptstädte Tallinn, Vilnius und Riga zu. Eine mögliche Lösung finden Sie im Anhang.

Die mehrfache Bedeutung der englischen Vokabel „interest“ (deutsch: „Zinsen“ oder auch „Interesse“) ist nicht jedermann vertraut. Das deutsche Wort, an das man sofort denkt, weil es ähnlich klingt, lenkt davon ab, dass die Vokabel noch eine weitere, völlig andere Bedeutung hat. Wenn Sie in Ihrem Kopf einen Wertpapiermakler lebendig werden lassen, dessen ganzes Interesse auf die Gewinnausschüttung durch Zinsen gerichtet ist, und das Wort „interest“ als Gedankenwölkchen über seinem Kopf mit Geldscheinen verknüpfen, womöglich noch in Alarmrot, sollte es Ihnen möglich sein, sich beim nächsten Mal sofort an die doppelte Bedeutung des Wortes zu erinnern.
Solche Bilder ermöglichen es Ihnen, Inhalte zu speichern, die zwar nicht besonders viele Informationen enthalten, aber dennoch schwierig sind oder Ihnen nicht besonders liegen. Bei der folgenden Methode, die sehr stark an die Kettenwort-Technik erinnert und mit der man Informationsketten verbinden kann, werden die Assoziationen in zwei Schritten hergestellt:

1. Sie finden ein Bild, das den Inhalt der neuen, schwierig zu speichernden Information treffend wiedergibt.

2. Sie versuchen das Bild dieses ersten Inhalts assoziativ mit dem Bild des nächsten zu verknüpfen.

Beispiel für eine Assoziationskette:
Die Wörter *Auto – Dach – Sonne – Kaugummi* lassen sich in folgende Assoziationskette bringen: Sie stellen sich ein Auto vor, und zwar so klar wie möglich. Das Auto steht auf einem Dach. Auf das Dach scheint die pralle Sonne und unterhalb des Hauses (mit dem Auto auf dem Dach) steht ein Kaugummi kauendes Kind, das in die Sonne schaut. Beim Erinnern solcher Ketten gibt es ein kleines Problem: Ein Bild ist jeweils der Hinweis auf das nächste. Aber für das erste Bild gibt es keinen Vorgänger. Falls Sie Gefahr laufen, über dieses Problem zu stolpern, sollten Sie den ersten Begriff z. B. mit dem Buch assoziieren, in dem Sie lesen. Nur so können Sie den Beginn der Kette in Ihrer Erinnerung klar festlegen.

Übung 46:
Versuchen Sie sich die folgende Reihe von Wörtern, die voneinander isoliert und deshalb nicht gut zu merken sind, mithilfe einer Assoziationskette einzuprägen:

Hut – Kugelschreiber – Kommode – Haustür – Aufzug – Eis – Fernsehturm – Flugzeug – Gebirge – Wolke

Reimworte
Wie bereits erwähnt, tragen Reime erheblich dazu bei, sich an etwas zu erinnern. Berühmte Sprüche sind z. B. „753, Rom schlüpft aus dem Ei“ oder „Iller, Lech, Isar, Inn, fließen rechts der Donau hin, Altmühl, Naab und Regen, sind dagegen links gelegen“. Versuchen Sie, sich die akustischen Eigenschaften von Zahlen zu Nutze zu machen und basteln Sie eigene Verse. Benutzen Sie die Merkmethode der Reimwörter z. B., um sich Zahlenreihen zu merken. Finden Sie für jede Ziffer ein Reimwort oder mehrere. Es muss nicht exakt passen und es kann

auch ein wenig geschummelt werden. Also etwa folgendermaßen:

1 – Mainz, Heinz ...
2 – Teil, Geweih ...
3 – Brei, Schrei ...
4 – Stier, Bier ...
5 – Strümpfe, Sümpfe ...
6 – Hex(e), Gewächs ...
7 – Rüben, Triebe ...
8 – Schacht, Tracht ...
9 – Scheune, Bäume ...
0 – Müll, Schnuller ...

Beispiel:
Bauen Sie sich nun aus der folgenden Telefonnummer oder Zahl eine kleine Geschichte: **10489351**
„**Heinz** fällt vor Schreck der **Schnuller** des Babys ins **Bier**! Er hat seine **Tracht** in der **Scheune** vergessen! Inzwischen füllt das Baby **Brei** in die **Strümpfe** von **Heinz.**"

Tipp

Achtung: Bei Zwei und Drei, die sich ja gegenseitig reimen, sollte man genau festhalten, was man wofür verwenden will!

Übung 47:
Erstellen Sie eine Reimliste oder benutzen Sie die oben abgedruckten Beispiele: Lernen Sie die Begriffe auswendig oder lesen Sie zum Ausprobieren der Methode die Liste mehrmals gut durch. Merken Sie sich nun folgende Zahlen mit je einer kleinen Reimgeschichte.

45.678.043
089 – 74 51 61 0
12.12.2005

Tipp

Wie geistreich Ihre Reime sind, ist in diesem Fall nebensächlich. Hier gilt: Je ausgefallener der Spruch, desto besser prägt er sich Ihnen ein. Ihrer Fantasie sind also keine Grenzen gesetzt.

Visualisierungstechniken für Zahlenreihen

Viele Leute behaupten von sich, ein schlechtes Zahlengedächtnis zu haben. Telefonnummern, Jahreszahlen, Daten, Kontonummer, Sozialversicherungsnummer oder PIN-Code – eine oder sogar alle diese Zahlen bereiten vielen von uns Schwierigkeiten. Das müsste nicht sein. Gerade auf dem Gebiet des Merkens von Zahlen gibt es eine ganze Reihe von Hilfsmitteln, erprobten Methoden und Eselsbrücken, mit denen man sich das Behalten dieser abstrakten Ziffernfolgen wesentlich erleichtern kann.

Zahlensymbolgeschichten

Diese Technik kennen Sie schon aus dem Abschnitt über Mnemotechniken. Auch die dort ausführlich beschriebene „Bildergeschichten-Methode" hilft, über Symbole, die zu Geschichten verknüpft werden, lange Zahlenreihen leichter merkbar zu machen. Dazu benutzt man eine zuvor individuell vorbereitete Zahlensymbolreihe und bastelt sich aus den Symbolen eine kleine Geschichte. Dabei gilt: Je ausgeschmückter die Story ist, desto besser wird man sie sich und damit auch die zu behaltende Zahl merken.

Beispiel:
Sie wollen sich beispielsweise den Geburtstag eines Freundes – den 24.3.1972 – merken. Es könnte sich daraus folgende Geschichte ergeben:
„Ein Schwan sitzt auf einem Koffer im See, als plötzlich Poseidon mit seinem Dreizack aus den Tiefen auftaucht! Da es Nacht ist, leuchtet er am Strand mit einer Kerze, denn er hat seinen Kegel für eine unterseeische Kegelpartie verloren. Leider kann er ihn nicht finden und alles, was er entdeckt, ist eine Fahnenstange. Der Schwan wird von all dem so gestört, dass er davonfliegt!"
Versuchen Sie einmal, sich die zugrunde liegende Zahlensymbolreihe nachträglich zu erschließen.
Der Nachteil dieser Methode liegt auf der Hand. Wenn man sie zu oft anwendet, beginnen sich die Geschichten miteinander zu vermischen. Auch kann man sich die Zahlen nicht lange merken. Zum kurzfristigen Einprägen, d. h. nicht viel länger als einen Tag, eignen sich Zahlensymbolgeschichten allerdings hervorragend!

Übung 48:
Merken Sie sich folgende Zahlen, Telefonnummern und Daten, indem Sie mithilfe vorher festgelegter Zahlensymbole kleine Geschichten aus ihnen basteln.

1.987.234
0043 12 45 55
29.6.2004

Testen Sie in verschiedenen Zeitabständen, wie gut Sie sich noch an diese Zahlen erinnern!

Bebilderte Zahlengruppen
Eine andere Möglichkeit besteht darin, Zahlen oder Zahlengruppen mit einer individuellen Bedeutung zu belegen, die Sie

aus Ihrer persönlichen Erfahrung schöpfen und die Sie daher sowieso schon immer parat haben.

Beispiele:
„911" ist beispielsweise sowohl die Nummer eines bekannten Auto-Modells als auch eine (nicht nur in Amerika) sehr häufige Notrufnummer. „1964" mag Ihnen eine geläufige Kombination sein, weil es Ihr Geburtsjahr ist. „49" ist dagegen die Anzahl der Lotto-Zahlen.

Mit diesen und anderen, bereits vorhandenen Kombinationen und Assoziationen schaffen Sie sich ein gewisses Repertoire, mit dem Sie dann in anderen Bereichen leicht neue Eselsbrücken bauen können.
Es empfehlen sich dafür Schuhgrößen, Geburtstage, Postleitzahlen, Autokennzeichen, berühmte Markenartikel usw. Sie können diese Symbolgruppen spontan Ihrer Erinnerung entnehmen. Besser ist es allerdings, sich möglichst viele von Ihnen rechtzeitig für solche Gelegenheiten bereit zu stellen. Das hat den Vorteil, dass man die Zahlengruppen gleichmäßig anlegen kann. Es lässt sich nämlich besser mit ihnen hantieren, wenn sie gleich lang, d. h. zwei- oder dreistellig sind.

Beispiel:
Zu merken ist die Ziffernfolge 392042.
39 ist beispielsweise Ihre Hausnummer, 20 ist Ihre Glückszahl und 42 Ihre Schuhgröße. Die Geschichte dazu kann folgendermaßen aussehen:

„Ich gehe aus dem Haus und da ich mich heute so glücklich und wohl fühle, gehe ich die Strecke zu Fuß!"

Sie sehen, dass der assoziierte Begriff selbst nicht unbedingt in der Geschichte vorkommen muss. Es genügt, wenn etwas damit unzweifelhaft verbunden wird, wie in diesem Falle „glücklich = Glückszahl = 20“ oder „gehen = Füße = Schuhe = Schuhgröße = 42“.

Tipp

Natürlich wird es Ihnen dennoch nicht gelingen, für alle Zahlenkombinationen etwas Passendes und Unverwechselbares zu finden. Das müssen Sie aber auch gar nicht! Es gibt eine Reihe von Möglichkeiten, die vorhandenen Kombinationen zu biegen und zu verändern, bis sie passen. Und das Schöne daran ist, dass dieses Herumbasteln durch seinen Bildreichtum Ihre Merkfähigkeit sogar noch erhöht.

Zahlengruppen kreativ verändern

Mit den von Ihnen ausgewählten Zahlengruppen können Sie mit etwas Kreativität und Fantasie praktisch alle zu merkenden Zahlenkombinationen „zusammenkleistern“.

Verschiedene Methoden

1. Zahl verbiegen: 47 – Sie biegen Ihren Schuh mit der Schuhgröße 42 so zurecht, dass aus der 2 eine 7 wird.
2. Zahl ankleben: Eine 8 kann z. B. auch als zwei 3en (eine verkehrt herum) oder gleich als 33 gesehen werden.
3. Zahlen drehen und kippen: Die 8 um 90 Grad gedreht ergibt 00 und umgekehrt. Die 9 auf den Kopf gestellt wird eine 6.
4. Zahlenteile abbrechen oder ankleben: Die 8 in der Mitte durchgebrochen wird eine 0. Eine 0 mit Gürtel wird zur 8. Klebt man ein Stück an eine 6 oder 9 an, so wird daraus ebenfalls ein 8.
5. Zahlenteil oder Ziffern runterfallen lassen: 149 ist die Entdeckung Amerikas, nachdem die 2 runtergefallen ist.
6. Neben diesen optischen Hilfen können Sie auch mathematische Operationen mit einbauen: etwa Multiplikationen, Quersummen oder auch die einfachen Grundrechenarten wie Addition und Subtraktion.

Übung 49:

Finden Sie zu den folgenden Zahlengruppen passende Bilder/Assoziationen und schreiben Sie diese daneben. Es handelt sich durchgehend um Gruppen, die eine einfache, eindeutige Assoziation zulassen. Versuchen Sie, diese zu finden. Im Anhang stehen unsere Vorschläge dazu. Sollten Sie etwas anderes, für Sie Passenderes gefunden haben, so ist das natürlich kein Problem!

007
0815
1918
99
101
1984

Übung 50:

Merken Sie sich nun folgende Zahlen, Daten und Telefonnummern, indem Sie die Zahlengruppen verwenden, die Sie sich vorher zurechtgelegt haben. Aber Achtung: Manchmal müssen Sie die Zahlen (und damit auch die Bilder und Geschichten!) umdrehen, spiegeln oder verbiegen.

15.08.1891
99.101.007
84 91 070

Testen Sie in verschiedenen Zeitabständen, wie gut Sie sich noch an diese Zahlen erinnern!

Telefonnummern merken

Eine besondere Kategorie unter den Zahlen sind die Telefonnummern. Selbstverständlich können Sie sich diese mit den soeben beschriebenen Techniken einprägen. Dabei kommt es auf fantasievolle Bildungen an. Wenn Sie Methoden kombinieren, geht es oft sogar noch ein wenig besser. Sie können etwa Bilder aus der Symbolliste zu mathematischen Basteleien hinzufügen. So können Sie sich z. B. die 27 merken, indem Sie sich Poseidon vorstellen, der die 9 auf seinem Dreizack rotieren lässt (3 x 9 = 27).

Es gibt aber auch Methoden, sich Zahlen, insbesondere Telefonnummern, zu merken, die weniger Fantasie erfordern. Eine davon beruht auf den Buchstaben, die auf amerikanischen Telefontastaturen und auch auf jedem Handy abgebildet sind:

1	2 = ABC	3 = DEF
4 = GHI	5 = JKL	6 = MNO
7 = PQRS	8 = TUV	9 = WXYZ
*	0	#

1 und 0 haben in diesem System keine zugeordneten Buchstaben und müssen daher anders gemerkt werden. Sie können z. B. mit einem freien Buchstaben wie Ö oder Ü oder mit einer bestimmten Funktion, Farbe oder einem anderen Inhalt belegt werden.

a) Wörter bilden

Viele Kombinationen ergeben natürlich keinen Sinn, aber durch die Auswahl von drei oder vier Buchstaben pro Ziffer lassen sich schon recht viele Kombinationen bauen. Wenn Sie ein T9-Wörterbuch auf Ihrem Handy haben, können Sie sich davon inspirieren lassen.

Aus 347 wird etwa „dir“ oder „Eis“, aus 268 wird z. B. „Amt“. Sie müssen das für sich selbst ausprobieren, aber manche Menschen merken sich tatsächlich leichter ein Fantasiewort wie „JOXYV“ statt 56978. Wenn Sie nun etwa 1 mit Ö und 0 mit blau belegt haben, wird die Nummer 10489351 etwa zu „Ö-blau-Huzel-Ö“. Dumm? Vielleicht, aber für viele Menschen ist dies leichter zu merken.

Sinnvolle Wörter sind natürlich noch leichter zu behalten. So kann ein Wort wie „Haus" Ihren PIN-Code 4287 für Sie auf Dauer unvergesslich machen.

Übung 51:
Bilden Sie mit den oben beschriebenen Tastenbuchstaben eigene Wörter zu folgenden Telefonnummern, Zahlen und Daten. Für 0 und 1 wählen Sie bitte selbst etwas Passendes aus.

24.8.1973
7.876.234
65.88.735

Testen Sie in verschiedenen Zeitabständen, wie gut Sie sich mithilfe Ihrer Merkwörter noch an diese Zahlen erinnern!

b) Sätze bilden
Aufwändiger, kreativer und daher aber auch leichter einsetzbar ist die Satzbautechnik. Hier nehmen Sie pro Ziffer einen der Buchstaben, bilden mit diesem ein Wort und somit mit der ganzen Zahl einen richtigen Satz. Natürlich brauchen Sie auch hier für die 1 und die 0 einen Ausweg, aber sonst lassen sich hier viele schöne Dinge kreieren.

Beispiel:
Die obige Nummer 10489351 kann bei 1 = blau, 0 = rot etwa so gelöst werden: „Blau? Rot? Herbert versucht wieder das Langweiligere: blau!"

Tipp

Vorwahlen, zumindest häufig gebrauchte, sollten Sie sich übrigens separat merken. 1 oder 0 können auch mit fixen Begriffen, die fast immer passen, wie z. B. mit „viel" oder „sehr", belegt werden.

Übung 52:
Bilden Sie mit den Tastenbuchstaben eigene Sätze zu folgenden Telefonnummern, Zahlen und Daten. Für 0 und 1 wählen Sie bitte selber etwas Passendes aus.

31.04.1877
34.967.194
027 31 58 162
18.06.2004
447.862
25.08.1428

Testen Sie in verschiedenen Zeitabständen, wie gut Sie sich noch an diese Zahlen erinnern!

Sich Telefonnummern optisch einprägen
Eine weitere Möglichkeit, wie Sie sich Telefonnummern besser merken können, ist seit der Einführung von Tastentelefonen das Merken der Linienführung beim Telefonieren. Oft ergeben bestimmte Nummern, wenn man ihre Tastenabfolge in die Luft malt, bestimmte Symbole oder Buchstaben. 147-5-369 sieht etwa aus wie ein „H" aus, 5148635 könnte hingegen ein Herz sein. Manchmal muss man zwar auch hier ein wenig schummeln, aber viele Nummern lassen sich so tatsächlich einfach optisch merken.
Auch für PIN-Codes ist diese Methode bestens geeignet: 3719 könnte ein großes „X" darstellen, 6859 ein kleines.
Für längere Nummern kann man die getippten Zeichnungen auch in kleinere Teile aufsplitten, z. B.: x-H, Herz-U.
Solozahlen, die nicht ins Bild passen, kann man in den „Merk-Code" integrieren: 2-x-Kreuz-3 usw.
Probieren Sie es selbst aus! Ihre Bilder können und sollen von den hier geschilderten abweichen, denn nur wenn sie für Sie schlüssig sind, werden Sie sich die Kombinationen optimal merken.

Übung 53:
Versuchen Sie, zu folgenden Zahlen optische Assoziationen herzustellen:

4587
6859
369852
1235789
2580456

Versuchen Sie nun, sich diese Zahlen optisch zu merken, und wiederholen Sie sie nach einer Weile laut, indem Sie die Ziffern im Geiste tippen.

Checkliste: Visualisierung von Lerninhalten

- Zeichnen Sie Grafiken und Diagramme nach.
- Erklären Sie einem Freund, den Eltern oder einem Klassenkameraden, welche Informationen eine bestimmte Grafik bereitstellt.
- Finden Sie selbst eine Darstellungsform (Diagramme, Karikaturen, Zeitleisten, Mind-Maps, Bilder), die Ihnen besonders liegt.
- Zur Verbesserung Ihrer bildlichen Vorstellungskraft stellen Sie sich Wortpaare in einem Bild vor, vergegenwärtigen Sie sich auch ganze Wortreihen als bildlich verknüpfte Ringe und finden Sie Bilder, die Sie an ein Schlüsselwort erinnern.

3.5 Lesetechniken

Die PQ4R-Methode

Wenn Sie einen Text in allen Einzelheiten lernen und nicht nur lesen müssen, ist die PQ4R-Methode für Sie besonders effektiv. Diese Methode soll helfen, Texte besser zu verstehen und sie auch länger behalten zu können. Außerdem strukturiert sie das Arbeiten mit schwierigen Texten und ist somit optimal für die Prüfungsvorbereitung geeignet. Der Name „PQ4R-Methode“ leitet sich von den englischen Bezeichnungen für die sechs Phasen ab, die man beim Studium eines Lehrbuchkapitels durchlaufen sollte: *Preview* (Vorausschau), *Questions* (Fragen), *Read* (Lesen), *Reflect* (Nachdenken), *Recite* (Wiedergeben), *Review* (Rückblick).

Tipp

Diese Technik fand auch unter der Bezeichnung „SQ3R-Methode“ Verbreitung. Sie wurde 1946 von F. P. Robinson entwickelt. Der Buchstabe „S“ steht für „Survey“, was „Überblick“ bedeutet. Auch gibt es bei Robinson nur drei „R“, nämlich „Read, Recite, Review“.

Die einzelnen Phasen gelten nicht nur für Lehrbuchkapitel, sondern selbstverständlich für alle Texte, deren komplexe Inhalte Sie sich einprägen und verstehen möchten. Wenn Sie die Methode erst einmal so verinnerlicht haben, dass Sie sie automatisch anwenden, werden Sie feststellen, wie oft sie zum Einsatz kommen kann. Möglicherweise geschieht das dann selbst beim Lesen eines Artikels in der Tageszeitung.

Preview

Überfliegen Sie zunächst das gesamte Material, um festzustellen, welche Themen darin behandelt werden. Dies kann das Kapitel eines Buches, ein Zeitungsartikel oder die Niederschrift eines Vortrages sein. Der Umfang sollte jedoch übersichtlich bleiben. Es ist davon abzuraten, ein ganzes Buch mit der PQ4R-Methode bearbeiten zu wollen. Sie hätten es mit einer zu großen Informationsmenge zu tun, die sich nicht zufriedenstellend bearbeiten ließe. Markieren Sie bereits während des ersten Überfliegens die Abschnitte, die ein zusammengehöriges Ganzes bilden und wenden Sie danach auf jeden dieser Abschnitte die folgenden Schritte an.

Questions

Formulieren Sie Fragen zu den einzelnen Abschnitten. Auf diese Weise strukturieren Sie den Text im Kopf und machen sich gleichzeitig vorhandene Wissenslücken bewusst. Das Formulieren von Überschriften zu einzelnen Abschnitten kann dabei sehr hilfreich sein. Geht es in dem gesamten Text beispielsweise um richtiges Benehmen in der japanischen Geschäftswelt, so lässt sich aus der Überschrift „Tischsitten" leicht die Frage: „Wie benehme ich mich bei Tisch?" ableiten. Meist kann man für jeden Abschnitt nur eine umfassende Überschrift finden. Alle übrigen handfesten Fakten, die Sie damit noch nicht abgedeckt haben, sollten Sie als Grundlage nehmen, um weitere Fragen zu formulieren.

Read

Nun wird jeder Abschnitt konzentriert Zeile für Zeile gelesen. Versuchen Sie dabei, die von Ihnen formulierten Fragen zu beantworten. Das Interesse an den Einzelheiten wurde nach dem ersten Überfliegen in Worte gefasst und kann jetzt gestillt werden.

Reflect

Ausnahmsweise sagt das englische Wort schon, was im Deutschen gemeint ist: Reflektieren Sie! In einem Wörterbuch findet man unter dem Eintrag „reflektieren" meist „spiegeln, wiedergeben, nachdenken". Und genau das müssen Sie nun tun. In dieser Phase werden Sie über den gelesenen Text nachdenken. Versuchen Sie in aller Ruhe das Gelesene zu verstehen, sich Beispiele auszudenken und alles noch einmal zueinander in Beziehung zu setzen. Dadurch entsteht eine starke Vernetzung der neuen Inhalte untereinander sowie mit bereits vorhandenem Wissen. Vielleicht bemerken Sie jetzt auch, dass noch Fragen offen sind. Notieren Sie diese auf einem Blatt Papier, das Sie nach Beendigung der PQ4R-Methode noch einmal zur Hand nehmen und bearbeiten.

Recite

Die Vokabel „recite" ist mit „vortragen" zu übersetzen. Das heißt nicht, dass Sie einen geschliffenen Vortrag über den gelesenen Stoff verfassen müssen. Nachdem Sie einen Textabschnitt beendet haben, sollten Sie aber versuchen, mit Ihren eigenen Worten die darin enthaltenen Informationen wiederzugeben. Probieren Sie auch, ob Sie im Rahmen Ihres „Vortrags" alle Fragen beantworten können, die Sie zu diesem Abschnitt in der zweiten Phase der Lernmethode formuliert haben. Sollten Sie nicht alle Fragen beantworten können, lesen Sie die entsprechenden Textstellen noch einmal. Hilfreich ist es auch, jemanden über den aktuellen Kenntnisstand zu informieren und dabei zu prüfen, welche Lücken eventuell noch geschlossen werden müssen, d. h., welche Sachverhalte Sie noch nicht hinreichend in eigene Worte fassen können. Eine Alternative dazu ist das laute Vortragen, das eine Art Selbstkontrolle darstellen kann.

Review

Im letzten Arbeitsschritt der PQ4R-Methode fassen Sie die wesentlichen Punkte gedanklich zusammen. Dies können Sie zunächst abschnittsweise erledigen. Auf jeden Fall sollten Sie anschließend auch den gesamten Text, mit dem Sie sich beschäftigt haben, noch einmal gründlich nachvollziehen. Gehen Sie auch erneut alle von Ihnen formulierten Fragen durch und versuchen Sie diese detailliert zu beantworten. Das sollte nun möglich sein. Überlegen Sie noch einmal genau, was denn die Kernaussagen des soeben bearbeiteten Textes sind. Ordnen Sie den Text auch in einen größeren Zusammenhang (z. B. Epoche, politischer Standpunkt usw.) ein. Durch diese Vernetzung und Wiederholung wird das neue Material endgültig im Kopf gespeichert. Allerdings wird es vermutlich noch immer die eine oder andere Frage geben, auf die Sie keine Antwort haben, d. h., dass Sie das eine oder andere Detail wieder vergessen haben. Darauf werden Sie nun aufmerksam gemacht.

Tipp

Wenn Sie in der letzten Phase des Verfahrens auf Punkte stoßen, die offenbar noch nicht in Ihrem Kopf verankert sind, sollten Sie sich für diese Inhalte mithilfe einer der Mnemotechniken oder des Visualisierens eine Merkhilfe schaffen.

Übung 54:
Testen Sie sich nun selbst: Lesen Sie folgenden kurzen Text nach oben beschriebener Methode durch. Das Beispiel zeigt Ihnen, wie die Verwendung der PQ4R-Methode aussehen kann. Fangen Sie jetzt mit dem ersten Schritt – der Preview-Phase – an: Stellen Sie fest, welche Themen der Text im Einzelnen behandelt und wie die Abschnitte zusammenhängen.

Benehmen in Japan

Das Land besteht aus 6.800 Inseln und ist gerade dabei, eine ganze Reihe anderer Länder wirtschaftlich hinter sich zu lassen. Typische Eigenschaften der Menschen sind Fleiß und eine strenge Disziplin. Davon merkt man allerdings nichts mehr, wenn man sie in einer Karaoke-Bar beobachtet. Dort wird eine Menge Alkohol konsumiert, und selbst hochrangige Manager trällern mit viel Spaß in den höchsten Tönen. Japaner haben meist eine sehr ausgeprägte Verbundenheit zu ihrem Land. Was sie anpacken, möchten sie perfekt machen. Gefühle zu zeigen, ist nicht angebracht. So lächeln Japaner selbst dann noch, wenn sie eine schlechte Nachricht zu überbringen haben.

Äußerlichkeiten

Herren wählen für ihren Anzug unbedingt eine dunkle Farbe. Auch das Tragen einer Krawatte gilt als obligatorisch. Je mehr ein Japaner verdient, desto mehr Wert legt er auf seine Schuhe. Entsprechend sollten Sie neben korrekter Kleidung besonderes Augenmerk auf Ihre Schuhe legen.

Begrüßung/Anrede

Eine gekonnte japanische Begrüßung erfordert viel Übung und wird von einem Europäer in den seltensten Fällen perfekt beherrscht. Das wird aber auch gar nicht erwartet. Gewöhnt an den Umgang mit ausländischen Geschäftspartnern, geben einige Japaner inzwischen zur Begrüßung bzw. zum Abschied sogar die Hand. Sie tun es aber nicht gern und meistens entsprechend ungeschickt. Setzen Sie ein freundliches Signal, indem Sie den Kopf und den Oberkörper leicht neigen. Achten Sie dann darauf, wie oft sich Ihr Gegenüber verbeugt und tun Sie es ihm gleich. Drei Verbeugungen sind oft das Minimum. Sollte es dennoch zum Handschlag kommen – aus Höflichkeit Ihnen gegenüber – wird der eher lasch ausfallen. Drücken auch Sie nicht fest zu. Das wäre unschicklich. Der Nachname wird in Japan – wie auch in China – vor dem Vornamen genannt. Hängen Sie an den Vornamen die Silbe „-san“ an.

Bei Tisch

In traditionellen Restaurants sitzt man üblicherweise an niedrigen Tischen auf speziellen Strohmatten, also gewissermaßen auf dem Boden. Straßenschuhe gelten als unrein und werden draußen gelassen. Setzen Sie sich so, dass Sie niemandem Ihre Fußsohlen zeigen. Gegessen wird mit Stäbchen. Halten Sie diese immer im schrägen Winkel zum Reis. Aufrecht werden sie nur in einer buddhistischen Opferzeremonie in den Reis getaucht. Wie in China dürfen Sie die Reisschale zum Mund führen. Suppenlöffel gibt es nicht. Die Flüssigkeit wird geschlürft, feste Teile mit den Stäbchen herausgefischt. Die Speisen kommen alle gleichzeitig auf den Tisch. Jeder nimmt von jedem Tellerchen kleine Portionen. So bleibt es Ihnen erspart, große Mengen von etwas zu essen, das Sie vielleicht nicht mögen. Sushi-Lokale sind inzwischen auch in Europa weit verbreitet. Essen Sie dort vor Ihrer Reise zur Probe. Sollten Sie die kunstvollen Reisbällchen mögen, wird das in Japan als großes Kompliment aufgefasst und bringt Ihnen Punkte ein.

Eine Mahlzeit beginnt traditionell mit einer leichten Verbeugung aller Teilnehmer und dem Ausspruch „itadakimas“, was übersetzt ungefähr „Ich werde dankend entgegennehmen“ heißt und wie „gesegnete Mahlzeit“ eingesetzt wird. Reis können Sie sich nachreichen lassen. Lassen Sie keinen Reis übrig, denn das hieße, dass Sie noch mehr möchten. Essen Sie die Schale ganz leer und legen Sie die Stäbchen nebeneinander darauf oder auf einen eigens dafür bereitstehenden Halter, um zu zeigen, dass Sie das Essen beendet haben. Getränke schenkt man sich nie selber ein. Man bekommt sie von einem anderen am Tisch und schenkt gern auch den Umsitzenden ein. Reiswein wird aus kleinen Schälchen getrunken. Bietet Ihnen jemand seine benutzte Schale an, so ist er nicht betrunken. Vergessen Sie Ihre Empörung, heben Sie das Schälchen, damit es gefüllt wird und trinken Sie. Einige Minuten später bieten Sie der Person Ihre geleerte Schale an und füllen Sie für sie. Sollte Ihnen während des Essens die Nase laufen, entfernen Sie sich kurz vom Tisch oder ziehen Sie dezent hoch. Naseputzen ist in der Öffentlichkeit und speziell bei Tisch in Japan unschicklich. Ein Tuch, das Ihnen gereicht wird, ist zum Händereinigen gedacht. Männer dürfen auch das Gesicht abwischen. Frauen beschränken sich auf Hände und Unterarme.
(Text entnommen aus „Business Knigge – Weltweit erfolgreich auftreten“, Compact Verlag, 2005)

Haben Sie den Text überflogen? Gut, dann folgt bereits der zweite Schritt. Stellen Sie sich Fragen. Hier finden Sie bereits einige Beispiele:

- Aus wie vielen Inseln besteht Japan?
- Wodurch zeichnen sich Japaner aus?
- Mit welchem Outfit ist man in der japanischen Geschäftswelt korrekt gekleidet?
- Wie begrüßt man sich in Japan?
- Wie lautet die korrekte Anrede?

- Welche Tischsitten sind in Japan zu beachten?
- Wie hält man seine Stäbchen?
- Womit beginnt eine traditionelle japanische Mahlzeit?
- Wer schenkt die Getränke ein?

Lesen Sie nun die einzelnen Abschnitte über das richtige Auftreten, über Begrüßungs- und Anrederegeln und über Tischsitten noch einmal konzentriert Wort für Wort durch. Im Idealfall haben Sie dabei schon die von Ihnen formulierten Fragen im Hinterkopf. In der nächsten Phase reflektieren Sie. Denken Sie gründlich über die neuen Informationen nach. Stellen Sie sich bildlich vor, wie Sie sich vor einem Japaner verneigen, wie Sie mit ihm in einem Restaurant sitzen. Bedenken Sie dabei Ihre Körperhaltung, die Stellung Ihrer Füße, die Art, wie Sie das Essbesteck halten. Überlegen Sie, welche Vorteile oder Hintergründe die jeweiligen Regeln haben könnten.

Zum Rezitieren haben Sie zwei Möglichkeiten. Die erste sieht folgendermaßen aus: Tragen Sie jemandem vor, was Sie soeben über richtiges Verhalten in Japan gelernt haben. Sie können ihm zur Kontrolle den Text in die Hand geben und ihn bitten, sämtliche Informationen, die Sie nennen, im Text durchzustreichen. Dazu sollte er den Text kurz überfliegen, weil es ihm dann leichter fällt, alle Informationen rasch zu finden.

Tipp

Denken Sie daran: Es kommt nicht auf geschliffene Formulierungen an. Wichtiger ist, dass Sie alle Fakten wiedergeben und auf Nachfragen schlüssig reagieren können.

Die zweite Möglichkeit des Rezitierens ist das Mitschneiden. Nehmen Sie Ihre Zusammenfassung einfach mithilfe eines Kassettenrekorders oder MP3-Players auf. Anschließend kön-

nen Sie das Gesprochene in Ruhe abhören und dabei kontrollieren, ob Sie alle wichtigen Fakten vorgetragen haben.
Nun folgt der letzte Schritt, die Zusammenfassung. Gehen Sie noch einmal jeden Abschnitt durch und fassen Sie ihn gedanklich zusammen. Legen Sie den Text weg und überprüfen Sie, ob Sie nun sämtliche Fragen beantworten können. Wissen Sie, wie Sie einen Japaner zu begrüßen haben oder womit ein traditionelles Essen beginnt?

Übung 55:
Um die PQ4R-Methode auch in der täglichen Praxis konsequent anwenden zu können, sollten Sie sie durch gezieltes Training verinnerlichen: Nehmen Sie sich jetzt also ein Kapitel eines Buchs vor, mit dem Sie sich gerade beschäftigen. Sie sollten das Kapitel möglichst noch nicht gelesen haben. Zum Einstieg können Sie aber auch einen bereits gelesenen Abschnitt wählen. Wichtig ist, dass Sie die PQ4R-Methode Punkt für Punkt anwenden. Wenn Sie mit bereits bekanntem Stoff arbeiten, dann achten Sie darauf, wie viele Informationen dank des neuen Verfahrens zusätzlich hängen geblieben sind.

Weitere Lesetechniken

Die soeben vorgestellte Methode ist eine sehr effektive, aber auch eine recht aufwändige Lesetechnik. Sie hilft Ihnen, mit einem Text so umzugehen, dass Sie seinen Inhalt möglichst vollständig und dauerhaft behalten. Beim einfachen Durchlesen wird Ihnen das sicher noch nicht gelingen. Sie haben also wieder eine Strategie kennen gelernt, die Ihnen einen Vorteil gegenüber jenen bringt, die „einfach nur so dahinlernen". Es gibt daneben weitere Lesetechniken, die Sie anwenden können, wenn Sie sich nicht alle Details eines Textes einprägen müssen oder wenn Sie nicht genügend Zeit haben, sich mit einem ganzen Buch über mehrere Tage hinweg intensiv zu beschäftigen.

Für diese Zwecke stehen Ihnen z. B. das kursorische, das studierende, das diagonale sowie das punktuelle Lesen zur Verfügung. Die ersten beiden Techniken haben Sie – wahrscheinlich unbewusst – bei der PQ4R-Methode bereits benutzt.

Das **kursorische Lesen** meint, dass man einen Text nur überfliegt, ihn sozusagen „quer liest". Man erfasst im Idealfall die wichtigsten Fakten und eignet sich eine Vorstellung davon an, was in dem Text enthalten ist. Ziel ist es, sich in kurzer Zeit einen Überblick zu verschaffen.

Im Gegensatz dazu steht das **studierende Lesen**. Die Lesegeschwindigkeit spielt dabei überhaupt keine Rolle. Sinn und Zweck ist es, den Inhalt wirklich zu erfassen und zu verstehen. Auch sollten möglichst viele Details (natürlich nur, wenn sie wichtig sind) beim studierenden Lesen im Kopf gespeichert werden.

Beim **diagonalen Lesen** erfasst man – möglichst mit einem Blick – von links oben bis rechts unten, was auf einer Seite steht. Das hört sich zunächst einmal fast unglaubwürdig an und bedarf auf jeden Fall einer Menge Übung. Sie können sich leicht vorstellen, wie das Prinzip funktioniert, indem Sie ein Blatt Papier nehmen, das vollständig beschrieben ist. Bringen Sie Ihre Augen nun in die Stellung, die Sie normalerweise einnehmen, wenn Sie mit dem Lesen beginnen. Legen Sie Ihren Finger auf das erste Wort, das links oben, also am Anfang des Textes, steht. Führen Sie Ihren Finger nun langsam auf der gleichen Höhe so weit nach links, bis er gerade aus Ihrem Blick verschwinden will. Betrachten Sie nun einmal den erstaunlich großen Raum, den Sie bei Lesebeginn mit den Augen erfassen. Sie können mit dem Finger genauso nach oben wandern, ohne ihn sofort aus den Augen zu verlieren. So ist es natürlich auch, wenn Sie am Ende eines Textes angekommen sind. Ihr Blickfeld ist viel größer als Sie gemeinhin denken. Wenn Sie das erkannt haben, können Sie gezielt trainieren, die Augen so einzusetzen, dass Sie vom ersten Blick an bereits eine größere Textmenge erfassen können. Wer sich das bis zur Perfektion antrainiert hat, schaut wirklich nur einmal auf eine Seite und nimmt diagonal alle Schlüsselwörter auf. Die Lesegeschwindigkeit kann dadurch enorm erhöht werden, da man alle wichtigen Schlagworte auf einen Blick erfasst. Leider entgeht Ihnen der sprachliche Genuss. Auch Feinheiten werden natürlich verloren gehen. Das Erlernen dieser Technik kostet außerdem recht viel Zeit.

Das **punktuelle Lesen** praktizieren Sie vermutlich bereits, ohne sich dessen bewusst zu sein. Man nimmt sich dabei einen Text vor, überfliegt ihn und liest nur dort einen Abschnitt, wo man ein Schlüsselwort entdeckt hat. Ein Beispiel verdeutlicht dies: Sie beschäftigen sich mit Lesetechniken, weil Sie in weniger Zeit mehr aufnehmen möchten. In einem Buch zu dieser Thematik überfliegen Sie die Seiten und bleiben an Begriffen wie „Lesegeschwindigkeit" oder „schnell erfassen" hängen. Nun lesen Sie den jeweiligen Absatz, um festzustellen, ob sich dort die erwünschten Informationen finden.

Tipp

Punktuelles Lesen eignet sich optimal, wenn Sie einem Zeitungsartikel oder einem Plakat rasch Informationen entnehmen wollen. Das tun Sie vermutlich längst, wenn Sie beispielsweise nach Terminen oder Orten bestimmter Veranstaltungen suchen.

3.6 Kreativitätssteigernde Lernmethoden

Wenn man sich auf ein komplexes Thema umfassend vorbereiten möchte, so verlangt das nicht nur Fleiß, Durchhaltevermögen und eine gewisse Gedächtnisleistung, sondern auch viele kreative Einfälle. Wir alle wissen allerdings, dass einem kreative Ideen nicht so einfach in den Kopf schießen. Im Prinzip entstehen sie immer durch die Neukombination von bereits vorhandenem Wissen. Denn ob bewusst oder unbewusst, Ihr Gehirn kann immer nur das weiterverarbeiten und in neue Form gießen, was bereits in ihm ist. Darum brauchen kreativ arbeitende Menschen auch immer neuen Input, sei es durch Kino- oder Theaterbesuche, durch das Lesen von Büchern, den Besuch von Seminaren oder durch permanente Fortbildung.

Haben Sie einen Geistesblitz, dann können Sie ziemlich sicher sein, dass Ihr Kopf oder zumindest der unbewusste Teil Ihres Geistes schon seit geraumer Zeit an dieser Idee oder Problemlösung arbeitet. Sei es, dass Ihnen endlich eine Idee kommt, wie Sie Ihren Garteneingang schöner gestalten können, oder sei es, dass Ihnen die rettende Idee für ein bereits zum Scheitern verurteiltes Firmenprojekt einfällt. In all diesen Fällen war Ihnen das Problem schon länger vorher bekannt und Ihr Geist hat im Hintergrund unter Ausnutzung all seiner Ressourcen daran gearbeitet. So entstehen auch Ideen, die einem mehr oder weniger im Schlaf kommen. Denn auch wenn Sie schlafen, schaltet Ihr Gehirn nicht völlig ab, sondern arbeitet weiter an der Zuordnung von an diesem Tag Erfahrenem und Gelerntem und an der Lösung von Problemen. Das Ergebnis kann sich dann plötzlich und unerwartet mitten in einer ganz anderen Situation in Form eines Geistesblitzes äußern! Besonders kreativ ist man übrigens kurz vor dem Einschlafen und in der Aufwachphase, weshalb kurze Nachmittagsschläfchen oft sehr kreativitätssteigernd wirken!

Ist man in der kreativen Lösung von Problemen geübt, hat man viel öfter derartige Geistesblitze und kann sie auch bereits kurze Zeit nach einer Problemstellung aktivieren. Wenn man seine kreativen Fähigkeiten konsequent trainiert, wird die Häufigkeit von spontanen Eingebungen deutlich zunehmen.

Der Begriff „Kreativität" ist von dem lateinischen Wort „creatio" (= Schöpfung) abgeleitet. Man versteht darunter die Fähigkeit, neue und unübliche Lösungen für bekannte oder auch neue Aufgabenstellungen zu finden. Vorgehensweisen und Methoden sollen dabei in einer nicht vorgegebenen Weise kombiniert und abgewandelt werden. Dabei ist es durchaus erwünscht, gegen Regeln zu verstoßen oder diese einfach zu ignorieren. Das Ziel ist allerdings, produktiv zu sein. Es geht also nicht darum, zum Spaß Regeln über den Haufen zu werfen und möglichst schrille Ideen zu entwerfen, die ein Problem nur scheinbar oder mit unsinnig hohem Aufwand lösen. Der neue Lösungsweg soll Vorteile bringen. Ein typisches Beispiel für die konkreten Früchte von Kreativität sind Erfindungen verschiedenster Art. Jemand ärgert sich ständig darüber, dass er Sockenpaare nach dem Waschen mühsam zusammensuchen muss, einzelne Strümpfe auf mysteriöse Weise verschwinden. Während die geläufige Methode vorsieht, Socken z. B. in einen Kissenbezug zu legen, bevor man sie in die Waschmaschine steckt, erfindet ein kreativer Geist eine Sockenklammer, mit der die Paare mühelos zusammengehalten werden.

Seine Kreativität zu steigern, hat im Bereich des Lernens den großen Vorteil, dass man beweglicher im Geist wird. Man lernt nicht nur stur nach bestimmten Vorgaben, sondern erkennt schneller Zusammenhänge, versucht spielerisch, Aufgabenstellungen auf verschiedenen Wegen zu bewältigen und erhält so in kürzerer Zeit Lösungsansätze oder sogar völlig neue Lösungen. Folgende Techniken helfen Ihnen, Ihre Kreativität zu trainieren und zu steigern.

Mind-Mapping

Der Begriff „Mind-Mapping" bezeichnet eine Kreativtechnik, die Ihnen hilft, grundsätzlich bekannte, aber inzwischen verschüttete Informationen zu einem bestimmten Thema neu zu aktivieren und in eine gewisse Ordnung zu bringen. Das entstehende Gerüst können Sie dann mittels gezielter Recherchen weiter ausbauen, bis Sie sich den betreffenden Lernstoff umfassend erschlossen haben. Nun müssen Sie nur noch die Verknüpfungen, die Sie auf dem Papier vor sich haben, verinnerlichen. Einen so aufbereiteten Lernstoff werden Sie nicht so schnell wieder vergessen, da in diesem Fall neues Wissen vorbildlich mit bereits bestehendem zu einem komplexen Netzwerk verknüpft wurde.

Natürlich liegen dieser Methode einige altbekannte und althergebrachte Merkhilfen zugrunde, die allerdings auf den neuesten Stand gebracht und für den modernen Benutzer und seine speziellen Bedürfnisse optimiert wurden. Mind-Maps waren bereits im Mittelalter gebräuchlich. Sie sehen also, dass man sich nicht nur in der Antike, sondern auch in dieser Epoche mit verschiedenen Methoden der Gedankenstrukturierung beschäftigte. Der spanische Philosoph Ramon Llull (1232/1233–1316) verband etwa auf eine bestimmte Weise Wort mit Bild und stellte so seine Gedanken als eine Art „Wissensbaum" dar. Dieser war den Stammbäumen der Ahnenforschung ähnlich und kann durchaus als ein Vorläufer der heutigen Methode des „Mind-Mapping" angesehen werden.

Die Mind-Map (übersetzen könnte man das mit „Gedankenlandkarte") wurde nach der Erkenntnis entwickelt, dass unser Denken kein linearer, sondern ein ausgesprochen komplexer Prozess ist, bei dem permanent neue Assoziationen und Strukturen gebildet werden, die untereinander vernetzt sind. Dementsprechend hat eine fertige Mind-Map auch die Form eines stark verästelten Baums.

Die Herstellung einer Mind-Map macht nicht mehr Arbeit als eine normale Mitschrift, lässt aber wesentlich schneller die Einordnung eines Gedankens in komplexe Zusammenhänge sowie seine Ergänzung um neue Aspekte zu und erleichtert die

Erinnerung erheblich. Mind-Maps sind immer dann geeignet, wenn es um Informationsverarbeitung geht, also z. B. für die Vorbereitung von Vorträgen und Aufsätzen, für die Anfertigung von Notizen, für Problemanalysen oder für die Aufschlüsselung eines Sachthemas.

Um eine Mind-Map herzustellen, nehmen Sie sich einfach ein leeres Blatt Papier, das nicht zu klein sein sollte – mindestens DIN A4, besser noch DIN A3. Nun formulieren Sie einen zentralen Begriff und schreiben ihn in die Blattmitte. In der Folge sammeln Sie weitere Gedanken und schreiben diese auf Linien, die so von dem zentralen Begriff abzweigen, wie Äste aus einem Baum herauswachsen. An diese Äste lassen sich jederzeit neue Zweige montieren, die Unterpunkte oder Abzweigungen von einem bestimmten Gedanken darstellen. Auf diese Weise entsteht ein riesengroßer Baum mit vielen Ästen und Zweigen, die alle Einzelaspekte eines Themas darstellen.

Wenn Sie Mind-Maps für sehr umfangreiche Themen erstellen, empfiehlt es sich, den großen Zusammenhang (also den Baum mit seinen Hauptästen) auf einer Einstiegsseite festzuhalten und die Verästelungen auf neue Seiten zu schreiben. Diese neuen Seiten leiten Sie jeweils mit einer Kopie der Hauptverzweigungen ein, auf der Sie mit einem roten Punkt markieren, an welcher Stelle die neue Verästelung ansetzt.

Tipp

Inzwischen gibt es auch Computerprogramme zum Thema Mind-Mapping. Diese eignen sich besonders für Menschen, die Schwierigkeiten haben ihre Mind-Maps optisch übersichtlich zu gestalten.

Sie können beim Mind-Mapping am besten in zwei Phasen vorgehen. Nehmen Sie z. B. die Planung des Buffets einer Party.

Zuerst schreiben Sie alles auf, was Ihnen einfällt: Getränke, Essen, warm, kalt, Süßes, Vegetarisches für Max, Knabbergebäck, Sushi usw. Danach suchen Sie sich einen Zentralbegriff, z. B. „Getränke", heraus und schreiben diesen in die Mitte Ihres Zettels. Machen Sie einen Kreis oder eine Wölkchenlinie um diesen Begriff. Das ist Ihr Stamm. Führen Sie nun einen Ast (eine Linie) von der Mitte einige Zentimeter weit weg und schreiben Sie „warm" dazu. Von dort führen Sie eine weitere Linie weg zu einer kleinen Liste mit Begriffen wie Tee, Kaffee und Kakao. Falls nötig, können Sie diese Liste noch einmal mit Begriffen wie Grüner Tee, Schwarztee, Pfefferminztee bzw. koffeinfreier Kaffee und Espresso erweitern.
Auf der anderen Seite des Stammes schreiben Sie den Begriff „kalt" hin. Von dort führen Sie gleich zwei weitere Linien zu den Knotenpunkten „alkoholisch" und „nicht-alkoholisch". Diese können Sie noch ein paar mal aufsplitten (z. B. mit Kohlensäure, ohne Kohlensäure, mit Zucker, zuckerfrei), bevor Sie zu noch detaillierteren Listen kommen. Auf Seite 230 finden Sie ein Beispiel für eine sinnvoll gestaltete Mind-Map zum Thema „Getränke".

Die Vorteile dieser Methode liegen auf der Hand. Durch die Gliederung des Themas in verschiedene Bereiche können Sie sich jeweils in einem Bereich besser orientieren, neue Assoziationen finden und sicher gehen, keinen Aspekt zu vergessen. Wird ein Unterpunkt zu ausufernd, dann übertragen Sie ihn einfach als Stamm eines neuen Diagramms auf ein neues Blatt Papier. Mind-Maps helfen etwa auch beim Vorbereiten einer Rede zu einem bestimmten Thema. Aber auch persönliche Ziele und Strategien lassen sich so übersichtlich darstellen. Man kann solche Diagramme zudem zum Strukturieren von Lernstoff benutzen, da man damit abstraktes Wissen auf individuelle Art darstellen und organisieren kann. Jedoch sind Mind-Maps nicht sonderlich gut zum Weitergeben von Informationen geeignet, denn jeder Mensch assoziiert anders.

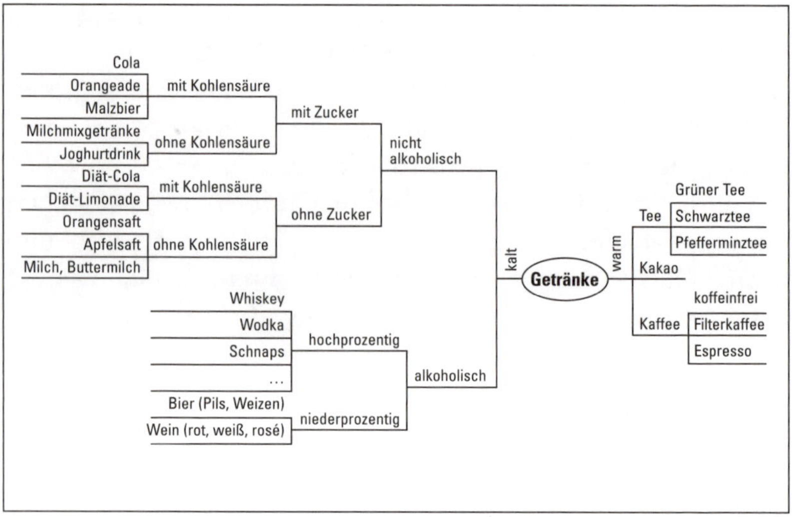

Zur weiteren Verdeutlichung kann man die verschiedenen Abzweigungen/Hierarchien auch optisch unterschiedlich darstellen. Etwa durch verschiedene Schriftarten wie Großbuchstaben oder Kleinschrift oder durch verschiedene Farben. Auch Zeichnungen tragen dazu bei, die jeweiligen Punkte individuell hervorzuheben, wie z. B. eine Flasche als Symbol für kalte Getränke. Verschiedene Endpunkte, die in thematischem Zusammenhang stehen, kann man auch nachträglich – beispielsweise mit gestrichelten Linien – verbinden. All das können Sie natürlich noch durch eigene Ideen und Kreationen ergänzen. Die Möglichkeiten sind fast endlos.

Übung 56:

Ergänzen Sie nun die Party-Getränke-Landkarte um eine Speisen-Landkarte und arbeiten Sie sich analog zur Karte „Getränke" durch die verschiedenen Bereiche. Eine „richtige" oder „falsche" Mind-Map gibt es übrigens nicht, denn jeder Mensch wird individuell eine eigene Landkarte je nach seinen Assoziationen schaffen! Eine mögliche Lösung finden Sie trotzdem im Anhang.

Übung 57:
Nutzen Sie nun diese Technik, um auf einem extra Blatt Papier etwas für Sie tatsächlich Wichtiges zu planen oder zu organisieren. Hier ein paar Anregungen:
Urlaubsplanung, Vorbereitung auf eine Prüfung, Wochenendeinkäufe, Arbeitsplan für einen Monat, Aufräumen im Haus, Umgestaltung des Werkraums, Suche nach einem passenden Beruf, Organisation des Kleiderschranks usw.

Clustering

Clustering leitet sich von dem englischen Wort „cluster“ ab, was auf Deutsch so viel wie „Büschel“, „Gruppe“ oder „Anhäufung“ bedeutet. In diesem Zusammenhang werden unter Clustering Informationen, Vorstellungen und Gefühle verstanden, die miteinander vernetzt sind. Bei dieser Methode spielen Assoziationsketten eine wichtige Rolle.
Das Clustern hat Gabriele L. Rico Ende der 70er-Jahre entwickelt. Sie brachte damit die Teilnehmer ihrer Schreibkurse dazu, fantasievolle Handlungen und Figuren zu entwerfen und Texte daraus zu formulieren.

Clustering ist eine gängige kreative Methode zur Ideenfindung und lässt sich ohne längere Vorarbeiten durchführen. Wenn es darum geht, über die Aktualisierung von Vorwissen neue Verknüpfungen von Gedanken und neue Ideen zu entwickeln, ist Clustering ein geeignetes Hilfsmittel. Suchen Sie sich einen Kernbegriff, z. B. das Thema eines Referats oder einer Prüfung. Schreiben Sie ihn in die Mitte Ihres Blattes und zeichnen Sie einen Kreis darum.

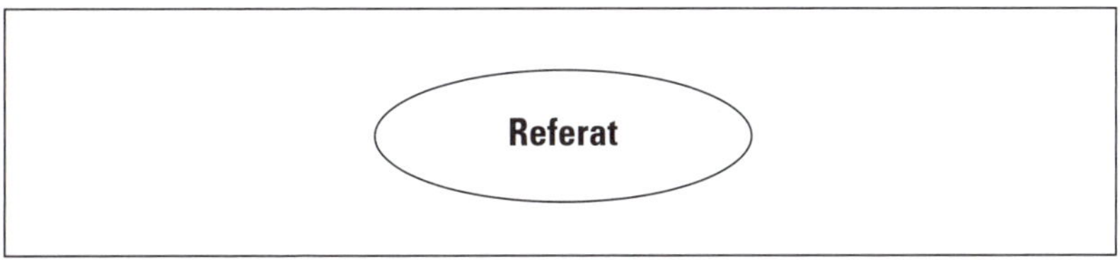

Schreiben Sie nun spontan alles dazu, was Ihnen einfällt, ohne dabei zu werten. Wenn Sie alle Assoziationen losgeworden sind, suchen Sie Verbindungen zwischen den einzelnen Punkten und markieren Sie diese – am besten farbig.

Wenn Sie sich bei dieser Methode an das bereits vorgestellte Mind-Mapping erinnert fühlen, haben Sie nicht ganz Unrecht. Beide Techniken gehen davon aus, dass man nach der Festlegung eines übergeordneten Begriffs passende Assoziationen dazu sammeln und aufschreiben soll. Der Unterschied zwischen Mind-Mapping und Clustering besteht darin, dass bei letzterem am Ende eine Hierarchie aller gesammelten Ideen entstehen soll. Wie diese Hierarchie zu Stande kommt, erfahren Sie auf der nächsten Seite.

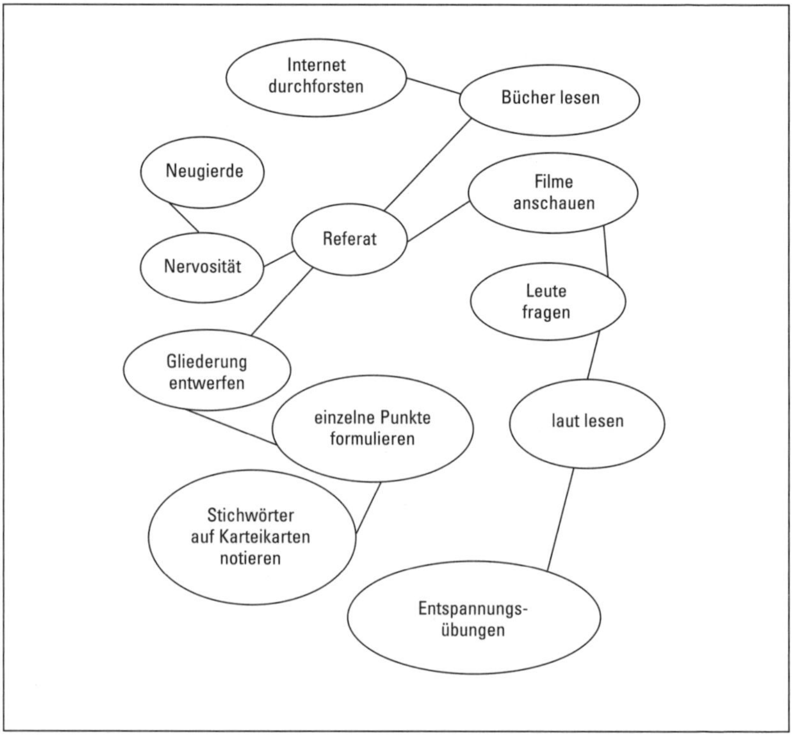

Durch die Verbindungslinien haben Sie die Möglichkeit, Zusammenhänge zwischen den einzelnen Punkten aufzuzeigen. Wenn Sie jetzt aus den Verbindungslinien noch Pfeile machen, dann haben Sie auch eine Hierarchisierung, mit der Sie Wichtiges von weniger Wichtigem unterscheiden können. So können Cluster Ihnen helfen, die Informationen zu reduzieren und sich nur auf das Wesentliche zu konzentrieren.

Tipps zur Herstellung eines Clusters:

1. Sparen Sie nicht am Papier. Nehmen Sie einen möglichst großen Bogen, damit Ihre Gedanken nicht durch den Rand des Papiers begrenzt sind. Ideal ist ein völlig nackter Bogen. Linien oder Kästchen lenken das Auge unnötig ab, wenn später eigene Linien hinzukommen.

2. Worum geht es? Schreiben Sie das Schlagwort bzw. das Thema in die Mitte des Bogens und kreisen Sie es ein. Schreiben Sie groß, damit Sie es stets im Blick haben.

3. Alles, was Ihnen zu dem Thema einfällt, gehört auf das Papier. Das kann natürlich sehr viel sein. Unterbrechen Sie, wenn Sie meinen, ein bestimmter Gedanke gehöre aus irgendeinem Grund auf die linke Seite oder über den Hauptbegriff. Sie sollen während der Begriffssammlung nicht über die Zusammenhänge zwischen den einzelnen Themenaspekten nachdenken, sondern sich einfach treiben lassen. Es ist völlig egal, an welcher Stelle des Bogens welche Ideen landen. Kreisen Sie jeden Gedanken ein.

4. Halten Sie ab und zu inne und betrachten Sie die notierten Stichworte. Gehören einige nach Ihrem Gefühl zusammen? Wenn ja, dann verbinden Sie sie mit einer gestrichelten oder durchgezogenen Linie. Je nachdem, wie sicher Sie sich der Zusammengehörigkeit sind bzw. wie stark die Zusammengehörigkeit ist.

5. Es ist sehr gut möglich, dass ein Begriff zu mehreren Ketten gehört.

6. Es ist ebenfalls wahrscheinlich, das einer der Begriffe gar keine Verbindung zu einem anderen Begriff hat. Es ist daher völlig in Ordnung, wenn ein Außenseiter auch zum Schluss noch ohne jede Verbindungslinie auf dem Blatt erscheint.

7. Betrachten Sie immer und immer wieder die in Ihrer Assoziation aufgetauchten Stichwörter. Und betrachten Sie hin und wieder auch das Ausgangswort, das in der Mitte steht. Lassen Sie so lange weitere Ideen in Ihrem Kopf entstehen, wie sie von alleine auftauchen. Sobald Sie das Gefühl haben, Sie überlegen, was man denn noch schreiben könne, weil Sie vielleicht fürchten, Sie hätten zu wenig Einfälle gehabt, machen Sie eine längere Pause oder brechen komplett ab.

Ideenhierarchie
Die Ideenhierarchie ist eine weitere Technik, mit der Sie systematisch Ihre Gedanken zu einem bestimmten Thema zusammentragen können. Auch mit dieser Methode können sie also Ihren kreativen Output erhöhen.
a) Schreiben Sie ein Wort in die Mitte eines Blattes.
b) Suchen Sie nach Einzelheiten, aus denen das bezeichnete Element besteht.
c) Ergänzen Sie vergleichbare Begriffe.
d) Suchen Sie nach allgemeinen Begriffen, die zum Wort passen.
e) Finden Sie Dinge, die mit Ihrem Wort bezeichnet werden können.
f) Machen Sie auch eigene Unterteilungen auf.

Beispiel für eine Ideenhierarchie:
zu a) car
zu b) wheel, bumper, trunk, indicator

zu c) bus, boat, airplane, railway
zu d) traffic, movement, modern life
zu e) Silberpfeil II, Goldpfeil I (Automodelle)
zu f) z. B. Teile des Motors, andere Bezeichnungen für denselben Gegenstand (umgangssprachliche, häufig gebrauchte Begriffe o. Ä.)

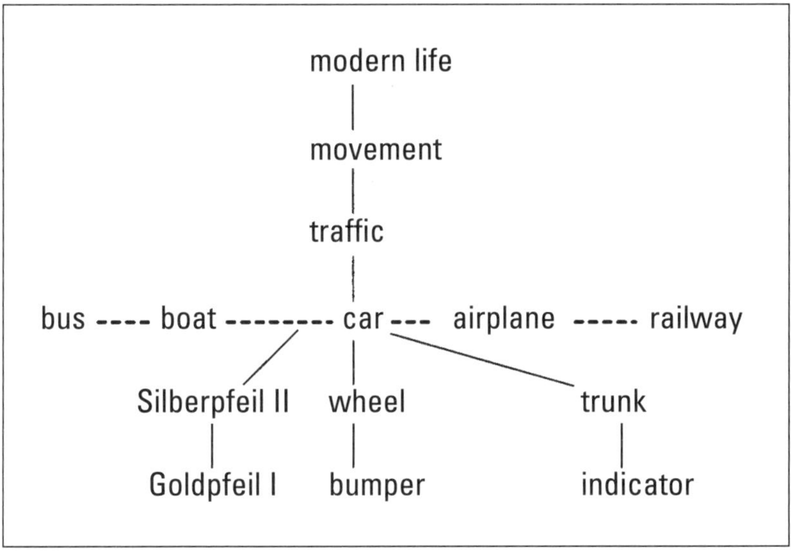

Sie haben – bevor Sie krampfhaft nach neuen Einfällen gesucht haben – eine Systematik aufgebaut, die Ihnen sehr schnell neue Einfälle bringt, indem Sie Ihr Gehirn an ganz bestimmten Stellen nach vorhandenem Wissen durchsuchen.

Kreativitätsspiele
Kreativität lässt sich besonders gut spielerisch trainieren. Wenn Sie über einer Aufgabe brüten und das Gefühl haben, nicht weiterzukommen, sollten Sie eine Pause einlegen. Die können Sie nutzen, um einen kleinen Spaziergang zu machen. Sie können aber auch einige der folgenden Kreativitätsspiele ausprobieren. Das lenkt ab, lockert auf und wirkt auf Ihren

Geist wie Lockerungsübungen auf Muskeln und Gelenke. In den folgenden Übungen geht es um die freie Entfaltung Ihrer Ideen. Lassen Sie keinerlei Beschränkungen zu, denn alles ist erlaubt und möglich! Es geht nicht um sinnvolle Antworten oder Plausibilität, sondern darum, Ihren Geist aus festgefahrenen Bahnen zu befreien und neue Verbindungen zwischen Ihren Synapsen im Gehirn zu schaffen. Schreiben Sie die Antworten auf – das verstärkt den Effekt!

Übung 58:

Überlegen Sie sich mindestens fünf Dinge, die passieren würden, wenn

a) die Meere der Welt austrockneten?
b) wir statt Benzin Milch tankten?
c) Bäume keine Blätter hätten?
d) alle Menschen barfuß gingen?
e) es keine Computer gäbe?
f) jeder Mensch einen kleinen Computer um den Hals trüge?
g) alle Menschen dieselbe Sprache sprächen?
h) Männer Kinder bekämen?
i) Ihre Urenkel aus der Zukunft zu Besuch kämen?
j) nur noch Frauen Politiker sein dürften?

Übung 59:

Schreiben Sie möglichst viele Ideen und Assoziationen zu den angegebenen Begriffen auf.

50 Antworten sind gut, 100 wären besser. Auch zu schwierigen Wörtern und Begriffen aus einem scheinbar engen Umfeld lassen sich viele Assoziationen finden. Versuchen Sie, verschiedenste Bereiche abzudecken, dann geht es viel leichter!

Zunächst einige Beispiele zum Begriff „Blume“:
Blumenarten: Rose, Tulpe, Nelke ...
Handlungen: kaufen, pflücken, gießen, schenken ...

→

Umfeld: Wiese, Blumenhandlung, Vase ...
Farben: rot, gelb, violett ...
Geruch: süß, herb, keiner ...
Teile: Blüte, Blätter, Dornen ...
Literatur: „Der Name der Rose“, „Sah ein Knab` ein Röslein stehen“ ...
Filme: „The Rose“, „Wilde Orchidee“ ...
Personen: Hans Rosenthal, Otto Lilienthal ...
Diverses: Blumenerde, Eisblumen, Frühling ...

Versuchen Sie es selbst. Sie werden sehen, es macht Spaß. Wenn die Linien nicht ausreichen, nehmen Sie ein Extra-Blatt.

a) Auto: ______________________________

b) Mutter: ______________________________

c) Hunger: ______________________________

d) Maske: ______________________________

e) Raumschiff: ______________________________

f) Ritterburg: ______________________________

Überlegen Sie sich auch Assoziationen zu folgenden Begriffen: *Fast Food, Helmut Kohl, Irland, Fingernagel.*

Übung 60:

Vervollständigen Sie folgendes Gedicht, indem Sie dabei jeweils die zweite Zeile dazudichten. Optimal wäre es natürlich, wenn das Ganze am Schluss einen Sinn oder zumindest so etwas wie eine Handlung ergäbe!

Wir verließen diesen Ort

Der Elefant, der schritt voran

Dadurch blieben alle stehen

Weiße Pracht, wohin man schaut!

Zwerge, die sind meistens schlau

Weil das diesen Mann sehr kränkte

Darum mussten wir schnell weg!

Immer wieder zogen sie

Doch war alle Müh' vergebens

Und die Moral von der Geschicht':

Übung 61:

Versuchen Sie, zur Melodie bekannter Lieder neue Texte zu entwickeln! Hier finden Sie als Beispiel einige Kinderlieder – Sie können aber auch Schlager nehmen. Bedingung ist: Es sollte sich reimen und eine sinnvolle Handlung ergeben. Natürlich sind auch Parodien der Lieder erlaubt – Ihrer Fantasie sind beim Texten keine Grenzen gesetzt. Sie können aber auch etwas ganz Eigenes, zu Ihrem Leben Passendes dichten! Schreiben Sie Ihren Text in die Zeile unter das Original, so können Sie Rhythmus und Reim besser überprüfen.

Hänschen klein / geht allein / in die weite Welt hinein;

Stock und Hut / stehn ihm gut, / ist gar wohlgemut.

Aber Mama weinet sehr, / hat ja nun kein Hänschen mehr!

Da besinnt / sich das Kind, / kehrt nach Haus geschwind.

Übung 62:

Übersetzen Sie folgenden Nonsens-Dialog in einen richtigen Dialog. Beachten Sie dabei die Wortanzahl und die Wortlänge! Am besten wäre es, wenn Ihr Dialog, der auch einen sinnvollen

Zusammenhang ergeben soll, exakt die gleiche Buchstabenanzahl wie die Vorgabe hätte! Satzzeichen können Sie ändern. (Die Buchstaben dienen nur als Platzhalter – Sie müssen diese vorgegebenen Buchstaben natürlich nicht verwenden und können Sie beliebig durch andere Buchstaben ersetzen.)

Petra: Bln hdats hkjz, kkki?

Martin: Bhkjh szteh, hgf lew jeef gfdfdssadft!

Petra: Lhkjv. Ztkhse df fgd tztzre jghf zrtgrm, fds fds hgte? Fre uzfz ghjuz tllf.

Martin: Gfbbwkjghr.

Petra: Fgh oit aerd lkinj mtet! Dhh dfree ghlp lpoitr …

Martin: Koli, jtr hjgtr saw loprte mdrin pungnen. Htrtz bhgeutr ktr aiieghinjs mlpo lkji mewoe pois!

Petra: Gdsptriz.

Martin: Lotz gre es hzzree, lore ki hgftr hjkiu.

Petra: Kjjk ...

Martin: Bgfdrtzu hj dsfr npo reind zutr?

Petra: llo kl dst, lkj tob sfgtr pew ...

Checkliste: kreative Lerntechniken

- Das Mind-Mapping benutzen Sie am besten immer dann, wenn es um die Verarbeitung von komplexen Inhalten geht. Mit einer Mind-Map können Sie Ideen und Informationen ausdifferenzieren und begrifflich ordnen.
- Das Clustering dient v. a. der spontanen Ideenfindung. Man wird zu neuen Einfällen angeregt, die man dann miteinander verknüpft.
- Die Ideenhierarchie verwenden Sie dann, wenn Sie Gedanken zu einem bestimmten Thema systematisch zusammentragen wollen. Die Ideenhierarchie ebnet den Weg dafür, möglichst alle Informationen zu einem bestimmten Thema zu sammeln.
- Durch Kreativitätsspiele befreien Sie Ihren Geist aus festgefahrenen Bahnen, wenn Sie das Gefühl haben, bei dem Bearbeiten einer Aufgabe nicht weiterzukommen. Kreativitätsspiele lenken nicht nur ab, sondern schaffen auch neue Verbindungen zwischen den Synapsen Ihres Gehirns.

4. Prüfungsvorbereitung

Nachdem Sie im letzten Kapitel verschiedene Lerntechniken zur schnellen und dauerhaften Speicherung von Wissen kennen gelernt haben, können Sie sich nun der ganz konkreten Prüfungsvorbereitung zuwenden.

4.1 Anforderungen abklären

Bevor Sie jedoch mit dem Lernen beginnen, sollten Sie sich einmal genau überlegen, was voraussichtlich in der bevorstehenden Prüfung verlangt werden wird. Ansonsten besteht die Gefahr, dass Sie sich zwar eine Menge Arbeit machen, schließlich aber mit einer Aufgabenstellung konfrontiert werden, auf die Sie Ihr Wissen gar nicht anwenden können.
Es genügt allerdings nicht, sich nur hinsichtlich des möglichen Lernstoffs Gedanken zu machen. Daneben sollten Sie sich auch genau über die Art der Prüfung informieren, die Ihnen bevorsteht: Soll die Lösung in Form eines Aufsatzes präsentiert werden oder handelt es sich um einen Multiple-Choice-Test? Müssen Sie bei der mündlichen Prüfung ein Kurzreferat halten oder ist eine fachliche Diskussionsrunde vorgesehen?

Anforderungen hinsichtlich des Lernstoffs

Verschaffen Sie sich zunächst einen Überblick über den Lernstoff, den Sie bewältigen müssen. Nutzen Sie dabei folgende Informationsquellen:

Prüfer
Bitten Sie Ihren Prüfer, den Prüfungsstoff einzugrenzen. In der Schule könnten Sie z. B. folgende Fragen stellen: Welche Romankapitel wird die Deutschklausur behandeln? Um welche Epoche geht es im Geschichtstest? Welche Bereiche umfasst die Mathematikklausur? Fragen Sie auch nach den Aufgaben-

typen, die in der Prüfung vorkommen können, denn davon hängt Ihre Vorbereitung ab. Für einen Aufsatz müssen Sie anders lernen als für einen Test, in dem reines Faktenwissen abgefragt wird.

Mitschriften
Werten Sie Ihre Mitschriften aus. Ausführliche Mitschriften geben einen guten Überblick über den Stoff, der seit der letzten Prüfung durchgenommen wurde, und somit auch darüber, welche Themengebiete höchstwahrscheinlich drankommen werden. Die Mitschriften zeigen außerdem, ob Sie ein Thema gut oder nur teilweise verstanden haben. Finden Sie beispielsweise viele Fragezeichen und Lücken in Ihren Aufzeichnungen, dann sollten Sie sich diesen Bereich besser noch einmal ansehen und eventuell auch Ihre Mitschüler dazu befragen.

Hausaufgaben
Sehen Sie Ihre Hausaufgaben noch einmal in aller Ruhe durch. An ihnen können Sie ablesen, ob Sie bestimmte Aufgabentypen beherrschen oder nicht und welche Typen besonders häufig geübt wurden. Bereiten Ihnen beispielsweise Gleichungen mit zwei Unbekannten Probleme? Vergessen Sie immer wieder, wie man einen Winkel berechnet?
Lücken wie diese können Sie mithilfe Ihrer Hausaufgaben aufdecken, um sie später gezielt zu schließen. Erstellen Sie eine Liste, auf der Sie vermerken, in welchen Bereichen Sie noch Schwierigkeiten haben.

Befragung ehemaliger Prüflinge
Wenn Sie sich auf eine umfangreichere Prüfung vorbereiten, sollten Sie – wenn möglich – während der Vorbereitungsphase mit früheren Prüflingen sprechen. Auf diesem Weg erfahren Sie mehr über den Ablauf der Prüfungssituation, über die allgemeinen Anforderungen und über die Eigenarten Ihrer Prüfer. Das kann besonders bei mündlichen Prüfungen entscheidend

sein, wo es neben der Fachkenntnis ja auch auf das persönliche Auftreten ankommt (vgl. Kap. 4.5). Vielleicht bekommen Sie von den betreffenden Personen auch Unterlagen für die Vorbereitung, anhand derer Sie sich auf Ihre Prüfung einstimmen können.

Tipp

Ein weiterer Vorteil, wenn man mit ehemaligen Prüflingen zusammenkommt: Je häufiger Sie über die Prüfungssituation reden, desto weniger bedrohlich wirkt sie.
Doch Vorsicht! Lassen Sie sich nicht von frustrierten Ex-Prüflingen verunsichern. Vielleicht waren diese ja einfach nur schlecht vorbereitet.

Lehrpläne und Prüfungsordnungen

Lehrpläne und Rahmenrichtlinien für die einzelnen Fächer bieten u. a. allgemeine Informationen über die Prüfungsanforderungen. Für den Bereich Schule können sie in den Kultusministerien der verschiedenen Bundesländer angefordert werden; zumeist sind sie auch schon auf der entsprechenden Seite im Internet zu finden und von dort herunterzuladen.

Lerntabellen erstellen

Notieren Sie sich möglichst ausführlich alle Themen und Aufgabentypen, die in der Prüfung vorkommen können. Bewerten Sie außerdem, wo Ihre Stärken liegen und wo Sie noch Wissenslücken haben. Über welche Themen wissen Sie schon eine ganze Menge? Welche Aufgaben müssen Sie sich noch einmal ansehen? Von Vorteil ist es, alle Informationen in einer Lerntabelle festzuhalten. Auf diese Weise wird deutlich, welche Themen Sie bereits gut beherrschen und für welche Sie noch üben müssen. Erstellen Sie für Ihre nächste Prüfung eine Lerntabelle nach folgendem Muster:

Lerntabelle

Thema 1	Weimarer Republik
Aufgabentyp	Wissensfragen
Beherrsche ich?	noch nicht – lernen!

Thema 2	Zweiter Weltkrieg
Aufgabentyp	Quellentexte interpretieren
Beherrsche ich?	einigermaßen – wiederholen

Thema 3	Nachkriegsdeutschland
Aufgabentyp	freier Vortrag
Beherrsche ich?	noch nicht – Vortrag trainieren

Gedankenlandkarten erstellen

Zusätzlich zu Ihrer Lerntabelle können Sie eine Gedankenlandkarte (vgl. den Abschnitt „Mind-Map" in Kap. 3.6) zum jeweiligen Prüfungsthema erstellen. Der Vorteil: Indem Sie den Stoff bildlich darstellen, führen Sie sich selbst vor Augen, welche Aspekte ein bestimmtes Thema umfasst. Außerdem machen Sie sich bewusst, wie diese Einzelaspekte zusammenhängen.

Tipp

Fällt es Ihnen schwer, Ihre Prüfungsthemen zu beschreiben und Zusammenhänge zwischen ihnen herzustellen, kann es sehr hilfreich sein, sich mit Klassenkameraden oder Studienkollegen auszutauschen, die sich auf denselben Test vorbereiten. Bilden Sie eine Arbeits- bzw. Lerngruppe, tragen Sie Ihre Ideen zusammen und versuchen Sie, gemeinsam eine Gedankenlandkarte zusammenzustellen.

Probieren Sie es einfach aus: Stellen Sie auf einem separaten Blatt Papier Ihre Prüfungsthemen als Mind-Map dar, indem Sie sie in Unterthemen und diese in weitere Unterpunkte aufgliedern und Zusammenhänge zwischen den verschiedenen Prüfungsthemen herstellen (vgl. auch „Clustering" in Kap. 3.6).

Am besten dafür geeignet ist eine Seite im DIN-A3-Format, die Sie quer vor sich liegen haben. Arbeiten Sie mit verschiedenfarbigen Stiften – so wird Ihre Mind-Map noch übersichtlicher. Die fertige Gedankenlandkarte können Sie sich dann über den Schreibtisch hängen, sodass Sie die Übersicht über Ihre Prüfungsthemen während des Lernens immer im Blick haben. Auf diese Weise können Sie auch kontrollieren, wie weit Sie mit dem Lernen bereits vorangekommen sind.

Checkliste: Themengebiete abstecken

- Verschaffen Sie sich einen Überblick über den Prüfungsstoff. Nutzen Sie dazu alle Informationsquellen, die Sie haben: Prüfer, eigene Mitschriften, ehemalige Prüflinge, Prüfungsordnungen, Lehrpläne, Klassenkameraden bzw. Studienkollegen.
- Schätzen Sie Ihren Wissensstand möglichst genau ein: Sehen Sie Ihre Hausaufgaben bzw. Nachbereitungen und Mitschriften durch, um eventuelle Schwächen festzustellen.
- Listen Sie alle Prüfungsthemen in einer Lerntabelle auf und versuchen Sie einzuschätzen, wo Ihre Stärken und wo Ihre Schwächen liegen.
- Erstellen Sie von den Prüfungsthemen eine Gedankenlandkarte. Damit führen Sie sich selbst vor Augen, wie umfangreich die Themen sind und wie sie zusammenhängen.

Anforderungen hinsichtlich der Prüfungssituation

Viele Prüflinge bereiten sich zwar gewissenhaft auf ihre Prüfungen vor und wissen eine ganze Menge, können ihre Kenntnisse aber nicht – oder nur teilweise – so verwerten, dass sie ein positives Ergebnis erzielen. Das liegt häufig daran, dass sie auf bestimmte Aufgabenstellungen nicht vorbereitet sind.

Damit Sie in Ihrer Prüfung keine bösen Überraschungen erleben, sollten Sie frühzeitig herausfinden, welche Aufgabenty-

pen vorkommen. Schließlich hängt beispielsweise Ihre Vorbereitung im Fach Deutsch unter anderem davon ab, ob Sie eine Erzählung zusammenfassen, interpretieren oder kreativ umschreiben sollen.
Vergessen Sie auf keinen Fall, sich genauestens über den Umfang der Prüfung zu informieren. Erfragen Sie, wie viele Aufgaben in etwa gestellt werden und wie viel Zeit Ihnen demnach für die einzelnen Aufgaben zur Verfügung steht.

Tipp

Falls sich die Lehrkraft nicht zu dem Umfang und der Art der Aufgaben äußern möchte, sollten Sie vorsichtshalber möglichst breit gefächert lernen. Sehen Sie sich Ihre Mitschriften und Hausaufgaben durch. Überprüfen Sie, welche Aufgaben Ihr Lehrer in der Zeit seit der letzten Prüfung gestellt hat und üben Sie diese. Beziehen Sie die Aufgabenstellung auch auf andere Themen.

Aufgabentypen schriftlicher Prüfungen
In schriftlichen Prüfungen müssen Sie meist ganz bestimmte Typen von Aufgaben bewältigen. Im Folgenden erhalten Sie einen Überblick über die übliche Einteilung in unterschiedliche Aufgabentypen.

a) logische Aufgaben (Rechnen & Co.)
In naturwissenschaftlichen Fächern wie Mathematik müssen Sie überwiegend logische Aufgaben lösen. Sie sollen zeigen, dass Sie bestimmte Lösungswege kennen und dieses Wissen auch anwenden können. Gehen Sie beim Lernen folgendermaßen vor:

Lassen Sie sich die Lösungswege von Ihrem Prüfer oder von Mitprüflingen erklären. Fragen Sie so lange nach, bis Sie das Prinzip vollkommen verstanden haben. Notieren Sie sich dann die einzelnen Lösungsschritte und hängen Sie sich diesen Zettel über Ihren Schreibtisch. Üben Sie mehrere ähnliche Aufgaben, um den einen Lösungsweg nicht nur auswendig zu kennen, sondern auf andere Aufgaben übertragen zu können.

Tipp

Scheuen Sie sich nicht vor häufigem Nachfragen, denn früh genug sitzen Sie allein zu Hause beim Üben und haben meist niemanden mehr an der Seite, der Ihnen helfen kann. Trainieren Sie das Lösungsschema anschließend an mehreren Beispielen. Wählen Sie zunächst einfache Aufgaben und arbeiten Sie sich allmählich zu den schwereren vor.

b) Wissensfragen

Ein beliebter Aufgabentyp in schriftlichen Prüfungen sind Wissensfragen wie diese: „**Wann** fand die Französische Revolution statt und **wie** wirkte sie sich auf das politische System Frankreichs aus?" Bei diesem Aufgabentyp geht es darum, Fakten und Zusammenhänge möglichst konkret darzustellen. Wissensfragen dienen also in erster Linie der gezielten Abfrage des gelernten Stoffs, wobei man auch zeigen muss, dass man in diesem Rahmen kleinere Zusammenhänge aufzeigen kann. Zunächst müssen Sie deswegen herausfinden, worauf die Frage abzielt, worin Ihre Aufgabe also genau besteht. Sollen Sie den Zeitpunkt eines Geschehens nennen **(wann)** oder Gründe beschreiben **(warum)**? Müssen Sie erklären, **was** geschah oder **wie** es passierte? Die so genannten W-Wörter geben meist eindeutige Hinweise auf Ihre Aufgabe. Wissensfragen werden in Prüfungen häufig in Form von Arbeitsaufträgen formuliert. So kann die Frage „Wie veränderte die Revolution das politische System?" auch in Form einer Aufgabe gestellt werden: „Die Revolution veränderte das politische System. Beschreiben Sie diese Veränderungen."

Tipp

Achten Sie immer genau auf die Art des Arbeitsauftrages. Werden Sie z. B. aufgefordert, Zusammenhänge zu beschreiben oder sollen Sie lediglich Jahreszahlen nennen?

Haben Sie erkannt, worauf der Arbeitsauftrag beziehungsweise die Frage abzielt, können Sie Ideen für Ihre Antwort sammeln. Schreiben Sie zunächst alles, was Ihnen einfällt, in Stichworten auf ein Blatt Papier und ordnen Sie dann die einzelnen Punkte. Überlegen Sie sich anschließend, in welcher Reihenfolge Sie die verschiedenen Aspekte des Themas beschreiben möchten. Mithilfe dieser Gliederung können Sie Ihre Antwort formulieren.

c) eigene Gedanken formulieren

In vielen Prüfungen müssen Sie nicht nur Wissen wiedergeben, sondern eigene Gedanken formulieren, wie etwa größere Zusammenhänge interpretieren oder Figuren charakterisieren. Besonders viel Fantasie erfordert das Verfassen kreativer Texte, wie z. B. Erzählungen.

Wie Sie sehen, reicht Faktenwissen allein nicht aus. Trainieren Sie auch die Aufgabentypen und Textformen, mit denen Sie sich in der Prüfung beschäftigen müssen. Achten Sie darauf, wie viel Zeit Sie für die einzelnen Aufgaben benötigen. Auf diese Weise entwickeln Sie ein Zeitgefühl für Ihre eigene Arbeit. Das hilft Ihnen in der Prüfung, sich die kostbaren Minuten besser einzuteilen.

Sicher haben Sie schon Erfahrungen mit den unterschiedlichsten Arten von Prüfungen gesammelt. Meistens hatten Sie es wahrscheinlich mit einer Faktenprüfung oder mit einer Transferprüfung zu tun. Im Folgenden werden diese beiden Prüfungstypen genauer betrachtet, damit Sie bei der nächsten anstehenden schriftlichen Prüfung Ihre Herangehensweise optimieren können und bestmöglich auf die bevorstehenden Aufgaben vorbereitet sind.

Faktenprüfung

Dieser Prüfungstyp wird von vielen Prüfern und wohl auch von den meisten Prüflingen bevorzugt. Der Prüfer erleichtert sich damit das Korrigieren und der Prüfling kann den Lernstoff größtenteils auswendig lernen, ohne sich in den Gesamtzusammenhang hineindenken zu müssen.

Beispiele:

- einfache Lückentexte
- Multiple-Choice-Prüfungen
- Vokabeltests
- Abfrage bestimmter Definitionen

Das bringt jedoch auch einen entscheidenden Nachteil mit sich. Zwar haben Sie, kurzfristig gesehen, einen geringeren Lernaufwand, doch leider wird Ihnen das Gelernte nicht allzu lang in Erinnerung bleiben. Denken Sie an eine eventuell später folgende komplexere Prüfung, in der dieses Thema wieder aufgegriffen wird – wahrscheinlich müssen Sie dann von Neuem lernen oder das Gelernte wieder auffrischen. Alles in allem machen Sie sich auf diese Weise die doppelte Arbeit. Deshalb sollten Sie auch bei der Vorbereitung auf eine Faktenprüfung folgende Tipps berücksichtigen.

Tipp

Lernen Sie nicht stur auswendig – das verspricht nur kurzfristigen Lernerfolg. Versuchen Sie den Lernstoff in einen Zusammenhang zu stellen, auch wenn in nächster Zeit nur eine Faktenprüfung ansteht.

Checkliste: Faktenprüfung

- Gehen Sie alle themenspezifischen Unterlagen nochmals durch.
- Überlegen Sie sich, welche Aufgaben in der Prüfung gestellt werden. Müssen Sie Definitionen lernen, Grafiken oder Diagramme aufzeichnen und erklären oder die richtige Antwort von drei möglichen ankreuzen?
- Überlegen Sie sich mögliche Prüfungsfragen und versuchen Sie diese zu lösen.

Falls Sie sich einige Fakten überhaupt nicht merken können, sollten Sie unbedingt einen „Spickzettel" schreiben, den Sie jedoch unter gar keinen Umständen während der Prüfung benutzen.
Probieren Sie es aus. Garantiert können Sie sich an das Notierte sofort – ohne jegliche Hilfsmittel – erinnern. Diese Methode funktioniert allerdings nur dann, wenn Sie maximal zwei „Spickzettel" anfertigen. Zu viel Lernstoff wird Ihr Kurzzeitgedächtnis überfordern. Wissenschaftliche Untersuchungen zu diesem Phänomen belegen, dass man sich die Informationen, die man auf einen Spickzettel notiert, bereits während dieser Tätigkeit zu über 50 Prozent einprägt.

Transferprüfung
In der Transferprüfung ist all das gefordert, was auch in der Berufswelt sowie im Studium am stärksten zählt: Regeln müssen an ganz konkreten Beispielen angewendet, Zusammenhänge erkannt und neue Schlüsse gezogen werden. Zu diesen Zwecken ist es oft hilfreich, wenn man Wissen aus verschiedenen Disziplinen und Fachbereichen zusammenfließen lässt.

Dieser Prüfungstyp ist sehr viel komplexer als die Faktenprüfung. Hier sollen bekannte und gelernte Informationen auf eine umfassende Fragestellung angewendet werden. Oft entstammt die betreffende Angabe der tatsächlichen Berufs- und

Lebenswelt, wenn etwa Grafiken eines Zeitschriftenartikels ausgewertet werden sollen.

Tipp

Versuchen Sie den Lernstoff vollständig zu verstehen – beseitigen Sie alle Unklarheiten, denn nur dann wird es Ihnen möglich sein, das Gelernte zu transferieren (übertragen).

Beispiele:

- Interpretationen
- Aufsätze
- Mathematikprüfungen
- Berichte
- Auswertung von Grafiken, Tabellen und Quellentexten

Falls Sie bisher geglaubt haben, dass man sich auf eine Textinterpretation oder einen Aufsatz kaum vorbereiten kann, sollten Sie diese Haltung schleunigst aufgeben. Die Vorbereitung auf eine Transferprüfung nimmt sogar sehr viel mehr Zeit in Anspruch als die Vorbereitung auf eine Faktenprüfung. Schätzen Sie zunächst ein, wie viel Zeit Sie benötigen werden und machen Sie sich danach einen realistischen Zeitplan.

Tipp

Nehmen Sie sich genügend Zeit für die Vorbereitung einer Transferprüfung. Denken Sie in Ruhe über das Thema nach, überlegen Sie, welchen praktischen Bezug es gibt und ob Sie in der Lage sind, dem Thema eventuell neue Aspekte hinzuzufügen.

Das folgende Beispiel zur Vorbereitung auf eine Textinterpretation soll Ihnen zeigen, wie man sich auf eine Transferprüfung vorbereiten kann. Die angesprochenen Punkte können Sie dabei auch auf die Vorbereitung anderer Transferprüfungen, wie z. B. Geschichts- oder Geografietests, anwenden. Die aufgeführten Punkte sind also nur als Vorschläge zu verstehen.

- Erarbeiten Sie sich zuerst die Textsorte, um die es sich bei Ihrer Textinterpretation handeln wird. Prägen Sie sich die theoretischen Fakten gut ein. Fragen Sie sich beispielsweise: Woran erkenne ich eine Kurzgeschichte?

- Überlegen Sie nun, wann dieser Text entstanden sein kann. Ordnen Sie dem Text dann die spezifischen Epochenmerkmale zu.

- Erstellen Sie sich eine Übersicht über die Epoche und überlegen Sie sich verschiedene Ansatzpunkte, die Sie ausreichend begründen könnten.

- Verdeutlichen Sie sich Zusammenhänge.

- Überlegen Sie sich bereits im Voraus eine übersichtliche und logische Gliederung für Ihre Interpretation. Behalten Sie diese Gliederung während des Verfassens Ihrer Interpretation immer im Hinterkopf.

- Versuchen Sie auch einen Bezug zu anderen Epochen herzustellen. Vielleicht können Sie zwei Epochen miteinander vergleichen.

- Was wissen Sie über den Autor (Lebenssituation, politische Einstellung usw.)?

- Legen Sie Themenschwerpunkte fest (wichtige Merkmale der Epoche, Bezug zum Autor, Vergleich mit anderen Epochen usw.).

- Schreiben Sie zu Hause bereits einmal eine Textinterpretation zur Probe. Dazu suchen Sie sich ein Thema, das in ähnlicher Form auch in der bevorstehenden Prüfung drankommen könnte. Halten Sie sich dabei auch exakt an die zeitlichen Vorgaben der Prüfung und legen Sie alle Hilfsmittel (z. B. Literaturlexikon) beiseite. Das Üben des Interpretierens wird Ihnen helfen, in der Prüfung selbst einen leichteren Einstieg in das Thema zu finden und mit dem Schreiben zügig voranzukommen.

- Falls Sie den Bewertungsmaßstab für Ihre Prüfung kennen, können Sie Ihre Probe-Textinterpretation danach korrigieren.

Checkliste: Transferprüfung

- Verknüpfen Sie das Wissen zu Ihrem Lernthema mit Ihrem Wissen aus verschiedenen anderen Disziplinen und versuchen Sie einen praktischen Bezug herzustellen.
- Schreiben Sie sich alle Fakten, die Ihnen unklar sind, auf und informieren Sie sich dazu nochmals eingehend, um alle Unklarheiten zu beseitigen.
- Planen Sie genügend Zeit (mindestens 2 Wochen) für die Vorbereitung auf eine Transferprüfung ein.
- Überlegen Sie, ob Sie dem Thema neue Aspekte hinzufügen können.
- Übernehmen Sie keine Informationen unreflektiert.

Kurzreferat als Bestandteil der mündlichen Prüfung

Mündliche Prüfungen bestehen häufig aus zwei Bestandteilen, dem Prüfungsgespräch (vgl. Kap. 4.5) und einem kurzen Vortrag, den man oft sogar unmittelbar vorher ausarbeiten muss. Zwar bezieht sich die Aufgabe auf eines der Themen, die zum Prüfungsstoff gehören, den konkreten Arbeitsauftrag erfährt man aber nicht selten erst vor Ort. Man kann sich dann kurz in einem entsprechenden Raum seinen Vortrag zurechtlegen. Es gibt aber zwei Varianten:

a) themenbezogene Vorträge

In einigen Prüfungen müssen Sie das Prüfungsthema zunächst in einem kurzen Referat überblicksartig darstellen. Ihr Vortrag soll zeigen, dass Sie die wichtigsten Themenaspekte erkannt haben und darstellen können. Außerdem sollen Sie zeigen, wie die einzelnen Punkte zusammenhängen. Das themenbezogene Referat ist oft die Grundlage für ein anschließendes Prüfungsgespräch. Es liefert sozusagen die Stichworte für die Fragen des Prüfers.

b) aufgabenbezogene Vorträge

In anderen Prüfungen – wie z. B. in den meisten mündlichen Abiturprüfungen – erhalten Sie eine Aufgabe oder Frage, die Sie in einem vorgegebenen Zeitrahmen beantworten beziehungsweise lösen sollen. Ihre Antwort tragen Sie in einem kurzen Vortrag vor. Ihr Vortrag soll belegen, dass Sie Ihr Fachwissen anwenden und an einem Beispiel demonstrieren können. In der Abiturprüfung schließt sich ebenfalls ein Prüfungsgespräch an, in dem vertiefende Fragen zum Vortrag und allgemeine Fragen zum Prüfungsthema gestellt werden.

Zu a: themenbezogene Vorträge

1. Thema erfassen: Um einen themenbezogenen Vortrag halten zu können, müssen Sie sich zunächst intensiv mit dem Prüfungsstoff beschäftigen. Gehen Sie Ihre Unterlagen durch und finden Sie heraus, welche Aspekte das Thema umfasst. Wie hängen die Punkte zusammen?

2. Thema benennen: Suchen Sie anschließend einen Einstiegssatz für Ihren Vortrag. Dieser soll Ihr Thema möglichst genau auf den Punkt bringen:

Mein Vortrag beschäftigt sich mit der Darstellung des Großstadtlebens in der deutschen Lyrik des Expressionismus oder *Mein Vortrag beschreibt den Prozess der Fotosynthese.*

3. Gliederung: Überlegen Sie sich, in welcher Reihenfolge Sie die einzelnen Themenaspekte behandeln. Sie können sie z. B.

nach ihrer Bedeutung ordnen (Wichtiges zuerst!) oder in ihrer zeitlichen Reihenfolge beschreiben. Wählen Sie eine Gliederung, die für Ihr Thema logisch und praktisch erscheint.

4. Skript schreiben: Schreiben Sie Ihren Vortrag stichwortartig auf. Orientieren Sie sich dabei an der Gliederung. Das gesamte Skript sollte nicht mehr als drei bis vier Seiten umfassen.

5. Schluss formulieren: Lassen Sie Ihren Vortrag nicht abrupt abbrechen. Fassen Sie das Wichtigste am Ende noch einmal kurz zusammen. Vielleicht können Sie sogar eine Schlussfolgerung ziehen oder eine Lösung beschreiben, die das Referat abschließt.

6. Gedächtnisstützen notieren: Schreiben Sie die wichtigsten Punkte Ihres Skripts als Gedächtnisstützen auf Karteikarten oder auf ein separates Blatt. Sie können auch eine Mind-Map zum Thema zeichnen.

7. Vortrag einprägen: Prägen Sie sich den Vortrag ein, indem Sie zunächst das gesamte Skript noch einmal lesen. Halten Sie anschließend einen Probevortrag. Falls Sie nicht weiterwissen, können Sie Ihre Gedächtnisstützen (Karteikarten, Mind-Map etc.) zur Hilfe nehmen.

8. Vortrag trainieren: Trainieren Sie das freie Sprechen so oft wie möglich, denn niemand wird als Redner geboren. Versuchen Sie sich von Ihrem Skript zu lösen, blicken Sie in die Runde und signalisieren Sie damit, dass Sie den Vortrag für Ihr Publikum halten. Je freier Sie Ihren Vortrag halten, d. h. Blickkontakt mit Ihren Zuhörern aufnehmen und nur selten auf Ihre Aufzeichnungen schauen, desto mehr werden Sie Ihr Publikum auch ansprechen.

Tipp

Nutzen Sie Ihren Vortrag, um den weiteren Verlauf der Prüfung zu lenken. Sehr oft folgt auf ein Referat ein vertiefendes Prüfungsgespräch. Der Prüfer greift darin Stichworte Ihres Vortrags auf und

→

stellt weiterführende Fragen. Deshalb sollten Sie sich im Vortrag besonders ausführlich mit den Themen beschäftigen, die Sie gut beherrschen. Deuten Sie während des Vortrags z. B. an, dass Sie einzelne Aspekte gerne noch weiter ausführen würden, leider aber aus Zeitgründen zu einem neuen Thema übergehen müssen. Vielleicht nimmt Ihr Prüfer den Ball auf und beschäftigt sich im anschließenden Prüfungsgespräch überwiegend mit Ihren Lieblingsthemen.

Zu b: aufgabenbezogene Vorträge

1. Prüfungsstoff erfassen: Auch ein aufgabenbezogenes Referat können Sie nur halten, wenn Sie den Prüfungsstoff gut kennen und routiniert mit ihm arbeiten können. Setzen Sie sich also zunächst intensiv mit dem Thema auseinander. Gehen Sie Ihre gesamten Aufzeichnungen nochmals durch. Besorgen Sie sich weitere Materialien zu Ihrem Prüfungsthema, z. B. ähnliche Aufgaben im Internet. Überlegen Sie sich, welche anderen Themen mit Ihrem Thema zusammenhängen.

2. Aufgaben üben: Überlegen Sie sich, welche Aufgaben bzw. Fragen der Prüfer stellen könnte. Notieren Sie sich alle Fragen, die Ihnen einfallen, auf einem Blatt Papier und lösen Sie diese. Meistens erhalten Sie in einer mündlichen Prüfung Aufgaben, die Sie bereits in einer ähnlichen Form im Unterricht behandelt haben. Gehen Sie deshalb Ihre Mitschriften und Unterrichtsmaterialien durch und üben Sie alle Aufgaben zum Prüfungsthema, die Sie finden.

3. Prüfungssituation trainieren: Trainieren Sie die Prüfungssituation am besten gemeinsam mit Mitschülern. Jedes Mitglied Ihrer Lerngruppe überlegt sich eine Aufgabenstellung und schreibt diese auf einen Zettel. Anschließend zieht jeder einen Zettel, beschäftigt sich mit der Aufgabe und bereitet einen Vortrag vor. Halten Sie anschließend Ihre Vorträge vor Ihrer Lerngruppe.

4. Zeit einteilen: Wenn Sie in einer mündlichen Prüfung einen Vortrag vorbereiten sollen, müssen Sie sich Ihre Zeit gut einteilen und genauestens planen, was wann folgt. Wenn Sie – wie im mündlichen Abitur – 30 Minuten für die Vorbereitung der Aufgabe zur Verfügung haben, können Sie sich an die folgende Faustregel halten:

- 3–5 Minuten: Frage gründlich lesen
- 15 Minuten: Gliederung entwickeln
- 7–10 Minuten: Vortrag einprägen

Tipp

Kontrollieren Sie während Ihrer Probereferate, wie viel Zeit Sie benötigen, um die Aufgabe zu lesen, eine Antwort zu entwickeln und den Vortrag vorzubereiten. Falls Sie mit der oben beschriebenen Einteilung nicht zurechtkommen, suchen Sie nach Ihrer persönlichen Ideallösung.

5. Frage gründlich lesen: Lesen Sie sich die Frage zunächst gründlich durch und unterstreichen Sie wichtige Schlüsselbegriffe. Überlegen Sie sich, worauf die Frage abzielt und wie Ihr Arbeitsauftrag aussieht. Sollen Sie etwas kommentieren, interpretieren oder beschreiben?

6. Stichworte notieren: Notieren Sie anschließend Ihre Ideen in Stichworten. Gehen Sie in Gedanken den Prüfungsstoff durch und versuchen Sie, alle Aspekte des Themas zu benennen. Achten Sie dabei zunächst nicht auf eine bestimmte Ordnung, sondern schreiben Sie alles auf, was Ihnen einfällt.

7. Gliederung entwickeln: Gliedern Sie dann Ihren Vortrag. Ordnen Sie die Punkte so, dass sie logisch aufeinander aufbauen. Überlegen Sie sich eine Einleitung und einen Schluss.

8. Vortrag einprägen: Nutzen Sie die letzte Phase Ihrer Vorbereitungszeit, um sich Ihre Antwort einzuprägen. Gehen Sie dabei Ihre Stichworte durch und formulieren Sie im Geiste

Ihren Vortrag. Sie können ruhig leise vor sich hin sprechen. Auf diese Weise prägen sich einzelne Formulierungen besser ein.

9. Artikuliert sprechen: Tragen Sie Ihr Referat langsam und deutlich vor. Setzen Sie hinter längeren Abschnitten eine kurze Pause. Falls Sie einmal nicht sofort eine passende Antwort parat haben, sollten Sie lieber einen Augenblick länger überlegen, was Sie auf diese Frage erwidern könnten, als eventuell eine zerstreute Antwort zu geben. So können Ihre Prüfer dem Vortrag besser folgen.

10. Übergänge kennzeichnen: Kennzeichnen Sie Übergänge in Ihrem Vortrag. So wird die Gliederung des Referats deutlich: *Bisher habe ich mich mit den Grundlagen des Themas beschäftigt, jetzt folgen einige besondere Aspekte.*

Übung 63:

Entwerfen Sie einen Kurzvortrag über Ihre Lieblingsband oder Ihren Lieblingsschriftsteller. Nehmen Sie sich für die Vorbereitung 15 Minuten Zeit. Mögliche Hilfsmittel: Internet und verfügbare Lexika. Halten Sie den Vortrag vor Ihrer Familie, vor Freunden oder vor dem Spiegel.

Prüfungssituationen simulieren

Sie sollten sich nicht nur theoretisch mit den Anforderungen einer bevorstehenden Prüfung vertraut machen, sondern sich vorab auch schon einmal in diese besondere Situation hineinversetzen, damit sie Ihnen vertraut wird. Schreiben Sie einige Tage vor der Prüfung eine Probeklausur unter realistischen Bedingungen. Stellen Sie sich Aufgaben, die aus Ihrer Sicht in der Klausur vorkommen könnten. Nehmen Sie sich für Ihre Probeklausur genau die Zeit, die Sie auch in der realen Klausur zur Verfügung haben. Räumen Sie Lernmaterialien und Spickzettel beiseite, legen Sie eine Uhr vor sich auf den Schreibtisch und schreiben Sie los. Nach Ablauf des vorgegebenen Limits kontrollieren Sie zunächst, wie gut Sie mit Ihrer Zeit ausgekommen sind. Mit welchen Aufgaben haben Sie sich zu lange aufgehalten, welche haben Sie allzu schnell abgehandelt? Lassen Sie Ihre Klausur zunächst einen Tag liegen. Lesen Sie die Arbeit am nächsten Tag noch einmal durch und hinterfragen Sie kritisch, was Sie noch besser machen könnten. Wenn Sie feststellen, dass Sie bei bestimmten Aufgaben noch Probleme haben, sollten Sie sich diese noch einmal genauer ansehen.

Schreiben Sie Probeklausuren möglichst zusammen mit einem Mitprüfling. Auf diese Weise können Sie sich gegenseitig Prüfungsfragen stellen und Ihre Arbeiten im Anschluss wechselseitig korrigieren. Achten Sie beim Korrigieren auf alle möglichen Arten von Fehlern, also neben dem Inhalt auch auf Ausdruck und Rechtschreibung. Erklären Sie Ihrem Lernpartner, was Ihnen an seiner Arbeit bereits sehr gut gefällt und was er noch besser machen könnte. Begründen Sie Ihre Meinung ausreichend und achten Sie darauf, dass Sie nicht nur Kritik üben, sondern auch Positives nennen und ihn loben.

Checkliste: optimale Vorbereitung

- Klären Sie, welche Aufgabentypen in der Prüfung vorkommen und trainieren Sie diese.
- Kontrollieren Sie, wie viel Zeit Sie für die Lösung bestimmter Aufgaben benötigen. Entwickeln Sie ein Zeitgefühl für Ihre Arbeit.
- Schreiben Sie einige Tage vor der Prüfung eine Probeklausur.
- Hinterfragen Sie kritisch, was Sie noch verbessern können.
- Verschaffen Sie sich einen Überblick über einzelne Prüfungstypen und überlegen Sie, welche Prüfungen in Ihrem Lernfach von dem jeweiligen Lehrer bevorzugt verwendet werden. Üben Sie diesen Prüfungstyp besonders intensiv, behalten Sie aber auch weitere im Blick.

Verhalten vor und während der Prüfung

Stimmen Sie sich immer positiv auf eine Prüfung ein. Sagen Sie sich vorher in Gedanken: *Ich bin gut vorbereitet und schaf-*

fe das! Lassen Sie sich nicht von nervösen Mitprüflingen verrückt machen.
Lesen Sie sich die Aufgabenstellung bzw. die Fragen gründlich durch. Teilen Sie sich anschließend Ihre Zeit ein. Überschlagen Sie kurz, wie viel Zeit Sie für die einzelnen Aufgaben verwenden können. Planen Sie fünf bis zehn Minuten Zeit für eine Schlusskorrektur ein.

Tipp

Lösen Sie die leichten Aufgaben zuerst. Auf diese Weise schaffen Sie sich direkt zu Beginn der Klausur Erfolgserlebnisse und vermeiden gezielt Frustration und Verzweiflung.

Müssen Sie bei einer Aufgabe einen Text schreiben, ordnen Sie zunächst Ihre Gedanken. Notieren Sie Ihre Ideen in Stichworten auf ein Extra-Blatt und entwickeln Sie eine Gliederung. Fangen Sie erst dann an zu schreiben.
Behalten Sie Ihre Gliederung und die Aufgabenstellung immer im Blick. Schweifen Sie nicht ab. Lassen Sie nach jeder Aufgabe genügend Platz, damit Sie zur Not später noch etwas hinzufügen können.

Tipp

Nutzen Sie die Zeit, die Ihnen zur Verfügung steht, voll aus. Geben Sie ihre Arbeit auf keinen Fall früher ab, als Sie müssen. Vielleicht fallen Ihnen die fehlenden Details ja plötzlich noch ein.

Teilen Sie sich die Zeit so ein, dass Sie Ihre Arbeit am Ende noch einmal gründlich durchlesen können. Achten Sie dabei auf den Inhalt, aber auch auf Rechtschreibung und Zeichensetzung.

Spezielle Anforderungen in mündlichen Prüfungen
Vor mündlichen Prüfungen sind fast alle Menschen ein wenig nervös. Allein die Vorstellung, vor einem oder mehreren Prüfern frei sprechen zu müssen, ist aufregend. Ein wenig Nervosität kann sogar konzentrationssteigernd wirken. Schlägt sie jedoch in Panik um, kann sie auch lähmend sein – sowohl während der Vorbereitung als auch in der Prüfungssituation selbst. Aus diesem Grund ist es vor mündlichen Prüfungen besonders wichtig, sich den voraussichtlichen Ablauf und die Anforderungen so genau wie möglich bewusst zu machen, denn vor ungewissen Situationen hat man bekanntlich am meisten Angst.

Tipp

Informieren Sie sich frühzeitig über den Ablauf der Prüfung. Müssen Sie einen Vortrag halten oder findet ein Prüfungsgespräch statt? Wie werden die einzelnen Prüfungsbestandteile bewertet?

Ein Bestandteil vieler mündlicher Prüfungen ist das Prüfungsgespräch. Der Prüfer stellt Fragen, Sie antworten. Im Idealfall entwickelt sich aus dem Frage-Antwort-Spiel ein richtiges Gespräch. Das kann z. B. so aussehen, dass Sie mit Ihrem Prüfer verschiedene Sichtweisen des Themas diskutieren. Sehr häufig müssen Sie in mündlichen Prüfungen zusätzlich einen Vortrag halten (vgl. S. 254 ff.). Die mündliche Abiturprüfung beispielsweise besteht in der Regel aus einem Vortrag und einem Gespräch. In mündlichen Prüfungen wird – ebenso wie in schriftlichen – v. a. Spezialwissen aus mehreren Fachgebieten mit bestimmten Prüfungsschwerpunkten geprüft. Doch auch andere grundlegende Fähigkeiten, wie das Vermögen, Inhalte zu gliedern und zusammenhängend darzustellen oder Verbindungen zu anderen Themengebieten zu finden, fließen in die Bewertung ein. Und nicht zuletzt spielen bei mündlichen Prüfungen auch das persönliche Auftreten und Erscheinungsbild eine recht große Rolle (vgl. Kap. 4.5).

4.2 Arbeitsplan aufstellen

Manchmal erscheinen uns die Vorbereitungen für eine Prüfung so unüberwindbar wie ein riesiger Berg, den wir zu Fuß überschreiten sollen. Einige Prüflinge lassen sich davon nicht beirren und fangen sofort an, den Berg abzuarbeiten. Anderen flößt dieser so viel Respekt ein, dass sie die Vorbereitung immer weiter hinausschieben, bis Sie in Zeitnot geraten und dann recht unorganisiert verschiedene Fakten in sich hineinpauken. Zeitmanagement ist jedoch eine der Grundvoraussetzungen für effizientes und entspanntes Lernen. Bevor Sie mit der Arbeit beginnen, sollten Sie daher zunächst einen genauen Zeitplan für Ihre Vorbereitungen aufstellen, besonders dann, wenn diese sehr umfangreich und schwer überschaubar sind.

Effiziente Zeiteinteilung

Wie gehen Sie mit Ihrer Zeit um?
Der folgende Selbsttest hilft Ihnen, sich in Bezug auf Ihre tatsächliche Zeitplanung auf die Schliche zu kommen. Denn häufig meint man zwar, den bevorstehenden Lernprozess straff durchorganisiert zu haben, muss aber bald feststellen, dass man einige Eventualitäten nicht beachtet hat.

Übung 64:
Kreuzen Sie die Antworten an, die am ehesten auf Sie zutreffen. Eine Auswertung des Tests finden Sie im Anhang.

1. Wenn ich eine unangenehme Aufgabe vor mir habe, dann ...
   a) bringe ich sie möglichst schnell hinter mich.
   b) schiebe ich sie so lange auf, wie es geht.
   c) versuche ich sie zu erledigen, wenn ich Zeit finde.

2. In meiner Freizeit ...
   a) treffe ich mich mit Freunden, treibe Sport oder höre Musik.
   b) mache ich, worauf ich gerade Lust habe.
   c) habe ich oft Probleme, alle Termine unterzubringen, und kann mich nicht entspannen.

3. Meine Freunde sehe ich ...
   a) regelmäßig.
   b) wann immer ich Lust dazu habe.
   c) wenn ich Zeit finde.

4. Wenn eine Prüfung bevorsteht ...
   a) fange ich früh genug an zu lernen. Ich finde neben der Vorbereitung noch genug Zeit Freunde zu treffen, Sport zu treiben oder zu entspannen.
   b) versuche ich sie zu ignorieren, solange es geht. Unter Zeitdruck kann ich am besten lernen.
   c) finde ich kaum Zeit zum Lernen.

Auf Etappen lernen

Sie sollten sich in jedem Fall genug Zeit zum Lernen nehmen, um gut vorbereitet in die Prüfung gehen zu können. Bedenken Sie, dass Ihr Gehirn nur eine bestimmte Menge an Informationen gleichzeitig verarbeiten kann. Organisieren Sie Ihre Lernphasen deshalb wie eine Reise. Planen Sie Tagesrouten, die Sie nicht überfordern, aber auch nicht unterfordern. Wenn Sie den „Prüfungsberg" einteilen, können Sie ihn auch überwinden. Formulieren Sie deshalb Lern-Etappen nach folgendem Muster:

Beispiele für Lern-Etappen:

- Mitschriften und Hausaufgaben durcharbeiten, um einen Überblick über das Thema und seine Anforderungen zu erhalten.

- Wichtige Kapitel im Lehrbuch noch einmal durchgehen und Wesentliches herausschreiben.
- Ein Skript mit den wichtigsten Informationen zum Thema verfassen.
- Überlegen, welche Aufgabentypen in der Prüfung vorkommen, und diese üben.
- Das Skript nochmals überarbeiten und dabei die wichtigsten Punkte auf Lernkarteien festhalten.
- Aufgabentypen, die Ihnen Probleme bereiten, nochmals üben.
- Abschließend eine Probeklausur schreiben.

Versuchen Sie den Zeitaufwand für die einzelnen Lern-Etappen abzuschätzen. Anfangs wird es Ihnen schwer fallen, aber geben Sie nicht auf, mit ein wenig Übung schaffen Sie auch das. Zählen Sie am Ende die einzelnen Zeitspannen zusammen, so erhalten Sie eine ungefähre Vorstellung davon, wie lange Sie für die Prüfung insgesamt lernen müssen. Verteilen Sie Ihre so errechnete Lernzeit auf die Wochen, die Ihnen noch bis zum Prüfungstermin verbleiben.

Beispiel:
Sie müssen 15 Stunden für die Prüfung lernen und haben noch zwei Wochen Zeit? Dann können Sie beispielsweise in der ersten Woche an jedem Werktag zwei Stunden und in der zweiten eine Stunde pro Werktag lernen. Die Wochenenden sollten Sie dafür nutzen, sich vom Lernen zu erholen, außer das zu bewältigende Pensum ist außergewöhnlich groß.

Tages- und Wochenziele formulieren
Formulieren Sie stets möglichst konkrete Tages- und Wochenziele. Tragen Sie diese in eine Tabelle ein. Orientieren Sie sich dabei an der Mustertabelle „Mein Lernplan“ auf der nächsten Seite, die Sie gleich ausfüllen können. Darin legen Sie fest, was Sie wann lernen werden.

Tipp

Gestalten Sie Ihre Arbeit abwechslungsreich. Lesen Sie z. B. etwas und lösen Sie dann eine Probeaufgabe. Auf diese Weise ist das Lernen nicht ermüdend und Sie können sich länger konzentrieren.

Übung 65:

Formulieren Sie Tages- und Wochenziele für die bevorstehende Prüfungsperiode. Tragen Sie dazu in die Spalte rechts neben der Aufgabe „Woche 1" bzw. „Woche 2" ein umfassendes Ziel ein und gliedern Sie dieses dann auf die einzelnen Tage verteilt auf.

Mein Lernplan

	Lernziel	**erledigt**
Woche 1		
Montag		
Dienstag		
Mittwoch		
Donnerstag		
Freitag		

Woche 2		
Montag		
Dienstag		
Mittwoch		
Donnerstag		
Freitag		

Stundenpläne ausarbeiten

Überlegen Sie sich deshalb zunächst, wann Sie an den einzelnen Tagen Zeit zum Lernen haben. Stellen Sie dazu einen persönlichen Stundenplan auf, in den Sie alle festen Termine eintragen (z. B.: Fahrstunden, Sporttraining oder Musikunterricht).

Tipp

In Ihrem Stundenplan sollten Sie darüber hinaus festhalten, wann Sie normalerweise Ihre häusliche Vorbereitung auf die nächsten Unterrichtsstunden erledigen. Planen Sie ferner feste Zeiten ein, in denen Sie einfach entspannen oder Freunde treffen können.

Ihr Stundenplan könnte etwa folgendermaßen aussehen:

Zeit	Mo	Di	Mi	Do	Fr	Sa	So
14:00	Ruhe	AG	Ruhe	Ruhe			HA
15:00	HA		HA	HA	HA		HA
16:00	Sport	HA	HA	HA	Sport		
17:00		HA	Ruhe		Ruhe	Sport	
18:00	HA	Ruhe		HA	HA	Sport	

HA = Hausaufgaben, AG = Arbeitsgemeinschaft

In Prüfungsphasen sollten Sie in einige der freien Felder feste Termine für die Prüfungsvorbereitung eintragen. Berücksichtigen Sie dabei auch Ihren persönlichen Biorhythmus. Der Mensch ist nicht zu allen Tageszeiten gleich leistungsfähig. Morgens werden viele Menschen nur langsam fit, erleben aber später am Vormittag ein Leistungshoch. Mittags nimmt die Energie ab, nachmittags kommt ein neuer Energieschub, bis wir im Laufe des Abends endgültig müde werden. Versuchen Sie herauszufinden, wann Sie besonders leistungsfähig sind. Beobachten Sie, wann Sie sich ausgeruht fühlen und wann eher schlapp. Nutzen Sie Ihre „Hoch-Phasen" zum Lernen.

Lernplan einhalten

Versuchen Sie, Ihren Lernplan möglichst genau einzuhalten. Verlieren Sie aber nicht die Nerven, wenn Sie es einmal nicht schaffen. Passen Sie den Plan in diesem Fall einfach an die neue Situation an. Wichtig ist, dass Sie den Überblick über Ihr Pensum und die verbleibende Zeit bis zur Prüfung behalten.

Tipp

Vergessen Sie nicht, sich immer wieder durch kleinere Belohnungen zum Lernen zu motivieren. Gönnen Sie sich Pausen nach Etappenzielen und tun Sie sich etwas Gutes, wenn Sie ein größeres Lernziel erreicht haben.

Regelmäßiges Kräftetanken

Der Prüfungstermin rückt näher und die Zeit für Vorbereitungen wird langsam knapp. Sie sitzen stundenlang am Schreibtisch und versuchen, noch einmal möglichst viel zu lernen.

Pausen einplanen
Vergessen Sie dabei nicht, dass Ihr Gehirn von Zeit zu Zeit kleine Ruhepausen benötigt, um die Informationsflut zu verarbeiten. Ansonsten nimmt es irgendwann nichts mehr auf oder „speichert" die Inhalte nur noch für kurze Zeit.

Unterbrechen Sie Ihre Arbeit daher möglichst,

- nach 30 Minuten für 5 Minuten,
- nach 2 Stunden für 15 bis 20 Minuten,
- nach 4 Stunden für 1 bis 2 Stunden.

Diese Zeitabstände sollen nur Anhaltspunkte sein. Hören Sie auch auf Ihren Körper. Er signalisiert Ihnen, wenn er nicht mehr weiterarbeiten kann. Wenn Sie sich müde fühlen, die Konzentration nachlässt und Ihre Gedanken abschweifen, ist der Zeitpunkt für eine Pause gekommen.

Gut schlafen
Nicht nur regelmäßige Lernpausen geben Ihnen Kraft, auch wer die Nächte vor der Prüfung durcharbeitet, tut sich selbst keinen Gefallen. Der Schlaf verbessert unser Erinnerungsvermögen und selbst in Vergessenheit Geratenes können Sie im

tiefen Schlummer wieder hervorlocken. Leider schlafen viele Menschen gerade vor Prüfungen schlecht. Hier ein paar Tipps für eine erholsame Nachtruhe: Rituale können das Einschlafen erleichtern. Manche Menschen lesen jeden Abend eine halbe Stunde in einem Buch, andere trinken eine heiße Milch mit Honig oder machen Entspannungsübungen wie Yoga.

4.3 Methodentraining

Um Ihr Wissen stets voll zur Geltung zu bringen, sollten Sie es angemessen darbieten. Deshalb müssen Sie unbedingt darauf achten, wie Sie bestimmte Sätze am besten formulieren oder Texte sinnvoll gliedern können. Im Folgenden werden Sie einige nützliche Hinweise zur geschickten Präsentation Ihres Wissens in unterschiedlichen Prüfungssituationen erhalten.

Besser formulieren

Sie finden häufig nicht die richtigen Worte, um komplizierte Sachverhalte unmissverständlich darzustellen? Deutsch war eigentlich noch nie Ihre Stärke? Dann sollten Sie jetzt anfangen, an Ihren schriftlichen Fähigkeiten zu feilen, denn in fast allen Fachbereichen ist es nötig, Zusammenhänge sprachlich darzustellen, sei es in Form eines Aufsatzes oder als mündlichen Vortrag. Solche Aufsätze werden beispielsweise auch in naturwissenschaftlichen Fächern wie Biologie gefordert. Es handelt sich hierbei um eine allgemeine Arbeitstechnik, die fächerübergreifend eingefordert wird. Im Folgenden finden Sie ein paar einfache Regeln, die Ihnen dabei helfen, Zusammenhänge so zu beschreiben, dass andere Sie verstehen.

- Vermeiden Sie komplizierte Schachtelsätze, die Ihre Leser nur mühsam durchschauen können.
- Verstecken Sie wichtige Informationen nicht in Nebensätzen.

- Verbinden Sie kürzere Sätze möglichst durch sinnvolle Konjunktionen, wie *obwohl, dennoch, trotzdem, weil* usw., anderenfalls wirkt Ihr Text abgehackt und wenig flüssig.

- Formulieren Sie Ihre Sätze möglichst im Aktiv. Aktive Sätze klingen nämlich lebendiger als passive. Sie benennen außerdem die handelnde Person. Das kann für das Verständnis eines Textes enorm wichtig sein.

Übung 66:

Wandeln Sie die folgenden Passivsätze ins Aktiv um. Überlegen Sie dabei jeweils, wer das handelnde Subjekt sein könnte. Die Lösung finden Sie im Anhang.

1. Die Maschine wurde von dem Mechaniker gereinigt.

____

2. Die Prüfungsblätter wurden verteilt. Anschließend wurde die Klassenarbeit geschrieben.

____

3. Die Wälder wurden schon vor Jahren von den Bauern abgeholzt.

____

Natürlich gibt es Situationen, in denen es sinnvoll ist, Passivsätze zu bilden, z. B. dann, wenn die handelnde Person ohne Bedeutung für die Information ist, die Sie geben möchten: „Das Museum wird um 18 Uhr geschlossen". In diesem Fall ist es völlig unerheblich, welcher Mitarbeiter das Gebäude abschließt. Der Leser interessiert sich normalerweise lediglich für den Zeitpunkt der Handlung.

Passivkonstruktionen verwendet man auch dann, wenn man betonen möchte, dass jemandem etwas zugestoßen ist. Sie schreiben z. B.: „Unser Briefträger wurde von einem Hund gebissen" und nicht: „Ein Hund hat unseren Briefträger gebissen."

- Nennen Sie die Dinge beim Namen. Gut formulieren heißt, einfache und treffende Begriffe für die Gegenstände, die Sie beschreiben möchten, zu verwenden. Nennen Sie die Dinge beim Namen. Schreiben Sie also „Köln" statt eine „Domstadt" und „Mutter" statt „ein Elternteil". Verzichten Sie – so weit es geht – auf Fremdwörter.

Tipp

Fachbegriffe dürfen und sollen Sie zwar in einer Prüfung verwenden, setzen Sie diese jedoch nur ein, wenn Sie ihre Bedeutung und Verwendung wirklich kennen und das Wort tatsächlich in den jeweiligen Zusammenhang passt.

- Vermeiden Sie unnötige Wortwiederholungen. Suchen Sie nach anderen Begriffen mit derselben oder einer ähnlichen Bedeutung. Ersetzen Sie z. B. das Verb *sagen* durch sinnverwandte Wörter, wie *betonen, äußern, erklären, erwidern* oder *kontern.*

Übung 67:
Suchen Sie sinnverwandte Begriffe zu den folgenden Wörtern: *beschreiben, erkennen* und *herstellen.*

Tipp

Nutzen Sie beim Schreiben ein so genanntes Synonymwörterbuch. Darin sind sinnverwandte Wörter aufgelistet.

Richtig zitieren

Sie können in Prüfungen und Hausarbeiten Zitate (wörtliche Äußerungen) anderer Personen – z. B. von berühmten Persönlichkeiten – verwenden, um Ihre eigenen Aussagen zu belegen oder auf den Punkt zu bringen. Zitate können dazu beitragen, dass Ihr Text lebendiger und glaubwürdiger wirkt. In einer Prüfung sollten Sie jedoch nur dann zitieren, wenn Sie

- die Äußerungen (z. B. einer Romanfigur) auswendig kennen,
- mit Texten arbeiten dürfen, denen Sie Zitate entnehmen können.

Bevor Sie zitieren, sollten Sie sich überlegen, was Sie mit Ihrem Zitat erreichen möchten. Wollen Sie z. B. eine Behauptung belegen oder ein Beispiel geben? Dann suchen Sie sich ein möglichst aussagekräftiges Zitat, das diesem Ziel entgegenkommt. Dabei müssen Sie das Zitat nachträglich nochmals erklären bzw. darlegen, warum gerade dieses Zitat in diesem Zusammenhang von Ihnen genannt wird.

Beispiel:
Sie interpretieren eine Kurzgeschichte, die ein Mutter-Tochter-Verhältnis beschreibt. Ihre Interpretation soll zeigen, dass beide sich nicht verstehen. Neben Ihren eigenen Aussagen könnte das folgende Zitat der Tochter Ihre Deutung untermauern:

Karin und Anne verstehen sich nicht mehr. Anne beschreibt die Beziehung zu ihrer Mutter als „riesige Schweigemauer, die mitten im Raum steht" (S. 4, Z. 17).

Zitate sind Äußerungen, die Sie wortwörtlich wiedergeben müssen. Zitate können aus einzelnen Wörtern, Satzteilen oder mehreren Sätzen bestehen. Achten Sie jedoch darauf, dass die zitierte Passage nicht mehr als zwei bis drei Sätze umfasst. Ein Zitat sollte nur eine Kernaussage wiedergeben.

Setzen Sie Zitate in Anführungszeichen. Vergessen Sie nicht, die Namen der zitierten Personen zu nennen. Falls es für das Verständnis Ihres Textes wichtig ist, sollten Sie auch deren Position beschreiben. Sie schreiben beispielsweise einen Bericht über die Arbeit einer Umweltschutzgruppe und zitieren den Gründer der Initiative. Seine Position ist für das Textverständnis wichtig und sollte genannt werden:

Die Initiative „Blühendes Band" hat sich einiges vorgenommen: „Wir möchten dazu beitragen, dass die Menschen wieder vollständig im Einklang mit der Natur leben", beschreibt Karl Jäger, der Gründer der Initiative, die Ziele seiner ökologischen Gruppe in einem Zeitungsinterview (Hinterburger Tagblatt, 2. November 2004, S. 5).

Zitate zusammenfassen
Manchmal ist ein Zitat zu lang, um es wörtlich zu übernehmen. In diesem Fall können Sie es zusammengefasst in indirekter Rede wiedergeben. Beachten Sie dabei, dass Sie den Konjunktiv verwenden und die Anführungszeichen weglassen. Den Urheber des Zitats müssen Sie natürlich trotzdem nennen.

Tipp

Vergessen Sie auch nicht anzugeben, woher das Zitat stammt. Wenn Sie aus einem Roman zitieren, geben sie beispielsweise den Autor, den genauen Titel, die Seite und die Zeile an; bei einem Artikel das Medium, das Erscheinungsdatum und die Seitenzahl.

Auslassungen bei Zitaten
Möchten Sie Teile einer Äußerung weglassen, müssen Sie das im Text kennzeichnen. Solche Änderungen werden normalerweise durch drei Punkte markiert, die in eckige Klammern gesetzt werden:

„Wir möchten dazu beitragen, dass die Menschen wieder vollständig im Einklang mit der Natur leben. [...] Wir wollen die Natur als Lebensraum erhalten."

Checkliste: Wissen sprachlich umsetzen

- Keine Schachtelsätze verwenden: Verteilen Sie Informationen lieber auf mehrere kürzere Sätze.
- Hauptsachen in Hauptsätze stellen: Verstecken Sie wichtige Informationen nicht in Nebensätzen.
- Aktiv statt Passiv: Aktivsätze klingen lebendiger und benennen die handelnde Person.
- Dinge beim Namen nennen: Drücken Sie sich nicht kompliziert aus, sondern treffend.
- Wortwiederholungen vermeiden: Ersetzen Sie mehrfach genannte Wörter lieber durch sinnverwandte Begriffe.
- Zitieren Sie – aber richtig: Wählen Sie aussagekräftige Zitate, beachten Sie die formalen Regeln des Zitierens.
- Verwenden Sie beim Zusammenfassen von bestimmten Zitaten die indirekte Rede.

Eigene Texte sinnvoll gliedern

Haben Sie schon einmal in einer Prüfung gesessen und nicht gewusst, wie Sie einsteigen sollen? Fällt es Ihnen manchmal schwer einen Text zu gliedern? Fallen Ihnen zwischendurch immer wieder Dinge ein, die Sie eigentlich schon am Anfang des Textes hätten einbauen müssen? Wenn Sie mindestens eine dieser Fragen mit „Ja" beantworten können, sollten Sie sich die folgenden Absätze besonders gut einprägen. Danach werden Sie in der Lage sein, Ihre Texte sinnvoll zu gliedern.

Fragestellung beachten

In Prüfungssituationen sind die meisten Menschen nervös. Deshalb lesen sie sich hektisch die Fragen durch und versu-

chen, möglichst schnell Antworten aufs Papier zu bringen. Das führt manchmal dazu, dass sie die Fragen nur halb verstehen – oder sogar völlig falsch deuten. In der Folge verfehlen die Antworten das Thema oder sind schlecht aufgebaut.
Beschäftigen Sie sich zu Beginn der Prüfung lieber etwas länger mit den Fragen und Arbeitsaufträgen. Lesen Sie sich die Prüfungsfragen in Ruhe durch und überlegen Sie, in welcher Reihenfolge Sie welches Thema (oder welche Themenaspekte) behandeln.

Achten Sie auf den Arbeitsauftrag. Werden Sie aufgefordert, etwas zu beschreiben oder zusammenzufassen, so müssen Sie Fakten wiedergeben. Sollen Sie kommentieren, so ist Ihre Meinung gefragt. Sollen Sie analysieren oder interpretieren, müssen Sie Zusammenhänge deuten.

Stellen Sie sich einmal vor, Sie müssten in einer Biologieklausur die folgende Aufgabenstellung bearbeiten:

Beschreiben Sie, wie unser Gehirn neue Lerninhalte speichert. Welche Auswirkungen hat die Arbeitsweise des Gehirns auf die Lernfähigkeit des Menschen?

Bei dieser Aufgabe handelt es sich um eine Wissensfrage. Sie werden aufgefordert, Fakten und Zusammenhänge zu beschreiben. Beachten Sie, dass die Frage zweigeteilt ist.
Sie sollen:
a) die Funktionsweise des Gehirns und
b) deren Auswirkungen auf die Lernfähigkeit des Menschen beschreiben.

Stichworte sammeln
Nachdem Sie Frage und Arbeitsauftrag gelesen haben, sollten Sie nicht sofort beginnen zu schreiben. Versuchen Sie zunächst, Ihre Gedanken zu ordnen, um ein Konzept zu erstellen.

Notieren Sie Ihre Ideen in Stichworten auf einem separaten Blatt Papier. Legen Sie anschließend die Reihenfolge fest, in der Sie die verschiedenen Informationen aufschreiben möchten. Schreiben Sie dazu eine Gliederung. Nennen Sie dabei die wichtigsten Fakten immer zuerst und begründen Sie kurz, weshalb Ihnen diese besonders relevant erscheinen.

Antwort formulieren

Jetzt können Sie anfangen zu schreiben. Nennen Sie gleich im ersten Satz das Thema. Greifen Sie dabei zentrale Stichworte der Frage beziehungsweise der Aufgabenstellung auf. Das Beispiel zeigt, wie man einleitend auf die oben formulierte Frage eingehen kann:

Das Gehirn des Menschen speichert neue Informationen nach bestimmten Mustern. Diese haben Auswirkungen auf unsere Lernfähigkeit.

Beschreiben Sie im Anschluss an diese Einleitung, wie das menschliche Gehirn arbeitet. Behalten Sie dabei stets Ihre Gliederung im Auge und versuchen Sie, nicht vom eigentlichen (Ausgangs-)Thema abzukommen.

Tipp

Planen Sie einen großzügigen Seitenrand ein. Zwischen Ihren Textzeilen können Sie ebenfalls eine Zeile frei lassen. Hier können Sie später noch weitere Informationen einfügen.

Haben Sie auch immer die Aufgabenstellung im Blick. Sie sollen Fakten darstellen, also klammern Sie Ihre persönliche Meinung aus und wählen Sie einen sachlichen Ton. Stellen Sie sich vor, dass Sie für einen Leser schreiben, den Sie informieren müssen. Er soll die wichtigsten Tatsachen kennen, um sich

selbst ein Urteil bilden zu können. Beenden Sie Ihren Text nicht abrupt.
Fassen Sie die wichtigsten Punkte am Ende noch einmal in einem kurzen Abschnitt zusammen. Versuchen Sie, die Ergebnisse in einem abschließenden Satz auf eine griffige Formel zu bringen:

Unser Gehirn hat fast unbegrenzte Speichermöglichkeiten. Wir müssen Sie nur richtig nutzen.

Checkliste: Texte sinnvoll aufbauen

- Lesen Sie sich Frage und Aufgabenstellung gründlich durch.
- Sammeln Sie Stichworte zum Thema.
- Schreiben Sie eine Gliederung. Ordnen Sie die Aspekte des Themas nach ihrer Bedeutung. Nennen Sie die wichtigsten Punkte zuerst.
- Nennen Sie in Ihrer Einleitung das Prüfungsthema. Greifen Sie dabei Stichworte der Fragestellung auf.
- Fassen Sie Ihre Ergebnisse am Ende kurz zusammen. Falls möglich, sollten Sie auch hier abschließend nochmals auf das Thema Ihrer Prüfung eingehen, um einen Bogen zu spannen.
- Behalten Sie beim Schreiben Ihre Gliederung im Auge, sodass Sie nicht vom Thema abkommen.
- Lassen Sie genug Platz für Informationen, die Sie nachträglich einfügen möchten.

4.4 Der Umgang mit Prüfungsangst

Was ist Prüfungsangst?

Lukas schriftliche Leistungen sind meist mittelmäßig. In den meisten Fächern steht er auf Drei, nur in wenigen auf Vier. Obwohl er also nicht befürchten muss, durchzufallen, geht es ihm vor Arbeiten und Prüfungen so richtig schlecht. Nicht nur, dass er kaum etwas essen kann, mindestens eine Nacht vor der Prüfung schläft er sehr schlecht, träumt wirr und fühlt sich am nächsten Morgen unausgeruht und richtig mies. Schlimmstenfalls bekommt er dann auch noch Magenkrämpfe und Durchfall.

Das Beispiel von Lukas gehört gewiss schon zu den extremeren Fällen von Prüfungsangst. Dennoch: Fast alle Prüflinge haben schon einmal mehr oder minder schwere Prüfungsangst erlebt. Sogar Personen mit durchweg guter Leistung haben Angst zu „versagen". Und für jemanden, der immer nur Einsen schreibt, kann schon eine Drei ein „Versagen" darstellen.

Typische Symptome

Allgemein äußert sich Prüfungsangst in vier verschiedenen Bereichen: im seelischen Befinden, im körperlichen Bereich, in der geistigen Leistungsfähigkeit und im Verhalten.

a) im seelischen Bereich:

Manche Menschen werden aggressiv, andere reagieren depressiv. Manchmal kann die Angst so weit gehen, dass der Betroffene sich völlig aus seinem Bekanntenkreis zurückzieht. Die Konzentration kann bis hin zum völligen Black-out gestört werden. Viele Menschen sind in Prüfungssituationen extrem unsicher oder vor Angst so blockiert, dass sie überhaupt keine Motivation haben zu arbeiten.

b) im körperlichen Bereich:

Häufig sind Störungen der Motorik zu beobachten: Prüfungsangst zeigt sich im Zittern der Hände oder des Kopfes. Manche leiden vor einer Prüfung unter innerer Unruhe, Schlafstörungen, Kopfschmerzen, Durchfall, Verstopfung, Müdigkeit, Schwindelgefühlen, Heißhungerattacken oder Appetitverlust. Auch an der Haut können sichtbare Reaktionen auftreten: Die Betroffenen erröten oder erblassen, manche leiden unter Ausschlag, der z. B. plötzlich am Hals oder im Gesicht auftritt.

c) in der geistigen Leistungsfähigkeit:
Manche Menschen sind in Ihrem Denken total blockiert und können sich überhaupt nicht auf Ihre Arbeit bzw. auf die Prüfungsvorbereitung konzentrieren. Sie leiden unter Aufmerksamkeits- und Merkfähigkeitsstörungen.

d) im Verhalten:
Die körperliche und geistige Anspannung zeigt sich auch im gesamten Verhalten vieler Prüflinge. Sie sind wahnsinnig nervös, nehmen manchmal sogar Beruhigungsmittel, um wenigstens ein paar Stunden schlafen zu können. Sie essen viel mehr oder viel weniger als sonst und flüchten sich in meist unnötige Routinearbeiten, um sich abzulenken.

Tipp

Prüfen Sie sich selbst: Welche Symptome von Prüfungsangst haben Sie an sich bereits festgestellt? Setzen Sie sich intensiv mit Ihren Ängsten auseinander und versuchen Sie sie zu akzeptieren. Das ist der erste Schritt, um die Angst, die Sie belastet und einschränkt, loszuwerden. Überlegen Sie sich danach eine Strategie, wie Sie gegen Ihre Angstsymptome vorgehen können.
Zeichnen Sie z. B. eine Tabelle, in der Sie in einer Spalte Ihre Ängste notieren und in der anderen Spalte Maßnahmen, die Sie ergreifen, um besser mit diesen umzugehen oder sie sogar zu besiegen.

Prüfungsangst verstehen
Biologisch betrachtet handelt es sich bei der Angst im Allgemeinen um eine sinnvolle Reaktion. Sie signalisiert Gefahr, aktiviert den Organismus und ermöglicht die Flucht. Unseren Vorfahren hat die biologische Reaktion Angst geholfen, in einer Gefahrensituation zu reagieren und zu fliehen. Auch bei einem Tier, das Angst vor etwas hat, reagiert der Körper dementsprechend. Wir hingegen spüren die Angst, können aber nicht flie-

hen, sondern müssen sie oftmals aushalten. Die Prozesse, die dabei in unserem Körper ablaufen, ähneln jedoch denen unserer Vorfahren:

- Herz- und Kreislauf werden aktiviert.
- Der Blutdruck steigt, weil die Blutgefäße sich verengen.
- Die Muskeln werden stärker durchblutet und stellen sich darauf ein zu reagieren.
- Energiereserven werden mobilisiert.
- Die Verdauungsfunktionen werden reduziert.
- Das Bewusstsein wird wach, die Wahrnehmung scharf.

Diese Reaktionen werden durch die Ausschüttung von Adrenalin ausgelöst. Der frühere Mensch ergriff daraufhin, ebenso wie das Tier, die Flucht oder reagierte mit einem Angriff.
Wenn Sie Ihre Prüfungsangst betrachten, so läuft hier der gleiche Prozess ab. Ihr Körper will Sie mobilisieren – Ihre Aufmerksamkeit erhöhen – und bereitet Sie damit auf die Prüfung vor. Der Unterschied ist allerdings: Sie können nicht fliehen. Das heißt, Sie könnten schon, aber das wäre nicht sinnvoll. Statt Ihre Muskeln einzusetzen, um zu fliehen, sollen Sie Ihre Geisteskraft zu Höchstleistungen antreiben und die Prüfung mit einem guten Ergebnis bestehen.
Begreifen Sie also Ihre körpereigene Angstreaktion als ein positives Signal, das Ihnen hilft, innere Spannung aufzubauen, um die schwierige Prüfungssituation konzentriert zu meistern.

Zwischen Anspannung und Gelassenheit
Damit dies gelingt, brauchen Sie aber neben Ihrer Aufregung, Ihrer Angst, die Sie antreibt, auch Ruhe und Gelassenheit. Das richtige Mittelmaß zwischen Aufregung und Ruhe zu finden, darauf kommt es in jeder Prüfungssituation an. Grundsätzlich sollten Sie Ihre Angst jedoch erst einmal in diesem Sinne verstehen: als etwas eigentlich Positives, das allerdings auf das richtige Maß zurückgefahren werden muss.

Tipp

Machen Sie sich daher bewusst: Prüfungsangst ist normal, sie hilft mir weiter, wenn ich sie auf das richtige Maß bringe!

Der Black-out

Denkblockaden bis hin zum berühmt-berüchtigten Black-out sind sehr gefürchtet. Doch wie kommt es zu einer solchen kompletten Denkblockade? Stresshormone in Ihrem Blut drängen sich quasi zwischen Ihre Gehirnzellen und verhindern so, dass die benötigten Informationen von Gehirnzelle zu Gehirnzelle fließen können. Sie suchen wie in einem schwarzen Loch und finden – nichts mehr! Nach der Prüfung lässt der Stress nach, die Stresshormone werden abgebaut, die Gedanken fließen wieder und plötzlich ist die Frage von vorhin kein Problem mehr für Sie. Nur leider etwas zu spät! Auch mit diesem typischen Stresssymptom sind Sie nicht allein. Wohl jeder hat so etwas schon einmal erlebt. Sie sollten es nicht dramatisieren. Passiert Ihnen das in einer mündlichen Prüfung, sollten Sie den Mut fassen, Ihren Prüfern mitzuteilen, dass Sie einen Black-out haben. Wenn Sie gar nichts sagen, denkt man sonst, Sie hätten sich einfach nicht vorbereitet. Möglicherweise können Sie dadurch, dass Sie über Ihre Denkblockade sprechen, schon Stress abbauen und sie geht vorüber. Damit es zu solchen Fällen nicht mehr – oder zumindest viel seltener – kommt, sollten Sie die Tipps aus diesem Kapitel berücksichtigen.

Konkreter Umgang mit Prüfungsangst

Die Angst annehmen

Der erste Schritt dazu ist bereits getan: Sie haben erkannt, dass Ihre Prüfungsangst durchaus positive Aspekte hat, wenn Sie eine bestimmte Schwelle nicht überschreitet: Sie kann Sie durchaus zu Höchstleistungen anspornen.

Sich selbst richtig einschätzen

Ob wir Prüfungsangst empfinden oder nicht, hängt davon ab, wie wir die Anforderungen und unsere eigenen Fähigkeiten beurteilen. Menschen, die unter chronischer Prüfungsangst leiden, schätzen ihre eigenen Kenntnisse immer sehr gering ein und haben übertriebene Vorstellungen vom Schwierigkeitsgrad der Aufgaben. Sie betrachten die Prüfung als Bedrohung, obwohl sie sie meistern könnten. Oft übertragen sie ihre schlechten Ergebnisse in einem bestimmten Fach auf andere Fächer. Sie gehen beispielsweise davon aus, dass sie in Naturwissenschaften generell schlecht sind, wenn sie in Physik schlecht abgeschnitten haben, was aber natürlich nicht stimmen muss. Erfolge rechnen sich hochängstliche Prüflinge meistens nicht an. Wenn sie in einer Klausur gut abschneiden, bezeichnen sie das Ergebnis als Zufall oder denken, dass der Lehrer besonders einfache Fragen gestellt hat und sie somit einfach nur Glück hatten, die Aufgaben lösen zu können. Fallen ängstliche Prüfungskandidaten dagegen durch eine Prüfung, suchen sie die komplette Schuld bei sich selbst und bei ihren mangelnden Kenntnissen. Sie sehen also, dass Prüfungsangst in den meisten Fällen nach und nach erlernt wird. Genauso kann man sie sich aber auch wieder abtrainieren.

Negative Gedanken durchbrechen

Prüfungsangst entsteht in unseren Köpfen. Sie ist das Ergebnis unserer Gedanken über die Prüfung. Diese Gedanken können wir selbst beeinflussen und ändern. Sagen Sie sich im Geiste *Stopp!* und ersetzen Sie die negativen Gedanken durch positive wie: *Ich schaffe das, ich kann das.* Diese Formel sollte keine Verneinungen enthalten. Anstelle von: *Ich werde nicht durch die Prüfung fallen,* sollten Sie also besser sagen: *Ich bestehe die Prüfung.* Mithilfe dieser positiven Aussagen sollte es Ihnen gelingen, sich selbst ein wenig zu überlisten. Lernen Sie, an sich zu glauben. Das ist der erste – und wichtigste – Schritt zur Selbsthilfe.

Gut vorbereiten

Das beste Mittel gegen Prüfungsangst ist eine gute Vorbereitung. Wenn Sie sich über die Anforderungen informieren und den Stoff gründlich lernen, ändert sich meist auch Ihre Einstellung zur Prüfung. Wenn Sie wissen, dass Sie gut vorbereitet sind, dann erscheint Ihnen die Prüfungssituation nicht mehr bedrohlich. Sie stellt eine Herausforderung dar, die Sie durchaus meistern können.

Einstellung ändern

Manchmal jedoch verängstigt uns eine Prüfung, obwohl wir gut vorbereitet sind und beste Voraussetzungen haben, die Prüfung zu bestehen. In diesem Fall sollten Sie sich fragen, wovor Sie sich eigentlich fürchten. Haben Sie die Ursachen Ihrer Prüfungsangst einmal erkannt, können Sie gezielt dagegen vorgehen.

Der Angst auf den Grund gehen

Lernen Sie sich selbst besser kennen und erforschen Sie die Ursachen Ihrer Prüfungsangst. Natürlich ist es unangenehm, sich mit den eigenen Schwächen auseinander zu setzen. Aber es lohnt sich. Nutzen Sie dazu den folgenden Selbsttest.

Übung 68:

Gehen Sie die folgende Liste durch und kreuzen Sie an, was Ihnen Angst macht, wenn Sie an die bevorstehende Prüfung denken.

Ich habe Angst davor, durch die Prüfung zu fallen oder schlecht abzuschneiden und das meinen Eltern / meinem Partner / meinen Freunden eingestehen zu müssen, die mich dann für einen Versager halten könnten.	
Ich habe Angst, dass den Prüfern und Dozenten auffällt, wie wenig ich wirklich kann, und ich mich dadurch lächerlich mache.	
Ich habe Angst vor dem Moment nach der Prüfung, wenn ich mich entscheiden muss, was ich mit meinem Leben anfangen soll.	→

Ich habe Angst davor, dass ich mir meine berufliche Zukunft verbaue, wenn ich durch die Prüfung falle oder schlecht abschneide.	
Ich finde den Gedanken unangenehm, meinen Prüfern ausgeliefert zu sein und nicht zu wissen, was auf mich zukommt.	
Ich fürchte mich davor, einen Vortrag zu halten, weil ich nicht gut vor anderen Menschen sprechen kann.	
Ich fürchte mich vor dem Prüfungsgespräch, weil ich nicht sehr schlagfertig bin.	
Ich habe Angst davor, nervös zu werden, völlig den Faden zu verlieren, einen Black-out zu haben.	
Ich habe Angst davor, dass mein Prüfer Fragen stellt, mit denen ich nicht gerechnet habe.	

Sich mit der Prüfungssituation vertraut machen

Sie haben gerne die Kontrolle über Situationen? Sie planen gerne und fürchten böse Überraschungen? Dann macht Ihnen vermutlich v. a. das Unbestimmbare der Prüfungssituation Angst.

Doch auch Prüfungen sind planbar. Finden Sie zunächst möglichst genau heraus, was Sie erwartet. Informieren Sie sich über den Ablauf, die Anforderungen und die Bewertungskriterien der Prüfung.

Tipp

Lernen Sie Ihren Prüfer kennen. Beobachten Sie seinen Frage- und Prüfungsstil. Wenn Sie wissen, was auf Sie zukommt, wird Ihre Angst automatisch abnehmen. Diesbezüglich kann es auch hilfreich sein, sich an ehemalige Prüflinge zu wenden.

Bereiten Sie sich anschließend gut vor, damit Sie ohne schlechtes Gewissen in die Prüfung gehen können. Trainieren Sie die Prüfungssituation. Schreiben Sie Probeklausuren und üben Sie das freie Sprechen.

Übertriebene Erwartungen abbauen

Ihre Versagensängste können auch damit zusammenhängen, dass Sie übertrieben hohe Erwartungen an sich selbst haben. Möglicherweise wollen Sie den Erwartungen anderer, z. B. denen Ihrer Eltern und Verwandten oder Ihrer Lehrer, gerecht werden. Denken Sie einmal kurz darüber nach, ob die hohen Erwartungen vielleicht gar nicht Ihre eigenen sind, sondern von außen an Sie herangetragen wurden. Versuchen Sie diese unrealistischen Erwartungen der anderen an Ihre Person abzubauen. Machen Sie sich bewusst, wo Ihre Stärken und Ihre Schwächen liegen, und überlegen Sie, was Sie mit Ihren Voraussetzungen erreichen können. Versuchen Sie sich von den Erwartungen anderer freizumachen, auch wenn es nicht einfach ist. Schließlich müssen Sie Ihr Leben selbst leben.

Aus Erfolgen lernen

Lernen Sie aus Ihren eigenen Erfolgen. Wenn Sie in einer Prüfung gut abgeschnitten haben, sollten Sie sich das Ergebnis selbst anrechnen und v. a. für zukünftige Prüfungen nutzen. Machen Sie sich bewusst, wie viele Prüfungen Sie bereits bestanden, wie viele schwierige Situationen Sie schon gemeistert haben. So gehen Sie selbstbewusster an die neuen Herausforderungen heran.

Die Bedeutung der Prüfung hinterfragen

Wie wichtig ist die Prüfung eigentlich für Ihr Leben? Denken Sie einmal gründlich darüber nach, denn vielleicht messen Sie der Prüfung eine Bedeutung bei, die ihr überhaupt nicht zusteht.

Möglicherweise benötigen Sie keinen Einserschnitt im Abitur, um Ihr Traumfach zu studieren. Vielleicht haben Sie bereits eine Lehrstelle und der Durchschnitt Ihres Abschlusszeugnisses interessiert Ihren künftigen Arbeitgeber nicht. In Situationen wie diesen erscheint eine Prüfung gleich weniger Angst einflößend.

Den schlimmsten Fall durchspielen

Was würde eigentlich passieren, wenn Sie durch die Prüfung fallen? Welche Konsequenzen würden sich für Sie daraus ergeben? Spielen Sie diesen schlimmsten Fall einfach mal im Geiste durch. Sie werden feststellen, dass die Auswirkungen meistens nicht so schlimm sind, wie Sie denken. Außerdem muss es immer irgendwie weitergehen. In vielen Fällen können Sie Abschlussprüfungen wiederholen. Und selbst, wenn das nicht möglich sein sollte, gilt: Eine misslungene Prüfung muss nicht Ihre Zukunftspläne gefährden. Vielleicht müssen Sie etwas länger nach Ihrer Traumlehrstelle suchen oder einige Wartesemester einlegen, um Ihr Traumfach zu studieren. Aber über Umwege kommen Sie auch zum Ziel.

Medikamente sind keine Lösung

Auf keinen Fall sollten Sie Medikamente schlucken, um Ihre Angst in den Griff zu bekommen. Damit bewältigen Sie diese nämlich nicht, sondern verdrängen sie nur. Beruhigungsmittel, auch pflanzliche, sollten Sie nur dann nehmen, wenn Ihnen Ihr Arzt dazu geraten hat. Wenn Sie also trotz aller Bemühungen Ihre Probleme und Ihre Prüfungsangst nicht lösen können, sollten Sie einen Arzt bzw. eine Beratungsstelle aufsuchen.

Die Angst vor der Zeit danach

Wenn eine Abschlussprüfung bevorsteht, fürchten einige Prüflinge nicht so sehr die Prüfung selbst, sondern vielmehr die Zeit danach. Sie machen sich zu viele Gedanken um ihre Zukunft und verlieren dabei den Blick für das Wesentliche, nämlich die anstehende Prüfung erst einmal erfolgreich hinter sich zu bringen. Sie wissen z. B. nicht, welchen Beruf sie ergreifen sollen, oder haben Angst davor, keinen Job zu finden. Mit der Prüfung beginnt für diese Kandidaten die unsichere „Zeit danach“. Diese Zeit flößt ihnen Angst ein, sodass sie sich nicht auf die Prüfung vorbereiten und bewusst in Kauf nehmen durchzufallen, um diese Situation noch hinauszuzögern.

Checkliste: Strategien gegen Prüfungsangst

- Informieren Sie sich über den Ablauf, die Anforderungen und die Bewertungskriterien der Prüfung.
- Lernen Sie Ihren Prüfer, v. a. seine Anforderungen und seinen Fragestil, kennen.
- Bereiten Sie sich gut vor. So können Sie selbstbewusst in die Prüfung gehen.
- Gehen Sie nicht mit übertriebenen Erwartungen in die Prüfung. Versuchen Sie, Ihre Stärken und Schwächen realistisch einzuschätzen.
- Lernen Sie aus Ihren Erfolgen. Erinnern Sie sich gerade vor einer Prüfung daran, wie viele schwierige Situationen Sie in der Vergangenheit bereits gelöst haben.
- Durchbrechen Sie negative Gedankenketten. Ersetzen Sie *Ich schaffe das nicht* durch *Ich schaffe das.*
- Schätzen Sie die Bedeutung der Prüfung für Ihr Leben realistisch ein. Denken Sie daran: Es gibt ein Leben nach der Prüfung – so oder so.
- Spielen Sie den schlimmsten Fall durch. Was passiert, wenn Sie durch die Prüfung fallen? So schlimm sind die Konsequenzen meistens nicht.
- Bereiten Sie sich frühzeitig auf die Zeit nach einer Abschlussprüfung vor. Fragen Sie sich, wo Ihre Stärken und Schwächen liegen und welchen Beruf Sie gerne ergreifen würden. Steht die Prüfung jedoch kurz bevor, sollten Sie sich ganz auf die Vorbereitungen konzentrieren. Eine gute Abschlussprüfung bringt Sie in jedem Fall weiter.

Erste Hilfe bei Prüfungsstress

Haben Sie bisher gelernt, wie Sie sich auf längere Sicht von Ihrer Prüfungsangst befreien können, wartet nun ein kleines Sofortprogramm auf Sie, das Sie ganz konkret in der bevorstehenden Prüfungsphase anwenden können.

Der Tag vor der Prüfung

Stimmen Sie sich schon einen Tag vor der Prüfung positiv auf die Herausforderung ein. Wiederholen Sie zunächst noch einmal den gesamten Prüfungsstoff. Versuchen Sie sich an diesem Tag möglichst keinen neuen Stoff mehr einzuprägen, denn das würde Sie nur verwirren und Ihre Nervosität unnötig steigern.

Planen Sie am Tag vor der Prüfung Zeit für Sport ein. Toben Sie sich richtig aus, denn dabei bauen Sie Stress ab. Außerdem können Sie später gut einschlafen.

Lesen Sie vor dem Schlafengehen ein Buch, das Ihnen gefällt (keine Prüfungslektüre!) oder hören Sie leise, beruhigende Musik.

Der Prüfungstag

Stehen Sie am Tag der Prüfung zehn bis zwanzig Minuten früher auf als sonst. Sagen Sie sich selbst noch einmal: *Ich habe mich gut vorbereitet und werde die Prüfung bestehen.* Frühstücken Sie gut, denn für den heutigen Tag benötigen Sie viel Energie.

Meiden Sie an diesem Tag Menschen, die Sie nervös machen könnten. Unterhalten Sie sich lieber mit Freunden, die Sie aufmuntern und notfalls aufbauen können.

Während der Prüfung

In der Prüfung selbst sollten Sie zunächst ein paar Mal tief ein- und ausatmen. Konzentrieren Sie sich anschließend auf die Aufgaben. Achten Sie nicht auf Ihre eigene Aufregung, Ihre schwitzenden Hände oder Ihr Herzklopfen. Dadurch verstärken Sie nur Ihre Nervosität.

Teilen Sie sich Ihre Zeit gut ein. Auf diese Weise können Sie Ihre Nervosität dämpfen. Überschlagen Sie zu Beginn kurz, wie viel Zeit Sie für jede Aufgabe verwenden können. Lösen Sie die leichten Aufgaben zuerst. Das gibt Ihnen Sicherheit. Wenn Sie allzu nervös werden oder den Faden verlieren, sollten Sie sich eine kleine Pause gönnen. Atmen Sie tief ein und aus, sagen Sie sich selbst etwas Ermutigendes und machen Sie sich dann wieder an die Arbeit.

Die Zeit danach

Sie haben in der Prüfung gut abgeschnitten? Dann vergessen Sie auf keinen Fall, sich selbst zu belohnen. Gehen Sie mit Freunden aus und feiern Sie Ihren Erfolg bzw. gönnen Sie sich etwas.

Außerdem sollten Sie das gute Ergebnis so schnell nicht wieder vergessen. Spätestens dann, wenn Sie das nächste Mal die Prüfungsangst packt, sollten Sie sich in Erinnerung rufen, wie gut Sie in der letzten Prüfung abgeschnitten haben.

Sie haben schlecht abgeschnitten, sind vielleicht sogar durch die Prüfung gefallen? Dann finden Sie zunächst heraus, ob Sie die Prüfung eventuell wiederholen können. Wenn Sie keine Möglichkeit haben, das Prüfungsergebnis zu ändern, sollten Sie nicht gleich verzweifeln. Rufen Sie sich in Erinnerung, dass das Leben nicht nur aus Leistungen und Noten besteht. Eine einzige Prüfung entscheidet nicht über Ihre Zukunft und Ihr Glück.

Wenn Sie ein bisschen Abstand gewonnen haben, sollten Sie noch einmal über die Prüfung nachdenken. Versuchen Sie, aus dem negativen Ergebnis positive Schlüsse zu ziehen, indem Sie nachforschen, wie es dazu gekommen sein konnte. Fragen Sie sich ernsthaft, was die Ursache für dieses negative Ergebnis war. Je offener Sie sich mit dem Resultat auseinander setzen, desto besser können Sie es verarbeiten. Analysieren Sie selbstkritisch Ihr Prüfungsergebnis. Überlegen Sie sich genau, wo Ihre Schwächen liegen, die schließlich zu diesem schlechten Ergebnis geführt haben. Falls Sie sich damit schwer tun einzuschätzen, welche Gründe ursächlich sind, können Sie auch nochmals Ihren Prüfer aufsuchen, um in Erfahrung zu bringen, was Sie falsch gemacht haben, damit Sie sich beim nächsten Mal besser vorbereiten können.

Fragen Sie sich auch, ob das schlechte Prüfungsergebnis wirklich Ihre Zukunftsplanung durcheinanderbringt. Können Sie z. B. jetzt ein bestimmtes Fach nicht mehr studieren, weil Ihnen der entsprechende Notendurchschnitt fehlt? Haben Sie Probleme, Ihre Traumlehrstelle zu finden?
Dann sollten Sie mit dem notwendigen Abstand zur Prüfung neue Strategien und Alternativen entwickeln. Schauen Sie nach vorn und setzen Sie sich Ziele.

4.5 Prüfungsgespräche führen

Obwohl Sie im Laufe dieses Buches schon eine Menge über die Vorbereitung und Durchführung von Prüfungen gelernt haben, ist eine mündliche Prüfung doch immer ein ganz spezieller Fall. Erste Besonderheiten – wie z. B. typische Bestandteile einer solchen Prüfung – konnten Sie bereits in Kapitel 4.1 nachlesen. Im Folgenden soll nun gezielt darauf eingegangen werden, wie Sie sich in einer mündlichen Prüfung optimal verhalten. Dabei sollten Sie auch immer die oben genannten Tipps zum Umgang mit Prüfungsangst im Kopf haben, da die meisten Menschen vor und während mündlicher Prüfungen besonders nervös sind.

Viele Prüflinge befürchten, dass ihr Prüfer Fragen stellen könnte, mit denen sie nicht gerechnet haben und die sie nicht beantworten können. Doch auch solche Situationen können Sie mit etwas Geschick und guter Vorbereitung meistern.

Vorbereitung
Überlegen Sie sich, welche Themen Ihr Prüfer in dem Gespräch anschneiden könnte, und listen Sie mögliche Fragen

auf. Welche Aspekte und Zusammenhänge sind besonders wichtig? Fallen Ihnen Beispiele ein, um Abstraktes darzustellen? Können Sie Parallelen zu anderen Fachthemen ziehen? Ihre Fragensammlung sollte das gesamte Prüfungsthema abdecken. Schreiben Sie sich Ihre Fragen mit den entsprechenden Antworten auf Karteikarten oder Zettel. Lernen Sie die Aufgaben wie Vokabeln. Spielen Sie mit Ihren Mitschülern eine Prüfungssituation durch. Stellen Sie sich gegenseitig Fragen, die in der Prüfung vorkommen könnten, und formulieren Sie Antworten. Auf diese Weise gewöhnen Sie sich an die Bedingungen eines Prüfungsgesprächs.

Berücksichtigen Sie bei Ihren Vorbereitungen auch den Fragestil Ihres Prüfers. Fragt er eher gezielt nach Fakten oder fordert er Sie auf, eigene Gedanken zu entwickeln? Interessieren ihn Details oder die großen Zusammenhänge? Bittet er Sie oft, Beispiele zu finden oder möchte er abstrakte Zusammenhänge hören? Um das herauszufinden, sollten Sie versuchen, im Vorfeld möglichst viele Informationen über Ihren Prüfer zu sammeln. Glauben Sie aber nicht jedem Gerücht, sondern befragen Sie nur Kollegen, von denen Sie sicher sind, dass sie eine differenzierte und glaubwürdige Antwort geben und nicht durch negative Erfahrungen verbittert sind.

Fragen Sie nicht nur verschiedene Personen, die bei ihm bereits geprüft wurden, welchen Prüfungsstil Ihr Prüfer hat, sondern beobachten Sie ihn auch im Unterricht: Welche Themen interessieren ihn besonders? Wie fragt er? Stellt er oft so genannte „geschlossene Fragen“, die nur eine einzige Antwort zulassen, wie z. B.: *Wann fand die Französische Revolution statt?*

Oder stellt er eher „offene Fragen“, die Ihnen viel Raum geben, eigene Gedanken zu entwickeln, wie beispielsweise:

Wie wirkte sich die Französische Revolution auf die Gesellschaft in Frankreich aus?

Tipp

Wenn Ihr Prüfer ein Vorbereitungsgespräch für die mündliche Prüfung anbietet, sollten Sie auf jeden Fall daran teilnehmen. Eventuell können Sie selbst anregen, dass ein solches Gespräch stattfindet. Erkundigen Sie sich gezielt nach der Art der Fragen, die Sie in der Prüfung erwarten. Welche Aufgabentypen kommen vor? Wie detailliert wird der Stoff behandelt? Wenn Sie in dem Vorbereitungsgespräch zeigen, wie groß Ihr Interesse an der Prüfung ist, nehmen Sie Ihren Prüfer bereits für sich ein.

Verhalten während der Prüfung

Eine mündliche Prüfung ist immer auch eine strategische Aufgabe. Noch viel mehr als im schriftlichen Test kommt es hier auf die richtige Präsentation des Wissens an, die von einer ganzen Reihe von Faktoren abhängt, die man immer genau im Auge haben sollte:

Fragen beachten: Viele Menschen sind in der Prüfung so nervös, dass Sie die Frage nur halb verstehen und falsch antworten. Konzentrieren Sie sich bewusst auf die Frage und überlegen Sie sich, worauf sie abzielt. Wenn Sie sich nicht sicher sind, haken Sie nach: „Sie meinen mit dieser Frage, dass ...?"

Überlegt antworten: Wenn Sie zu unüberlegt antworten, besteht die Gefahr, dass Sie sich versprechen oder Ihre Antwort schlecht aufbauen. Überlegen Sie sich zunächst blitzschnell eine Mini-Gliederung. Im Idealfall erscheinen jetzt vor Ihrem geistigen Auge die Stichworte Ihrer Lernunterlagen, z. B. Ihrer Karteikarten oder Mind-Maps. Dann müssen Sie Ihre Antwort nur aus Ihrem Gedächtnis ablesen.

Laut denken: Wenn Sie nur eine ungefähre Vorstellung davon haben, wie die richtige Antwort lauten könnte, sollten Sie laut denken. Die meisten Prüfer sind bereit, Ihnen Hilfestellungen zu geben und zu sagen, ob Ihre Überlegungen in die richtige Richtung gehen. Reden ist in jedem Fall besser als Schweigen, denn eine halbrichtige Antwort bringt Ihnen mehr Pluspunkte als überhaupt keine Antwort.

Nicht schweigen: Können Sie eine Frage nicht beantworten, so reagieren Sie nicht mit entsetztem Schweigen. Bitten Sie den Prüfer, die Frage noch einmal anders zu formulieren oder lassen Sie sich einen Moment Zeit geben, um nachzudenken. Falls Sie sie dennoch nicht beantworten können, bitten Sie einfach um eine neue Frage.

Nicht zu kompliziert denken: Gerade zu Beginn einer Prüfung stellen Prüfer häufig einfache Fragen, um den Prüflingen die Angst zu nehmen und einen leichteren Einstieg in das Gespräch zu ermöglichen. Denken Sie deshalb nicht zu kompliziert. Häufig ist die Antwort einfacher als vermutet.

Signale beachten: Achten Sie in der mündlichen Prüfung auf Signale Ihres Hauptprüfers. Eventuell versucht er Ihnen mit Blicken Hinweise zu geben. Wenn er nickt oder Sie aufmerksam anlächelt, können Sie in der Regel davon ausgehen, auf der richtigen Fährte zu sein. Falls er dagegen den Kopf schüttelt oder die Stirn runzelt, könnte es sein, dass Ihre Antwort in die falsche Richtung läuft. Fragen Sie in diesem Fall lieber noch einmal nach, ob Sie seine Frage richtig verstanden haben.

Wissen anbringen: Notieren Sie sich vor der Prüfung die Punkte, die Sie in jedem Fall in Ihrem Prüfungsgespräch anbringen möchten. Versuchen Sie in der Prüfung, das Gespräch geschickt auf die Wissensgebiete zu lenken, die Sie besonders gut beherrschen und bei denen Sie punkten können:
„Neben dem Aspekt X ist der Aspekt Y besonders interessant. Vielleicht können wir später noch darüber sprechen."

Auftreten und Körpersprache

Jeder Prüfling hinterlässt bei seinen Prüfern einen Gesamteindruck. Sie können noch so viel gelernt haben, wenn Sie allerdings nicht in der Lage sind, Ihr Wissen in der mündlichen Prüfung flüssig und gut strukturiert vorzutragen, werden die Prüfer dies merken und bei der Bewertung zu Ihrem Nachteil in das Prüfungsergebnis einfließen lassen. Die Prüfer machen sich ein Bild vom Fachwissen und den mündlichen Fähigkeiten der Kandidaten. In diesen Gesamteindruck fließt auch das Auftreten mit ein. Deshalb ist es hilfreich, wenn Sie die folgenden Tipps bei Ihrer nächsten Prüfung beachten.

Nicht verstellen: Damit keine Missverständnisse entstehen: Sie müssen sich nicht verstellen oder versuchen besonders „cool" zu wirken. Bleiben Sie einfach natürlich, freundlich und offen. Geben Sie zu Beginn den Mitgliedern der Prüfungskommission die Hand und sehen Sie Ihnen dabei in die Augen.

Blickkontakt herstellen: Schauen Sie während der Prüfung nicht ständig auf den Boden oder auf Ihre Unterlagen. Nehmen Sie lieber Blickkontakt zu Ihren Prüfern auf. Auf diese Weise signalisieren Sie Freundlichkeit und Offenheit.

Sprache: Denken Sie daran, dass bei einer mündlichen Prüfung nicht nur zählt, was man sagt, sondern auch besonders wichtig ist, wie man etwas sagt. Ihre sprachliche Ausdrucksfähigkeit kann die Benotung Ihrer Prüfungsleistungen stark beeinflussen. Daher sollten Sie sich bewusst auf Ihre sprachliche Darbietung konzentrieren und v. a. im Voraus ausprobieren, wie Ihre Sprache wirkt – sowohl auf Sie selbst als auch auf andere. Sprechen Sie oft und so lange wie möglich über Ihr Prüfungsthema. Dabei sollten Sie folgende Punkte berücksichtigen:

- Stellen Sie Zusammenhänge deutlich heraus und machen Sie klar, worauf sich das, was Sie sagen, bezieht.

- Verknüpfen Sie einzelnen Informationen auch sprachlich miteinander.
- Finden Sie Überleitungen, wie „Nachdem ich nun alle Fakten zu ... aufgezählt habe, möchte ich jetzt einige Punkte genauer erklären."
- Fassen Sie bisher Gesagtes an einigen Stellen zusammen, z. B.: „Abschließend möchte ich ... zusammenfassen" oder „Zusammenfassend kann man Folgendes feststellen."

Achten Sie v. a. auf Ihre Aussprache. Sprechen Sie deutlich, in angemessenem Sprechtempo. Versuchen Sie Füllsilben, wie *äh, hmm* oder *ähm* nicht zu verwenden und betonen Sie wichtige Begriffe. Gehen Sie auf die Fragen Ihrer Prüfer ein, indem Sie einen Teil der Frage in den ersten Sätzen Ihrer Antwort aufgreifen. Das gibt Ihnen etwas Zeit, Ihre Gedanken zu ordnen, um dann zusammenhängend auf die Frage einzugehen. Sollten Sie Ihre Prüfung in einer Fremdsprache ablegen, ist es ratsam, sich zu überlegen, welche Vokabeln und Eigennamen vorkommen könnten, und deren Aussprache vorher zu üben.

Tipp

Sie müssen sich in einer mündlichen Prüfung nicht betont gewählt ausdrücken, aber vermeiden Sie Umgangssprache. Achten Sie darauf, dass Sie Fremdwörter und Fachbegriffe richtig anwenden. Sprechen Sie so natürlich wie möglich und verstellen Sie sich nicht beim Vortragen. Ihre Prüfer werden sofort bemerken, wenn Sie Wörter benutzen, die Ihnen unbekannt sind, und die Sie nur verwenden, um die Prüfer zu beeindrucken.

Stimme: Schon mit Ihrer Stimme können Sie Zuhörer für sich gewinnen. Eine lebendige und frische Stimme weckt unsere Aufmerksamkeit. Menschen, die sehr leise sprechen oder nuscheln, hören wir dagegen nicht so gerne zu.

Engagement: Zeigen Sie Interesse an der Prüfung. Wer gelangweilt antwortet oder unbeteiligt Löcher in die Luft starrt, hinterlässt einen schlechten Eindruck bei der Prüfungskommission.

Nervosität: Nehmen Sie es gelassen, wenn Ihre Hände zittern oder Ihre Stimme brüchig ist. Sie sind nicht der erste Mensch, der in einer Prüfung nervös wird. Ihre Prüfer werden deshalb Verständnis dafür haben und es Ihnen nicht negativ anrechnen. Nervosität können Sie in einer Prüfung ruhig zeigen.

Black-out: Wenn es zu schlimm wird und Ihnen vor lauter Nervosität nichts mehr einfällt, sollten Sie das ansprechen. Erklären Sie, dass Sie einen Black-out haben und fragen Sie, ob Sie die Prüfungen kurz unterbrechen können.

Kleidung: Überlegen Sie sich genau, welche Kleidung Sie am Tag Ihrer Prüfung tragen werden. Es ist zwar nicht immer der Fall, dass ein lässiges Aussehen nachteilig ist, allerdings wird es Ihnen auch keinen Vorteil verschaffen. Sie sollten – nach Möglichkeit – auf eher konservative Kleidung zurückgreifen.

Tipp

Der erste Eindruck bestimmt normalerweise Anerkennung oder Ablehnung bei den Prüfern. Durch Ihr Aussehen und Auftreten können Sie ihn positiv beeinflussen.

Checkliste: mündliche Prüfungen

- **Informieren Sie sich über Anforderungen und Ablauf. Üben Sie Vortrag und Prüfungsgespräch.**
- **Lernen Sie den Prüfungsstil des Prüfers beziehungsweise der Prüfungskommission kennen.**

→

- Überlegen Sie sich selbst bereits im Vorhinein Fragen zum Thema und beantworten Sie diese.
- Stellen Sie sich selbst ein Thema, sammeln Sie Ideen, sortieren Sie diese, entwickeln Sie eine Gliederung und formulieren Sie dann einen Vortrag.
- Gehen sie lächelnd in die Prüfung. Begrüßen Sie alle Prüfer und sehen Sie ihnen in die Augen.
- Achten Sie auf die Fragestellungen und antworten Sie überlegt und gezielt auf die jeweilige Frage.
- Wenn Sie eine Frage nicht sofort beantworten können, bitten Sie den Prüfer, die Frage umzuformulieren.
- Lenken Sie den Vortrag/das Gespräch auf Themen, die Sie gut beherrschen.
- Sprechen Sie bewußt langsam und artikuliert. Vermeiden Sie Umgangssprache, wählen Sie eine der Prüfungssituation angemessene Ausdrucksweise.
- Benutzen Sie Fremdwörter nur, wenn Sie sich über deren Bedeutung und Gebrauch vollständig im Klaren sind.
- Üben Sie die Aussprache schwieriger Vokabeln und Eigennamen bereits vor der Prüfung und vermeiden Sie so einfache Fehler.
- Nehmen Sie Ihre eigene Nervosität gelassen. Ignorieren Sie Ihre zitternden und schwitzenden Hände und konzentrieren Sie sich auf die Aufgaben.
- Wenn Sie den Faden verloren haben, sollten Sie den Prüfer bitten, einen Moment die Prüfung zu unterbrechen. Atmen Sie ein paar Mal tief ein und aus, bis Sie wieder ruhig werden.
- Achten Sie auf ein gepflegtes äußeres Erscheinungsbild. Verzichten Sie auf allzu lässige Kleidung, denn durch ihr Aussehen können Sie den ersten Eindruck positiv beeinflussen.

Lösungen

Kapitel 1: Konzentration

Übung 2 (S. 11):
Es sind genau 30 Dreiecke.

Übung 3 (S. 16):
Insgesamt sind 35 Rechtecke zu erkennen.

Übung 4 (S. 18):

Datum und Uhrzeit	Tätigkeit	Konzentrations-grad	Störung

Vorsätze für die Zukunft: ________________________________

Übung 6 (S. 34):

1. Haus
2. Vogel
3. Schule
4. Anfang
5. Erfolg
6. Kapitel
7. Termin
8. Buchstabe
9. Fahrrad
10. Motivation
11. Weihnachten
12. Eidechse
13. Schwimmbad
14. Konzentration

Übung 8 (S. 47):

Auswertung für den Test: Sind Sie ein Morgen- oder ein Abend-Mensch?

- bis 50 Punkte: Sie sind ein Abend-Mensch.
- 50–60 Punkte: Sie sind ein Morgen-Mensch, müssen aber die Leistungskurve um eine Stunde nach rechts versetzen.
- über 60 Punkte: Sie sind ein Morgen-Mensch.

Übung 9 (S. 53):

Ihr Eintagesplan könnte in etwa so aussehen:

Zeit	Tätigkeit
13.30–13.45	Mittagessen
13.45–14.45	Ausruhen, frische Luft schnappen, evtl. spazieren gehen
14.45–15.30	Karteikarten für die Spanisch-Vokabeln schreiben
15.30–15.35	Pause am Fenster
15.35–16.05	1. Durchgang: Präsentation einüben
16.05–16.30	Anrufer abwimmeln, mit dem Hund Gassi gehen und dabei Sauerstoff tanken
16.30–16.35	Kleinigkeit essen (Obst, Nüsse, Müsliriegel)
16.35–17.10	Spanisch-Vokabeln mithilfe der erstellten Karteikarten lernen
17.10–17.15	Kurze Pause, Zimmer gut durchlüften
17.15–17.50	Wiederholen einer Lerneinheit für die Mathematikklausur
17.50–18.00	Pause, Zimmer durchlüften
18.00–18.30	2. Durchgang: Präsentation einüben
18.30–19.00	Reservezeit
19.00–19.45	In Ruhe essen, Informationen sacken lassen
19.45–20.00	Wichtige Telefonate führen
20.00–20.25	Spanisch-Vokabeln nochmal wiederholen
20.25–20.30	Kurze Pause, Lüften, Lockerungsübungen machen
20.30–21.00	Letzte Korrekturen an der Präsentation, letzter Probedurchlauf, entspannen

Übung 10 (S. 57):

A : 2   B : 1   C : 5   D : 4   E : 6   F : 3

Übung 12 (S. 64):

Setzen Sie bei der Reihenfolge der Hausaufgaben Prioritäten. Überlegen Sie sich vorher genau, mit welchem Fach Sie beginnen wollen – es sollte Ihr Lieblingsfach sein. Hier finden Sie zwei verschiedene Vorschläge:

1. Chemie (Experiment schriftlich erläutern)
2. Englisch (Vokabeln lernen, mündlich)
3. Englisch (Übersetzung, schriftlich)
4. Biologie lesen
5. Französisch (Vokabeln, schriftlich)
6. Französisch (Fragen zum Text, schriftlich)

oder:

1. Biologie lesen
2. Englisch (Übersetzung, schriftlich)
3. Englisch (Vokabeln lernen, mündlich)
4. Chemie (Experiment schriftlich erläutern)
5. Französisch (Vokabeln, schriftlich)
6. Französisch (Fragen zum Text, schriftlich)

Übung 14 (S. 66):

Sie sollten 9 Großbuchstaben in den kleinen Figuren bzw. 5 Kleinbuchstaben in den großen Figuren erkennen.

Kapitel 2: Gedächtnis

Übung 15 (S. 87):

Die erstellten Listen könnten in etwa so aussehen:

- **Liste 1:** Auto, Ballon, Karussell, Fahrrad, Flugzeug, Schiff, Bagger, Zug, Lastkraftwagen, Bus, Tandem, Dreirrad, Limousine, Roller, Kinderwagen, Hochrad, Motorboot, Rakete, Drachen, Hubschrauber

- **Liste 2:** Meise, Amsel, Drossel, Fink, Star, Papagei, Rotkehlchen, Eule, Adler, Falke, Bussard, Huhn, Ente, Schwalbe, Taube, Gans, Specht, Wellensittich, Kuckuck, Storch

Übung 18 (S. 97):
Ein möglicher Überbegriff zu den Wörtern, die in der Übung vorkommen, könnte zum Beispiel „Schule“ sein.

Übung 19 (S. 98):

1. Im Text kommen neun verschiedene Speisen vor:
   - Pörkölt (echtes ungarisches Gulasch)
   - Raclette (Schweizer Spezialität mit geschmolzenem Käse)
   - Nüsslisalat (= schweizerisch für Feldsalat)
   - Weißwürste
   - Sushi (Fisch auf Reis)
   - Maki (Reisrollen)
   - Sashimi (roher Fisch)
   - Teriyaki (gebratenes Fleisch)
   - süßsaures Schweinefleisch

2. Die Person, die Weißwein bevorzugt, kommt aus der Schweiz (Anja mag Grünen Veltliner, einen Weißwein, und spricht von Raclette als typischem Gericht ihrer Heimat).

3. Das Lieblingsgetränkt des Spaniers ist Rioja (Juan ist ein spanischer Vorname; er bevorzugt Rioja, einen spanischen Rotwein).

4. Das antialkoholische Getränk, das im Text erwähnt wird, ist Calpico (eine Art japanische Limonade).

5. Es sind zwei Frauen anwesend: Anja und Keiko (Keiko ist ein japanischer weiblicher Vorname).

6. Keiko ist fast beleidigt, weil süßsaures Schweinefleisch kein japanisches, sondern ein chinesisches Gericht ist.

7. Norbert stammt aus Bayern.

8. Die erwähnten Weinsorten sind: Rioja und Grüner Veltliner.

Übung 20 (S. 99):

1. Ball, Spiel
2. Wiese, Boden, Wurzel
3. Leitung, Schlag
4. Papier, Eintrag
5. Mus, Kern
6. Seite, Papier
7. Kleid, Spiel, Kind
8. Gabel, Suppe
9. Schrift, Menu, Kabel
10. Rad, Zylinder, Zündung
11. Schuhe, Lauf, Sprung, Rad
12. Dach, Ziegelstein

Übung 21 (S. 100):

1. NASE, MUND, HALS, MOND, ZEHE, HAAR, BEIN
   Der Mond ist natürlich kein Körperteil.

2. SCHWIMMEN, WASSERSKI, SKIFAHREN, RADFAHREN, FUSSBALL, TENNIS, GOLF
   Skifahren als einzige Wintersportart gehört nicht dazu.

3. ZELT, IGLU, HÖHLE, VOGELHAUS, HÜTTE, HOLZHAUS, HOTEL
   Das Vogelhaus ist für Menschen eher ungeeignet.

4. AUTO, BUS, MOTORRAD, FAHRRAD, MOPED, TAXI
   Das Fahrrad als Fortbewegungsmittel ohne Motor passt nicht.

Übung 22 (S. 109):

Auswertung des Lerntypen-Tests

Markieren Sie auf den entsprechenden Linien des Lernkreuzes (S. 304) die Zahlen aus den Auswertungskästen 1 bis 4. Verbinden Sie die vier Punkte zu einem Viereck. Im vorliegenden Beispiel erreichte die Person beim Lesen 3, beim Hören 1, beim Sehen 5 und beim Fühlen 4 Punkte (inneres Viereck).

Es wäre daher nicht verwunderlich, wenn diese Person Probleme beim Zuhören hätte. Sie sollte sich immer darum bemühen, den Stoff für sich selbst so anschaulich wie möglich darzustellen.

Um zu erfahren, wie gut das Gedächtnis funktioniert, wenn Sie mehrere Eingangskanäle gleichzeitig nutzen, müssen Sie die Zahl aus dem Auswertungskasten 5 auf allen vier Linien des Lernkreuzes einzeichnen und die Punkte so verbinden, dass Sie

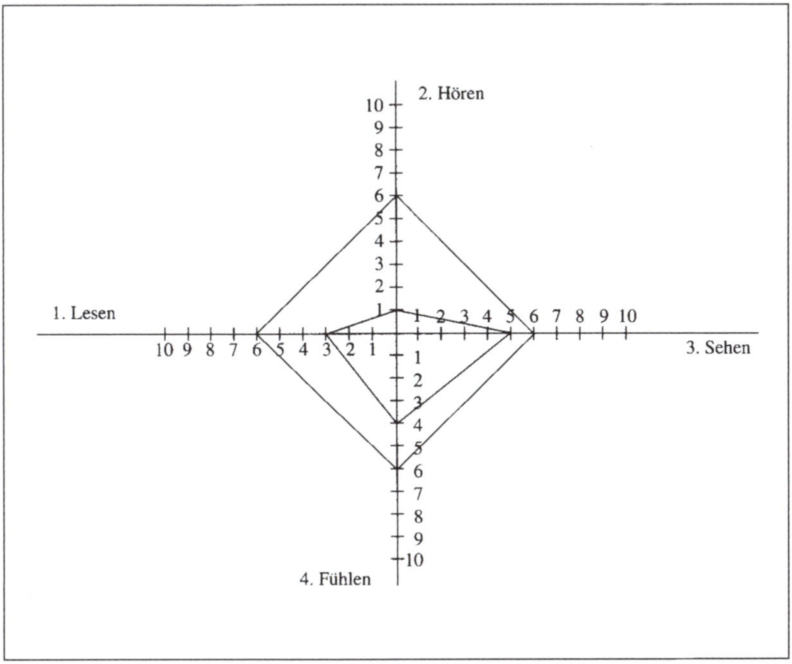

ein Quadrat erhalten, das auf einer Ecke steht (im Beispiel 6 Punkte). Dem Unterschied zum ersten Viereck können Sie entnehmen, wie wichtig es für Sie ist, beim Lernen mehrere Eingangskanäle anzusprechen, und welche davon für Sie am besten geeignet sind (im Beispiel: die Kanäle Sehen und Anfassen).

Ihre Eingangskanäle sind umso gleichwertiger, je gleichmäßiger sich das Viereck vom Mittelpunkt des Kernkreuzes aus nach allen Seiten hin entwickelt. Wenn die Linie in eine Richtung stark abweicht, bedeutet das, dass der betreffende Eingangskanal ebenso stark bevorzugt wird. Je größer das Viereck insgesamt, desto besser ist das Gedächtnis. In unserem Beispiel kann sich die Person sehr schlecht an das erinnern, was sie gehört hat. Dagegen hat sie beim Sehen und Anfassen ziemlich gut abgeschnitten. Tragen Sie Ihre eigenen Ergebnisse in das unten stehende Koordinatensystem ein.

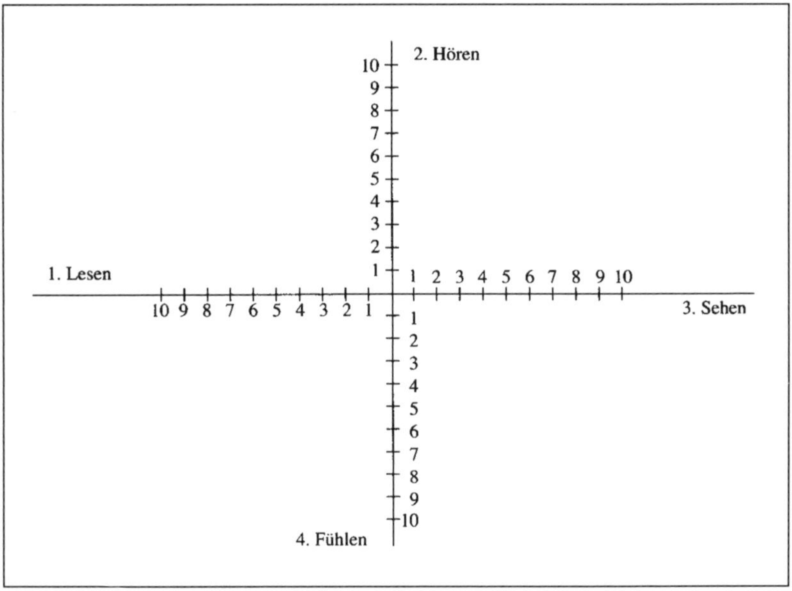

Übung 23 (S. 116):

***flash* (engl.) – Blitz**

Das englische Wort klingt fast wie das deutsche Wort Flasche. Stellen Sie sich vor, dass ein Blitz in eine Flasche einschlägt.

***brick* (engl.) – Ziegel**

Der englische Begriff brick klingt wie das deutsche Wort Brikett. Stellen Sie sich vor, dass ein Haus nicht mit Ziegelsteinen, sondern mit Briketts gebaut wird.

***retard* (franz.) – Verspätung**

Deutsch ausgesprochen klingt das französische Wort retard ähnlich wie Ritter. Stellen Sie sich einen Ritter vor, der mit Verspätung ankommt.

***glisser* (franz.) – ausrutschen**

Das französische Wort klingt wie „glitzern». Stellen Sie sich deshalb eine vereiste Straße vor, die im Licht der Sonne glitzert. Anschließend stellen wir uns vor wie jemand auf der glitzernden Straße ausrutscht.

***turba (lat.)* – Gedränge, große Menschenmenge**

Das lateinische Wort turba klingt wie das deutsche Wort Turban. Stellen Sie sich einen Mann mit einem Turban auf dem Kopf vor, der eine große Menschenmenge auf diesem Turban transportieren muss. Hinzu kommt, dass er sich mit dieser Last durch ein großes Gedränge auf dem völlig überfüllten Markt schieben muss.

***servus* (lat.) – Sklave**

Das lateinische Wort servus erinnert in erster Linie an die Begrüßungsformel Servus! (im Sinne von Hallo!). Stellen Sie sich nun einmal vor, Sie besuchen das alte Rom und grüßen einen alten Römer dort mit Servus! Dieser droht Ihnen daraufhin und schimpft: Ich bin kein Sklave!

***capello* (ital.) – Haar**
Dieses italienische Wort erinnert an das deutsche Wort Kapelle. Stellen Sie sich eine Kapelle vor, in der ein Haar eines Heiligen aufbewahrt wird.

***riso* (ital.) – Lachen**
Die italienische Vokabel riso erinnert wohl am ehesten an das deutsche Wort Riese. Sie prägen sich die Bedeutung der Vokabel also leicht ein, wenn Sie an einen lächelnden Riesen denken.

***hermano* (span.) – Bruder**
Dieses Wort erinnert an den deutschen Namen Hermann. Stellen Sie sich einfach vor, dass Sie einen Bruder haben, der Hermann heißt.

***bello* (span.) – schön**
Im Deutschen ist Bello ein weit verbreiteter Hundename. Also können Sie sich die Bedeutung von bello (span.) gut merken, wenn Sie an einen besonders schönen Hund, z. B. einen Dalamatiner mit dem Namen Bello denken.

Kapitel 3: Lernstrategien

Übung 30 (S. 161):

Rose – Beet
Haus – Tür
Hund – Futter
Reise – Koffer
Mantel – Hut

Übung 31 (S. 162):

Ihre Titel könnten möglicherweise lauten:
Abstammung und Entwicklung – Verhalten – Lebensraum – Nahrung – Fortpflanzung – Aufzucht in Gefangenschaft – Artenschutz – Körperbau – typische Erkrankungen – artverwandte Tiere

Übung 36 (S. 180):

Ketten-Technik

Die Geschichte könnte etwa folgendermaßen lauten:
Herr M. würde gerne in den Urlaub fahren, weiß jedoch noch nicht, wohin die Reise gehen soll. Deshalb lässt er sich in der Mittagspause in einem Reisebüro am ***Bahnhof*** *beraten. Die freundliche Mitarbeiterin empfiehlt ihm eine Safari in* ***Kenia.*** *Herr M. ist begeistert und bucht sofort eine Reise in das ostafrikanische Land. Anschließend schlendert er noch ein bisschen durch die Fußgängerzone und kauft sich ein* ***Eis.*** *Dann geht er zurück ins* ***Büro.***

Übung 37 (S. 180):

Folgende Geschichte könnte Ihnen behilflich sein:
Immer nur den ***Fernseher*** *oder die* ***Stereoanlage*** *einzuschalten ist langweilig. Stattdessen macht es viel mehr Spaß, mal mit der* ***Modelleisenbahn*** *zu spielen oder mit einem* ***Fußball*** *nach draußen zu gehen. Mit dem kann man allerdings auch Dummheiten anrichten. Neulich ging das neue* ***Kaffee-Service*** *zu Bruch, als ich damit spielte. Die* ***Kaffeemaschine*** *lief gerade, und meine Mutter, die ich oft auf die* ***Palme*** *bringe, stürzte in ihrem neuen* ***Hosenanzug*** *heraus, um mich mit dem* ***Tennisschläger*** *zu jagen. Die Scherben lagen überall auf der* ***Tischdecke*** *verteilt. Um meine Mutter zu besänftigen, packte ich ihr einen* ***Picknickkorb,*** *legte ein* ***Badetuch*** *auf den Rasen und lud sie in mein* ***Zelt*** *ein. Doch sie war noch immer wütend. Also holte ich meinen* ***Malkasten,*** *malte ein Bild, das ich später am* ***Computer*** *bearbeitete. Sie beruhigte sich erst, nachdem sie*

*sich auf ihrem **Heimtrainer** abreagiert hatte. Mein Vater dagegen, der gerade mit seinem **Lexikon** bei der **Stehlampe** saß, war viel gelassener. Er sagte: „Wir schenken dir demnächst lieber eine großes **Buchpaket** statt eines Balls. Und wenn du dann noch immer Unsinn machst, packst du eben deine **Koffer** und ziehst aus!"*

Übung 38 (S. 181):

47: das Alter Ihrer Mutter
1951: das Geburtsjahr Ihres Vaters
16: das Alter Ihrer Schwester
22: das Alter Ihres Bruders
48: die Schuhgröße Ihres Bruders
2310: Ihr Geburtsdatum
0705: der Monat, in dem Sie die Schule hinter sich bringen werden

Übung 40 (S. 183):

HCl = Salzsäure

1. Schritt: Setzen Sie zuerst die Buchstaben HCl des chemischen Elements Salzsäure in anschauliche Bilder um, wie z. B.

H = Hase
C = Chamäleon
l = Lasso

2. Schritt: Verketten Sie diese Bilder anschließend zu einer Bildergeschichte. Erfinden Sie eine verrückte Geschichte, in der das Wort Salzsäure und die drei Bilder der Reihe nach vorkommen. Falls Ihnen keine eigene Geschichte einfällt, können Sie auch die folgende Beispielgeschichte zu Hilfe nehmen, um sich die chemische Formel für Salzsäure zu merken.

*Vor langer Zeit lebte in unserem Wald ein **Hase,** der ein begeisterter Hobby-Chemiker war. Für ein Experiment benötigte er* *dringend **Salzsäure.** Deshalb lief er zum Haus des **Chamäleons,** das von Beruf Apotheker war. Er brach in das Haus ein und stahl die **Salzsäure.** Als er gerade flüchten wollte, kam das Chamäleon nach Hause und fing den Hasen mit einem **Lasso** ein. Die **Salzsäure** verschloss das Chamäleon daraufhin im Apothekerschrank.*

NH_4Cl = Salmiak

1. Schritt: Finden Sie zuerst Bilder für die Buchstaben-Zahlen-Kombination des chemischen Zeichens NH_4Cl für Salmiak, wie beispielsweise die folgenden:

N = Nase
H = Hase
4 = Schiff
C = Chamäleon
l = Lasso

2. Schritt: Erfinden Sie eine verrückte Geschichte, in der diese Bilder vorkommen:

*Eines Tages rümpften alle Tiere des Waldes die **Nase,** denn der **Hase** reinigte seine Möbel mit **Salmiak**geist und der Geruch drang durch den ganzen Wald. Der **Salmiak**geist war mit einem **Schiff** von weit her zu den Tieren des Waldes gebracht worden. Das **Chamäleon** verkaufte ihn zwar in seiner Apotheke, drohte dem Hasen aber dennoch mit dem **Lasso,** weil er solch einen Gestank verursachte.*

Übung 45 (S. 203):

Sprechen Sie sich den Buchstaben „L" langsam und laut vor. Merken Sie, dass dieser Buchstabe in ausgesprochener Form die Anfangsbuchstaben der drei Länder Estland, Lettland und Litauen ergibt? Diese Reihenfolge beschreibt die geografische

Lage der Länder. Estland (Norden), Lettland (Mitte) und Litauen (Süden). Bei der Zuordnung der Hauptstädte zu den Ländern können Sie sich mit folgendem Trick helfen. Die Hauptstadt von Estland ist Tallinn. Zählen Sie die Buchstaben beider Wörter, und Sie werden beide Male das gleiche Ergebnis erhalten: sieben. Bei Lettland und seiner Hauptstadt Riga können Sie sich damit helfen, dass das Wort Riga genau halb so viele Buchstaben hat wie das Wort Lettland. Auch bei Litauen mit der Hauptstadt Vilnius hilft der Zahlentrick. Hier haben die Wörter Litauen und Vilnius ebenfalls beide sieben Buchstaben. Um Vilnius und Tallinn nicht zu verwechseln: Die Hauptstadt von Litauen hat als zweiten Buchstaben ein i – genau wie das Land, zu dem sie gehört! In Zukunft sollten Sie nun keine Probleme mehr haben, die drei baltischen Staaten und ihre Hauptstädte auseinander zu halten.

Übung 49 (S. 210):

007: James Bond/Spion/Agent
0815: Routine/Dutzendware/langweilig
1918: Ende des Ersten Weltkriegs
99: „99 Luftballons"
101: „101 Dalmatiner"
1984: „1984" – berühmter Buchtitel

Übung 56 (S. 230):

Mind-Map:

Eine mögliche Mind-Map zum Thema „Essen für die Party" finden Sie auf der nächsten Seite. Natürlich ist auch eine andere Einteilung bzw. Gruppierung der Speisen möglich – das Prinzip können Sie sich aber mithilfe dieses Beispiels nochmals sehr gut bewusst machen.

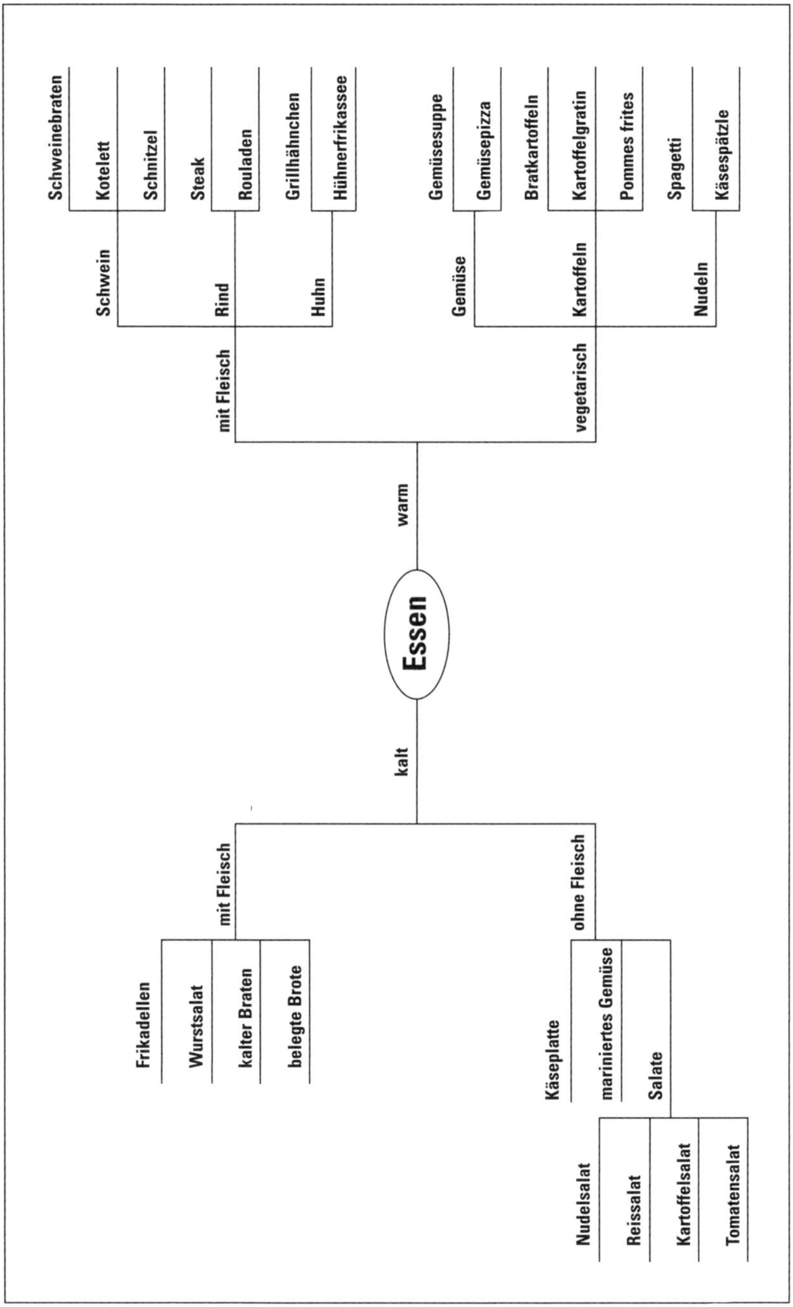
Essen
warm
mit Fleisch
Schwein
Schweinebraten
Kotelett
Schnitzel
Rind
Steak
Rouladen
Huhn
Grillhähnchen
Hühnerfrikassee
vegetarisch
Gemüse
Gemüsesuppe
Gemüsepizza
Kartoffeln
Bratkartoffeln
Kartoffelgratin
Pommes frites
Nudeln
Spagetti
Käsespätzle
kalt
mit Fleisch
Frikadellen
Wurstsalat
kalter Braten
belegte Brote
ohne Fleisch
Käseplatte
mariniertes Gemüse
Salate
Nudelsalat
Reissalat
Kartoffelsalat
Tomatensalat

Übung 62 (S. 239):

Eine Lösung zu dieser möglicherweise etwas schwierigen Aufgabe könnte in etwa folgendermaßen aussehen:

Petra: Ich störe dich, oder?
Martin: Nicht jetzt, ich übe doch Kreativität!
Petra: Super. Kannst du mir später auch zeigen, wie das geht? Das wäre total toll.
Martin: Vielleicht.
Petra: Das ist aber nicht nett! Ich werde dann lieber ...
Martin: Doch, ich zeige dir später meine Übungen. Jetzt brauche ich allerdings noch kurz meine Ruhe!
Petra: Großartig.
Martin: Dann ist es besser, wenn du jetzt gehst.
Petra: Jaja ...
Martin: Brauchst du denn nie deine Ruhe?
Petra: Ist ja gut, ich bin schon weg ...

Kapitel 4: Prüfungsvorbereitung

Übung 64 (S. 263):

Prüfen Sie, wie viele Fragen Sie mit a, b oder c beantwortet haben. Lesen Sie sich den Absatz durch, dessen Buchstaben Sie am häufigsten gewählt haben.

a) der Planer/die Planerin

Sie haben normalerweise keine Probleme, Ihre Zeit gut einzuteilen. Sie erledigen unangenehme Aufgaben sofort und fangen frühzeitig an zu lernen, wenn eine Prüfung bevorsteht. Zwischendurch finden Sie sogar noch Zeit, Ihre Freunde zu treffen oder zu entspannen und einfach an etwas anderes zu denken. Sehr gut! Sie werden keine Probleme haben, sich gründlich auf eine Prüfung vorzubereiten.

Sie haben Situationen gerne im Griff. Ihre Strebsamkeit und Ihr enormer Ehrgeiz sind lobenswert. Doch leider kann man Prüfungen nur bis zu einem gewissen Grad planen. Für Sie ist es schwierig, wenn sich eine langfristig angesetzte Prüfung um ein bis zwei Tage verschiebt, da Sie sich einen genauen Zeitplan angefertigt haben. Jede freie Minute ist bei Ihnen exakt geplant. Stellen Sie sich emotional darauf ein, dass etwas Unvorhergesehenes passieren kann und Sie improvisieren müssen. Ansonsten besteht die Gefahr, dass Sie sich von einer unerwarteten Wendung im Vorfeld der Prüfung komplett aus der Bahn werfen lassen.

Tipp

Bedenken Sie bei der Vorbereitung einer Prüfung, dass Sie nicht alles planen können. Es kann durchaus Situationen geben, die Ihren mühsam angefertigten Lernplan zunichte machen können. Sie sollten daher stets mit dem Gedanken spielen, irgendwann einmal improvisieren zu müssen.

b) der Spontane/die Spontane

Sie lassen sich nicht gern verplanen. Erst recht nicht von einer bevorstehenden Prüfung. Sie genießen das Leben und widmen sich am liebsten den Dingen, die Ihnen Freude bereiten. Unangenehme Dinge schieben Sie des Öfteren gerne auf die lange Bank und das Lernen gehört aus Ihrer Sicht eindeutig in die Kategorie „unangenehm“.

Ihre Spontanität kann Ihnen in der Prüfung unter Umständen eine Menge nutzen, da Sie locker an die Sache herangehen können. Sie haben doch nichts zu verlieren. Dennoch sollten Sie sich in Ihrem eigenen Interesse frühzeitig und umfassend vorbereiten, um optimale Leistungen zu erzielen. Auch für Sie gilt, dass sich der Lernstoff bei der Prüfung nicht einfach so aus dem Ärmel schütteln lässt.

Tipp

Springen Sie wenigstens ab und zu über Ihren eigenen Schatten. Bereiten Sie sich auf Prüfungen frühzeitig vor. Der Erfolg wird nicht lange auf sich warten lassen.

c) der Gestresste/die Gestresste

Sie würden sich gern auf die Prüfung vorbereiten. Aber wann? Irgendwie wächst Ihnen alles über den Kopf. Sie haben tausend Termine und sind immer verplant: Sportverein, verschiedene Arbeitsgemeinschaften, Musikunterricht usw. Wer soll da noch Zeit für die Vorbereitung auf die Prüfung haben?

In erster Linie gilt für Sie: Bewahren Sie Ruhe! Überlegen Sie sich genau, wann Sie welche Aufgabe erledigen wollen. Um den Überblick über die anstehenden Aufgaben zu behalten, können Sie sich einen Arbeitsplan anlegen, auf dem Sie ganz genau festhalten, welche Aufgaben noch anstehen. Setzen Sie dabei die richtigen Prioritäten. Planen Sie mehr Zeit für die Dinge ein, die Ihnen schwer fallen und erledigen Sie leichtere Aufgaben nach den zeitaufwändigeren. Ihre Freizeitgestaltung sollte davon abhängen, welche schulischen Aufgaben Sie noch erledigen müssen. So sollten Sie zum Beispiel den Kinobesuch aufschieben bis Sie wirklich alles andere erledigt haben. Danach können Sie sich belohnen und Ihre Freizeit ohne Zeitdruck oder Stress genießen. Der positive Nebeneffekt Ihrer optimierten Arbeits- und Freizeiteinteilung wird sein, dass Sie sehr viel entspannter an Ihre Aufgaben herangehen können.

Tipp

Überlegen Sie sich, was Ihnen wirklich wichtig ist und setzen Sie Prioritäten. Vielleicht sollten Sie einige Termine streichen, wenn Sie gut vorbereitet in die Prüfung gehen möchten.

Übung 66 (S. 270):

1. Der Mechaniker reinigte die Maschine.
2. Der Lehrer verteilte die Prüfungsblätter. Anschließend schrieben die Schüler die Klassenarbeit.
3. Die Bauern holzten die Wälder schon vor Jahren ab.

Übung 67 (S. 271):

beschreiben: schildern, darstellen, charakterisieren, skizzieren, ausführen
erkennen: sehen, erblicken, verstehen, feststellen, einsehen
herstellen: produzieren, fabrizieren, (auf)bauen, anfertigen

Register